习坎示教土木情

夏志斌先生
百年诞辰纪念集

夏志斌先生百年诞辰纪念集编写组　编

ZHEJIANG UNIVERSITY PRESS
浙江大学出版社

继续发扬我院优良亦学传统做好以后一切工作多出人才多出成果

96岁跨月朱明陵室夏云夏志川贺

夏志斌先生为浙江大学建筑工程学院成立 90 周年题词

夏志斌先生

1950 年 4 月，国立浙江大学土木系师生 [吴钟伟、张树森、陈崇礼、钱令希等教授与夏志斌讲师（三排右六）等]
欢送 1950 届应届毕业支前同学

慈庄畢業支前同学合影一九五〇年〇月廿九日

1957 年 12 月，国立浙江大学土木系欢送下乡支农的老师（二排左八为夏志斌先生）

1957 年，浙江大学干部下放欢送会（右一为夏志斌先生）

夏志斌先生在班级开学典礼上讲话

夏志斌先生为本科生授课

夏志斌先生（右一）与舒士霖先生一起在浙江大学玉泉校区教五楼前植树

夏志斌先生在浙江大学土木系会上讲话

夏志斌先生（左二）与曾国熙、舒士霖等老师进行工作交流

夏志斌与曾国熙、李身刚、舒士霖（后排左二至五）和张乃大（前排左四）等老师在图书馆前合影

民盟浙江省咨询服务工作会议

夏志斌先生（中间）参加中国民主同盟浙江省咨询服务工作会议

夏志斌先生在中国民主同盟浙江省委第二次通讯工作会议上发言

夏志斌先生在清华大学参加国际学术研讨会时与陈建飞（左一）、潘有昌（右一）合影

1980 年 4 月，夏志斌先生（二排右七）参加中国工程建设标准化技术委员会钢结构技术委员会成立大会

1983 年 10 月，夏志斌先生（前排右二）和陈绍蕃（前排中间）参加《钢结构设计规范》修订工作会议

1985 年，夏志斌先生（左一）从事教育工作 42 年留影

1989 年 11 月，夏志斌先生担任二汽厂房屋架质量鉴定组组长

1989 年 11 月，夏志斌先生（左一）与同济大学沈祖炎副校长在十堰市二汽总装车间合影

1990 年 4 月，夏志斌先生（前排右一）与中国民主同盟中央主席费孝通（前排中间）等参加座谈会的专家合影

1990 年 9 月 18 日，夏志斌先生（右一）与胡鸿烈（香港大律师）和胡鸿海（左一）兄弟二人

1992 年 4 月，夏志斌先生参加中国民主同盟绍兴市委换届选举

1999 年 10 月 14 日，夏志斌先生（左一）参观校友周大玖夫妇创办的萧山大地钢结构工厂

2000 年 11 月 9 日，夏志斌先生参加浙江省政协之友社理事活动

2006 年，夏志斌先生在杭州曲院风荷留影

2007 年，夏志斌先生在玉泉竹园留影

2007 年 10 月 24 日，夏志斌夫妇（右）与曾国熙夫妇和胡鸿海夫妇（左）合影

2008 年，夏志斌先生与夫人在杭州太子湾留影

2012 年 12 月 4 日，夏志斌先生加入民盟 60 周年在家中与夫人留影

2016 年 12 月 28 日，滕锦光院士（右）出差杭州专程到家里看望夏志斌先生（左）

2017 年 5 月，夏志斌先生参加浙江大学建筑工程学院院庆 90 周年活动留影

2017 年 5 月，浙江大学建筑工程学院院庆 90 周年纪念会上罗尧治院长向夏志斌先生问候

序

FOREWORD

夏志斌先生是浙江大学钢结构学科创始人，是我国钢结构协会资深专家，也是我学术道路上的第一位引路人。2021年是夏志斌先生诞辰100周年，为纪念夏志斌先生，浙江大学建筑工程学院举行了隆重的纪念活动和学术报告会。来自全国高等院校、科研院所与勘察设计单位的院士、教授、企业家、师生代表和夏先生的家属等几百人怀着无比崇敬的心情出席了纪念活动，追念夏先生的杰出贡献，学习夏先生的优秀品德，传承夏先生的崇高精神。虽然我非常希望回到母校参加这个重要的纪念活动，但受到新型冠状病毒肺炎疫情的影响，最终没能成行，只能在线上参加了部分活动，对此，我深感遗憾。在浙江大学校领导的关怀和浙江大学建筑工程学院刘峥嵘书记、罗尧治院长的领导下，活动取得了圆满成功，我感到非常欣慰，也深受教育！作为夏先生的学生，我对支持、参加这次活动的所有领导、朋友、嘉宾和母校师生表示衷心感谢。如今，这部《习坎示教土木情——夏志斌先生百年诞辰纪念集》即将出版。本书将夏先生弟子等的回忆文章整理成集，既是对先生的深切缅怀，对他治学精神的传承和弘扬，也为广大读者认识和学习这位钢结构专家、一代名师提供了非常难得的机会。

夏志斌先生是浙江嘉兴人，1939年在浙江大学西迁路上进入浙江大学土木系学习，毕业后留校任教。夏先生在浙江大学求学、工作和生活了整整七十八年，为浙江大学土木系和我国钢结构学科的发展奉献了毕生精力。他探索出一套完整的钢结构教学方法，并以条理清晰、逻辑严密、演讲生动、声音洪亮的授课艺术，让很多同学喜爱上了"钢结构"这门课。如今,他的学生活跃在我国的教育界、科技界和工业界,成为我国钢结构教学、研究和应用的重要力量。他主编的钢结构相关教材,影响了一代又一代学子,受到了校内外的广泛赞誉。

在钢结构领域,夏先生秉承求是精神,在守正中创新,孜孜不倦、精益求精,树立了崇高的学术地位和威望。为不断提高我国钢结构设计水平,夏先生参与制订了我国第一部正式颁布施行的《钢结构设计规范》(TJ17—74),此后又主持、修订和发布了《钢结构设计规范》(GBJ-17—88)和《钢结构设计规范》(GB50017—2000)。夏先生为这部国家标准倾注了三十余年的心血,即便到了耄耋之年,依然坚持每天工作学习数小时,关注钢结构研究领域的最新进展。以夏先生为代表的老一辈钢结构专家,一步一个脚印,推动我国步入了世界钢结构大国的行列。

夏先生不仅为钢结构事业而奋斗,也积极投身中国共产党领导的多党合作事业和爱国统一战线工作。他曾经担任浙江省民盟副主委,积极履行盟员义务和领导职责,时时心系民盟,默默为盟奉献,为浙江省和浙江大学民盟组织的发展做出了突出贡献。

夏先生一身正气,志趣高远,淡泊名利,把自己的全部精力奉献给了中国共产党领导的多党合作事业,奉献给了他热爱的教育事业和钢结构研究。他从来不计个人得失,总是默默工作、无私奉献。夏先生崇高的品格和严谨的学术态度令我受益匪浅,也成为一代代学子事业发展道路上无形的精神力量。

　　经过几十年的努力，我国的钢结构事业得到了蓬勃发展，神州大地上大量的高层和大跨度钢结构，如一座座纪念碑，记述着老一辈钢结构工作者的奉献与担当。夏志斌先生作为中国现代钢结构事业的主要开拓者之一，将永载史册。我们要以夏先生为楷模，学习他的高尚品德，为中国跻身世界钢结构强国砥砺前行。他的崇高事迹也必将激励我们为加快建设科技强国、实现高水平科技自立自强而努力奋斗，为实现中华民族伟大复兴的中国梦做出更大的新贡献！

　　最后，我衷心祝贺《习坎示教土木情——夏志斌先生百年诞辰纪念集》问世，也衷心感谢所有关心和支持本书编辑出版的领导和朋友！

　　是为序。

夏志斌先生弟子：滕锦光

2022 年 1 月 3 日于香港

目 录
CONTENTS

夏志斌先生

一生热爱教育事业，

　　精心培育人才，为师生所赞誉；

一生奉献给我国钢结构事业，

　　为浙江大学土木系的发展和我国钢结构学科的发展做出了巨大贡献；

一生心系民盟，为中国共产党领导的多党合作事业，

　　为浙江省和浙江大学民盟组织的发展做出了突出贡献。

他，孜孜不倦、严谨求实、励学利民的治学精神，

他，一身正气、勤勉谦逊、志趣高远的做人风范，

他，对工作一丝不苟的敬业精神，

赢得了莘莘学子和同行专家的敬佩与尊重。

纪 念 夏 志 斌 先 生 百 年 诞 辰

PART 1

第一部分

夏志斌先生
介绍

夏志斌先生简介

　　夏志斌（1921—2017），汉族，浙江嘉兴人，浙江大学教授，民盟盟员，浙江大学钢结构学科创始人，中国钢结构协会资深专家，享受国务院政府特殊津贴专家。曾任浙江大学土木工程学系副主任，主持系务工作，兼任《浙江大学学报》（自然科学版）编委会主任，曾任民盟浙江省第五、第六届委员会副主任委员，民盟浙江省第七、第八、第九届委员会名誉副主任委员，浙江省第五、第六届人大代表，政协浙江省第六届委员会常委等职。

　　夏志斌先生在教学工作中注重培养学生严谨的学风。他曾开设"应用力学""材料力学""结构力学""弹性力学""钢结构"和"开口薄壁构件"等本科生课程，以及"结构稳定理论""钢结构的塑性分析"等研究生课程。1979年起，他开始指导硕士研究生，研究方向为钢结构和结构稳定。1986年以来，他曾三次获浙江大学研究生教育奖。

　　在科学研究方面，20世纪70年代以来夏志斌先生主要承担了国家标准《钢结构设计规范》中有关钢梁整体稳定的专题研究和参加《钢结构设计规范》的制订工作。他所负责的课题"钢梁整体稳定试验研究"获1983年度浙江省优秀科技成果奖三等奖。1987年，他所参与制订的《钢结构设计规范》（TJ17—74）获国家计划委员会工程建设优秀国家标准规范奖二等奖。1985年，他参与《钢结构设计规范》（GBJ17—88）的修订和定稿工作，并担任修订组副组长。《钢结构设计规范》（GBJ17—88）获1992年冶金工业部科学技术进步奖一等奖和1995年国家科学技术进步奖三等奖。在1982年和1986年，他曾两次出席由国际标准化组织第167技术委员会（ISO，TC167）分别在挪威奥斯陆和中国北京召开的年会，讨论该委员会制订的《钢结构设计规范——材料与设计》草案。1987 年，他参与由美国结构稳定研究委员会主编的《金属结构稳定的世界观点》（第二版）一书中介绍中国设计规范中有关钢梁整体稳定计算方法的编写工作，该书于 1991 年在美国出版。进入 21 世纪后，他以 80 多岁的高龄再次主持修订《钢结构设计规范》，并负责统稿，该规范于 2003 年问世。

在学术论著方面，夏志斌先生发表有关钢梁整体稳定等方面的论文十余篇。他合作编写和出版的书有《结构稳定理论》（高等教育出版社，1988 年）、《钢结构设计例题集》（中国建筑工业出版社，1994 年）和《钢结构》（浙江大学出版社，1996 年）。他均为第一作者。后来，他又与姚谏教授合著了《钢结构——原理与设计》（中国建筑工业出版社，2004 年）和《钢结构设计——方法与例题》（中国建筑工业出版社，2005 年），为培养钢结构人才再做贡献。其中，《钢结构——原理与设计》一书被列为高等教育土建学科专业"十二五"规划教材和高校土木工程专业规划教材。

在荣誉方面，夏志斌先生于 1990 年 12 月获国家教育委员会授予的从事高校科技工作 40 年的荣誉证书。1992 年，获国务院政府特殊津贴。2005 年，获中国钢结构协会专家委员会授予的钢结构终身成就奖。2009 年，获中国建筑工业出版社颁发的"优秀作译者奖"。2010 年 12 月，再获中国钢结构协会资深专家荣誉。2005 年起，他作为浙江省钢结构协会的顾问，积极支持钢结构协会工作，为浙江钢结构的健康发展做出了不可估量的贡献。2011 年 6 月，获浙江省钢结构行业协会授予的浙江省钢结构终身成就奖。

夏志斌先生于 1952 年 11 月经杨锡龄、李寿恒两位先生的介绍加入中国民主同盟（简称民盟）。入盟后，夏志斌先生积极履行盟员义务和领导职责，为浙江省和浙江大学民盟组织的发展做出突出贡献。1955 年以后，先后担任民盟浙江大学支部（1988 年升格为总支，1991 年升格为委员会）秘书、委员和主任委员。1984 年 7 月至 1987 年 12 月分别当选为民盟浙江省第五、第六届委员会副主任委员，其后还担任民盟浙江省第七、第八、第九届委员会名誉副主任委员。1977 年 12 月至 1983 年 4 月当选为浙江省第五、第六届人大代表。1986 年 1 月当选为政协浙江省第六届委员会常委。

夏志斌先生担任班主任时与学生交流

    夏志斌先生一生热爱教育事业，精心培育人才，为师生所赞誉；一生奉献于我国钢结构事业，为浙江大学土木系的发展和我国钢结构学科的发展做出了巨大贡献；一生心系民盟，为中国共产党领导的多党合作事业，为浙江省和浙江大学民盟组织的发展做出了突出贡献。

    他孜孜不倦、严谨求实、励学利民的治学精神，他一身正气、勤勉谦逊、志趣高远的做人风范，他对工作一丝不苟的敬业精神，赢得了莘莘学子和同行专家的敬佩与尊重。

艰难困苦，立志求学

　　夏志斌先生曾说，他的求学生涯是艰难又幸运的。他在浙江大学读书时，中华民族正处于艰难的抗日战争时期。浙江大学由杭州辗转西迁到贵州遵义，学生们只能借民房居住，以祠堂庙宇为教室，在草屋内做实验，在三根灯草点燃的桐油灯下写作业，生活极其艰苦。但浙江大学拥有一大批热爱教育事业、学术水平很高的教师，这些教师在竺可桢校长的领导下，从事教学科研和培养年轻一代的工作。

青年时期的夏志斌

遵义工学院实验室群

国立浙江大学土木工程学系 1943 届毕业照（二排左五为夏志斌）

遵义河滨工厂大门及工学院实验室远景

　　夏志斌先生回忆说，他在大三、大四时，曾修读了徐芝纶教授开设的"超静定结构""弹性力学""钢桥设计""土力学""水电工程"等多门课，毕业后又为钱令希教授的"结构力学"等三门课、刘恢先教授的"钢桥设计"课做过助教工作。这些都为他的学习打下了坚实的基础。

　　1952年浙江大学院系调整后，土木系成立了工业与民用建筑专业，开设了针对工业厂房的"钢结构"课。从此，夏志斌先生走上了讲授"钢结构"课程的道路。

1. 夏志斌部分学习读书笔记
2. 夏志斌毕业论文手稿
3. 夏志斌 18 公尺钣梁桥设计书手稿

1	
2	3

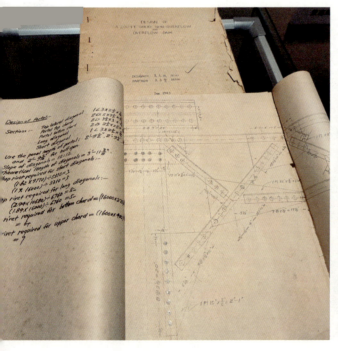

夏志斌结婚照（竺可桢校长为土木系助教夏志斌证婚）

　　"至陶园，为土木系助教夏志斌证婚，到劲夫、荩谋、钱令希等。夏乃浙江嘉兴人，沈铸颜之外甥，新娘系县中毕业。"

——摘自竺可桢校长抗战西迁贵州日记（连载第 2309 天）

师道誉宣，嘉惠后学

20世纪50年代，夏志斌先生的主要工作是上好课，教好学生。鉴于当时国内没有钢结构学科，夏志斌先生亲自编写了钢结构方面的教材，为浙江大学土木系开创了钢结构学科。

为讲好课，夏志斌先生曾去浙江大学机械厂学习电焊，去西安钢结构制造厂短期学习了解钢结构的制造过程；去哈尔滨建筑工程学院听"钢结构稳定理论""塑性分析及高层建筑"讨论；去清华大学观摩由教育部组织举办的苏联专家如何进行钢结构毕业设计及答辩等。

夏志斌先生在培养学生的过程中，非常注重发挥学生的主观能动性和创新精神，擅长采用启发式的教学方法，让学生在潜移默化中就能学到知识。许多听过夏志斌先生讲课的人都对他的授课风格佩服不已。他讲课声音洪亮，条理清楚，思路敏捷，重点突出，让学生真正领略了教授巨匠的风采，在校内外得到了广泛赞誉。

在学术研究上，夏先生对学生要求严格，但同时又非常细心，每当学生向他请教问题时，都会得到他耐心细致的讲解。

　　夏志斌先生曾反复强调："设计和学习都一样，首先，要打好理论基础，才能弄清基本概念；其次，要理清条理，从宏观着眼再步步深入到微观入手。"

　　夏志斌先生总是在教授专业知识的同时，还教给学生新技术、新思路、新方法，让学生开拓思路。他告诫学生，在阅读文献和资料时，对一些结论性内容，应深入分析和思考，切忌盲从；而对一些正确的结论和内容，应力求深入掌握；如果发现尚有未解决的问题，或存在一些疑问，就应深入研讨问题，促使自己去解决和完善，这就有可能实现"创新"，取得新成果。

　　夏志斌先生为我国培养了大量的钢结构研究人才，可谓桃李满天下。他们正活跃在我国工程界高等院校和科研机构中，已成为我国钢结构研究队伍中的重要力量。夏志斌先生是获得浙江大学土木建筑规划教育基金会专设"伯乐奖"的第一人。

我在本科毕业之后，非常荣幸地成了由夏志斌先生代招的教育部公派出国留学预备生，计划的研究方向为钢梁的侧扭屈曲。尽管作为出国预备生，我在夏志斌先生的课题组没有具体的科研任务，但是夏志斌先生对我的学习仍然非常关心。夏志斌先生除了督促我不断提高英语能力、阅读相关的学术论文，还安排了姚祖恩老师教我编程，并在暑期让我参加了一项试验研究工作。在当时无法赴美留学的情况下，他建议我选择到悉尼大学师从钢结构稳定领域的著名专家Trahair教授。夏志斌先生是我学术道路上的第一位指路人，他的指导和关怀，为我出国后的学习打下了良好的基础。

——滕锦光

香港理工大学校长、中国科学院院士

1979 级建筑结构工程专业毕业生

夏志斌先生教书教得好是出名的，他深入浅出，层次分明，说理清楚，重点突出，使学生易于掌握和运用。他关心学生的成长，不但在课堂上，而且在毕业后，还关心学生的继续深造。

——胡鸿海

1947 级土木工程专业本科毕业生

当时的同学都在议论"钢结构"是我们专业课中最难学的一门课，但听了夏志斌先生的课后，夏先生由浅入深、有条不紊的授课，不但消除了学生对"钢结构"这门课的恐惧，而且还让学生对钢结构产生了亲近感和兴趣，因为这门课更富于启发人的创造性。

——钱国祯

享受国务院特殊津贴专家

1957 级工业与民用建筑专业毕业生

在大四第一学期，有幸遇到了夏志斌先生给我们教授"钢结构"这门专业课。他的第一次课就给我们留下了深刻的印象：声音洪亮，条理清楚，讲课速度合适。我们这一届同学，有很多因为夏先生而喜爱上了"钢结构"这门课。他的讲课风格，让我以后对各门课程的自学和复习方式产生了重要影响，也影响了我以后作为高校老师的讲课风格方式，或者说，我后来的讲课，是模仿夏先生的讲课风格进行的。

——童根树

浙江大学建筑工程学院教授

1979 级建筑结构工程专业本科毕业生

上过夏先生的"钢结构"课，使我在整个职业生涯中都受益匪浅。我在建筑设计院工作了一辈子，这期间，做了很多大跨度钢结构和高层、超高层钢结构或者钢和混凝土组合结构的设计。每当设计这些项目的时候，我的耳边常会响起夏先生那特有的洪亮声音，脑子里会想起他在授课时所讲到的那些钢结构需要特别注意的知识点。如果说我在钢结构设计项目中取得了一些成绩的话，那这些首先得益于大学本科时期夏先生传授的钢结构知识。

——徐正安

安徽省建筑设计研究总院股份有限公司总经理

1979 级建筑结构工程专业毕业生

在浙江大学 7 年的学习生涯中，夏志斌先生的课给我留下了极其深刻的印象：板书工整、言语精炼、激情四射，每堂课都是精彩的演讲。夏志斌先生上课投入，声音嘹亮、中气十足，与平时判若两人。夏志斌先生对作业完成的质量要求极高。他既极致严谨的风格让我学会日后认真做工作笔记，也潜移默化地影响了我的工作与表达。夏志斌先生的治学造诣和处世风格，是母校求是精神最生动真实的体现，求是学子有您这样的导师是一生之幸。先生之风，山高水长。

——朱云夫

杭州市钱江新城投资集团有限公司董事长

1981 级建筑结构工程本科毕业生、1985 级结构工程硕士毕业生

那年他虚岁 74 了，居然有这么好的体力，能够连上四节课。我的记忆中，这个课越上越精彩，课堂越来越安静，连最捣蛋的学生也开始认真听讲。当时，我的内心是激动的，很难得能有机会感受到，一个教书育人的教授想把自己平生所学都教给学生的那种感觉。

——陈明

浙江大学上海校友会建工分会会长、上海欧本钢结构有限公司董事长

1990 级土木工程专业本科毕业生

在浙江大学土木系的成长过程中，留下了父亲和许多老前辈的汗水。系务工作繁重时，只要系里老师有事找到家里，父亲二话不说就放下手中的饭碗，和老师们一起出去商量工作了……父亲早出晚归是经常的事，常常是深夜归家。我常看到父亲在昏暗的灯光下，手拿着放大镜，戴着深度眼镜，隔着两层玻璃，在备课，在审稿……父亲为此付出了许多心血，把眼睛用坏了……

——夏学敏

夏志斌女儿

笃学不倦，修身立说

　　夏志斌先生从事钢结构教学和研究几十年，其科研成果不仅成为我国制订第一部《钢结构设计规范》的基础和依据，也为他多年来为我国钢结构后备人才的培养、著书立说奠定了坚实基础。

　　夏志斌先生主持编写的大学本科通用教材《钢结构》，深得学生的喜爱和肯定；编写的《结构稳定理论》被当时国内各高等学校土木建筑系采用作为钢结构研究生的教材。为配合新的钢结构国家标准出版而修订改写的《钢结构——原理与设计》，同样也深受工程界人士的好评。

夏志斌先生作为主要负责人参加制订《钢结构设计规范》(TJ17—74)、《钢结构设计规范》（GBJ17—88）、《钢结构设计规范》（GB50017—2003）版

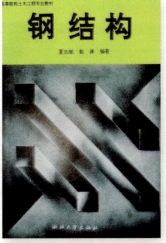
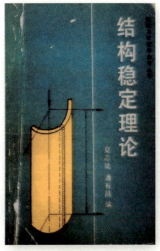

【夏志斌先生的主要著作】

1.《钢结构设计例题集》1994 年出版，中国建筑工业出版社，1 版 3 次，累计印刷 9000 册。

2.《钢结构》1996 年出版，浙江大学出版社（获浙江大学 1998 年教学成果二等奖）。

3.《结构稳定理论》1998 年出版，高等教育出版社。

4.《钢结构——原理与设计》（第一版）2004 年出版，中国建筑工业出版社，1 版 12 次，累计印刷 30000 册（获浙江大学 2008 年教学成果二等奖）。

5.《钢结构——原理与设计》（第二版）2011 年出版，中国建筑工业出版社，2 版 27 次，累计印刷 35000 册。

6.《钢结构设计——方法与例题》2005 年出版，中国建筑工业出版社，1 版 4 次，累计印刷 10800 册。

7.《钢结构设计——方法与例题》（第二版）2019 年出版，中国建筑工业出版社，2 版 6 次，累计印刷 4600 册。

8.《钢结构原理》2020 年出版，中国建筑工业出版社。

夏志斌先生在钢结构设计规范会议上发言

　　夏志斌先生一生孜孜不倦，勤奋好学，尽管年事已高且已退休，仍然每天坚持工作学习数小时，查阅学术资料，时刻关注着钢结构研究领域的最新进展。这种实事求是、一丝不苟的科研精神，言传身教、严谨求实的科研态度令他的学生受益匪浅，成为一批批年轻学者事业发展路上一种无形的精神力量。

　　身为答辩委员会主席的夏志斌先生，在从头至尾通读了论文后一一指出在推演过程中发现的纰漏。夏志斌先生告诫我们，一点小毛病不影响推理的结论，但会给今后的参阅者带来疑惑。在场的我们为先生严谨、认真、负责的学术态度而深受感动，也给我留下了不可磨灭的烙印。这种精神像明灯照亮着一代代学子前进的脚步。

——韦国岐

1978 级结构工程专业毕业生

　　20 世纪 70 年代以来，夏志斌先生承担了国家标准《钢结构设计规范》有关专题的研究工作，并参与制订了我国第一部正式颁布施行的《钢结构设计规范》（TJ17—74）。该规范获得国家计划委员会工程建设优秀国家标准规范二等奖。自此，夏志斌先生便与规范制订工作结下了"不解之缘"。1985 年后，他又两次担任规范修订组副组长，主持、修订了《钢结构设计规范》（GBJ17—88）和《钢结构设计规范》（GB50017—2003）版。其中，《钢结构设计规范》（GBJ17—88）版采用了以概率理论为基础的极限状态设计法，调整、充实和修改了许多章节，增添了塑性设计、钢管结构和组合结构等三章新内容，扩大了应用范围，获 1992 年冶金工业部科学技术进步奖一等奖、国家科学技

术进步奖三等奖。这本规范编制所取得的大量丰硕成果，提高了我国钢结构的设计水平，推进了我国建筑钢结构事业的进步与发展。

为不断提高我国国家标准《钢结构设计规范》的技术水平，夏志斌先生为此持续工作了三十余年，为我国钢结构事业做出了巨大贡献。浙江省钢结构行业协会授予夏志斌先生"浙江省钢结构终身成就奖"；中国钢结构协会专家委员会授予夏志斌先生"钢结构终身成就奖"和"中国钢结构协会资深专家"荣誉。

在繁忙的科研和教学工作之余，夏志斌先生还担任钢结构业界的社会职务。1981年当选为全国钢结构标准技术委员会委员，1987年为该委员会常委，1993年担任该委员会顾问。1984—1996年当选为中国钢结构协会理事。1985—1998年任中国钢协钢结构稳定与疲劳协会理事等。

中国冶金工业部科技进步奖一等奖
国家科学技术进步奖三等奖
浙江省钢结构行业协会终身成就奖
中国钢结构协会专家委员会终身成就奖

1. 中国钢结构协会第一届理事证书
2. 中国钢结构协会专家委员会资深专家聘书
3. 中国钢结构协会颁发中国钢结构三十年杰出贡献人物称号荣誉证书

1	2
3	

心系民盟，务实履职

　　夏志斌先生于 1952 年 11 月经杨锡龄、李寿恒两位先生介绍加入中国民主同盟（简称"民盟"）。1955 年以后，先后担任民盟浙江大学支部（1988 年升格为总支，1991 年升格为委员会）秘书、委员和主任委员。曾任民盟浙江省第五、第六届委员会副主任委员，民盟浙江省第七、第八、第九届委员会名誉副主任委员，浙江省第五、第六届人民代表大会代表，政协浙江省第六届委员会常委等职。

夏志斌先生 1952 年入盟通知书

夏志斌先生任浙江省第五、第六届人民代表大会代表

中国民主同盟浙江省第五届委员会委员、候补委员合影（前排左七为夏志斌先生）

民盟浙江省委副主委夏先生（右一）与主委王启东教授（中间）交谈

　　夏志斌先生入盟后积极履行盟员义务和领导职责，始终热爱中国共产党领导的多党合作事业，始终心系民盟，为浙江省和浙江大学民盟组织的发展做出了突出贡献。夏志斌先生的知盟、爱盟、为盟奉献的精神值得所有民盟人学习和传承。

先生之授课风采

音容笑貌，历历在目

先生之谆谆教导

句句记心，终生难忘

一代名师巨匠，现代钢结构开拓者

品德崇高，业中翘楚

学术造诣盛誉海内外

为高校钢结构教育事业倾尽一生

为师生所赞誉

为浙江大学土木系的发展做出了不朽功勋

夏志斌先生

一生热爱教育事业，

　　精心培育人才，为师生所赞誉；

一生奉献给我国钢结构事业，

　　为浙江大学土木系的发展和我国钢结构学科的发展做出了巨大贡献；

一生心系民盟，为中国共产党领导的多党合作事业，

　　为浙江省和浙江大学民盟组织的发展做出了突出贡献。

他，孜孜不倦、严谨求实、励学利民的治学精神，

他，一身正气、勤勉谦逊、志趣高远的做人风范，

他，对工作一丝不苟的敬业精神，

赢得了莘莘学子和同行专家的敬佩与尊重。

纪 念 夏 志 斌 先 生 百 年 诞 辰

PART 2

关于夏志斌先生的
回忆文章

身为世范，为人师表

魏　廉

　　2021 年 5 月 22 日，浙江大学举行纪念夏志斌先生诞辰 100 周年暨学术报告会和夏志斌先生百年诞辰陈列展揭幕仪式，校党委任少波书记和董石麟院士为陈列展揭幕。浙江大学建筑工程学院陈云敏院士和重庆大学校长周绪红院士、香港理工大学校长滕锦光院士、中国钢结构协会会长岳清瑞院士等参加大会。他们有的在线上致辞，有的在线下做学术报告。来自兄弟院校、科研院所与勘察设计部门的教授、专家以及企业家、师生代表、夏先生的家属等几百人出席大会。纪念活动十分隆重与庄严，我应邀出席，深受教育，感慨万分！

　　夏先生在中国人民抗日战争烽火连天的困境中，作为一位学子以读书救国的愿望，于 1939 年只身赴贵州遵义湄潭，进入浙江大学土木系学习。1943 年，他以优异的学业成绩留校任助教，1949 年任讲师，1957 年任副教授，1978 年晋升教授。1954 年他在教学改革中担任系秘书，协助系主任分管教学工作。1958—1984 年，他任土木系副系主任（1966—1976 年有间断），在 1961 年李恩良系主任调任浙江大学副校长时期，他主持系务工作，于 1993 年退休。

　　夏先生在求是精神文化血脉的熏陶下，身为世范，为人师表，终生为教育事业培养人才，对土木系的建设与发展做出了不可磨灭的贡献。

　　1947 年春，浙江大学学生会主席于子三领导全校学生投入"反饥饿、反内战、反迫害"的大游行，开展爱国民主运动，同国民党反动派顽强斗争。1947 年 10 月，于子三被国民党秘密杀害于监狱，壮烈牺牲。夏先生的思想与行为受到了潜移默化的影响。新中国成立后，他热爱新中国，拥护中国共产党的领导。1952 年，高校教师开展思想改造学习，夏先生经常带头发言，剖析自己的思想，以切身经历作新旧社会对比，誓言做一个合格的人民教师，为新中国的教育事业做贡献。当年，我以学生代表参加学习，此次经历令我对夏先生十分尊重。1952 年，夏先生接受时任浙江大学副校长的李寿恒教授和浙江大学土木系中共党员教师杨锡龄的推荐，加入了浙江大学民主同盟组织。他爱盟、知盟，之后担任了浙江大学民盟主委。他以身作则，率先垂范，激励浙江大学盟员发挥智力优势，积极投入教学改革，提高教学质量，为浙江大学培养人才多做贡献。之后，夏先生又被浙江省民盟推选担任浙江省民盟副主委。夏先生在党的领导下，参与爱国统一战线工作，做出了重大贡献。

夏先生是浙江大学钢结构学科的创始人，现代钢结构的开拓者，中国钢结构协会的资深专家。他讲授的系列课程，涉及钢结构和开口薄壁构件、钢结构塑性设计和结构稳定理论等。他著书立说，出版了《钢结构理论》《钢结构》《钢结构设计方法与例题》和《钢结构原理与设计》等著作。晚年除培养研究生外，还投入《钢结构设计规范》的编写工作。他是我国首部钢结构规范主要起草人之一（排第二）。夏先生接受了这项重大任务后，参考了大量的国外钢结构规范，同编写组拟定总则、基本设计规定、计算方法等细则，合计26余万字。当年，他从事这项工作时已是一位耄耋老人，仍不辞辛苦，埋头苦干，奔波于各合作单位，共同研讨、修正和制订。这部大型的《钢结构设计规范》于1992年获得冶金工业部科技进步一等奖，1995年获得国家科学技术进步奖三等奖。夏先生获此殊荣当之无愧。

夏先生一生正气，淡泊名利。他治学严谨认真，教诲孜孜不倦，讲课条理清晰，逻辑性严密，深入浅出，语音洪亮，桃李满天下。每逢浙江大学校庆，不少省内外的校友回校庆祝，都专门去拜望夏先生，欢聚交谈，合影留念。教诲如春风，恩情似海深。他注重理论联系实际。当年，他给我班讲完钢结构理论部分后，专门布置了钢吊车梁的课程设计。那时，全国正掀起第一个五年计划经济建设，大兴土木，建造工业厂房。夏先生为学生们考虑，希望学生们在走上工作岗位前，做一个钢吊车梁施工图设计。于是，我们埋头学习，手拉计算尺，手握铅笔绘图纸。那时正值元旦前后，杭州大雪纷飞，我们挑灯夜战，在冰冷的教室里，苦战五天，终于每人交上了一份计算书和一张施工图纸。夏先生比较满意，同学们也感到通过这一过程增加了许多知识，提高了设计能力，深深感谢夏先生。

1952年，在教育部与省政府的获准下，浙江大学要建设新校区，由位于老城区的大学路迁移到西湖区玉泉老和山麓。任务重大，时间紧迫。时任校长刘丹亲自挂帅，请苏联专家指导与制定新校总图规划设计，由国营浙建公司承担土建施工，由土木系教师负责设计全部校舍。系领导立即组织有经验、有能力的老师加入设计小组，夏先生负责房屋结构设计施工图的审核，何鸣岐老师承担房屋的建筑设计并亲自绘制施工图，将教学大楼的屋顶设计成曲线形的民族形式，别具风格。夏、何两位老师为新校区建设立下汗马功劳，获得学校的表彰。1954年夏，第一学生宿舍终于落成竣工，验收合格，交付使用。同年秋季，土木系师生首批迁入玉泉新校。此时，教学大楼仍在建造中，宿舍楼同时作为教室使用。那天，校园中传来爆竹声，土木系师生在老和山下迎来了浙江大学具有历史意义的开学日，成为第一批进入教室上课的师生。我们铭记于心，引以为豪。

夏先生是我的恩师，1953—1982年期间，我在他的领导下合作共事，20多年后，我因工作调动离开母校，但仍有较多机会在母校相会。2007年12月，应校友周大玖的邀请，夏先生、曾国熙老师、舒士霖老师、唐锦春老师和我一行前往上海，参观蓬勃发展、欣欣向荣的上海城市建设与城乡风貌。

2017年6月17日，夏先生因病驾鹤仙去，享年96岁。噩耗传来，我十分悲痛。2017年6月21日，浙江大学为夏先生举行了庄严肃穆的告别会。哀乐低回声中，我沉痛地向夏先生遗体鞠躬致哀，祝愿夏先生一路走好！

有一种最美的职业是教师，有一种最感人的播种是教书。夏先生是美的耕耘者，是美的播种者。他品德高尚，才华出众，丰功伟绩，我们永远怀念他！

2021年9月写于杭州紫荆欣苑

（注：魏廉，1949级浙江大学土木系毕业生，原浙江省建设厅厅长，现已退休）

2007 年 12 月，校友周大玖（二排左三）邀请土木系老师（魏廉，二排中间）赴上海参观城市建设留影
前排从左至右：夏志斌先生夫妇、曾国熙先生夫妇、舒士霖、唐锦春

夏志斌先生引导我进入钢结构之门

钱国桢

我是 1957 年考入浙江大学土木系，就读于工业与民用建筑专业。大二时，我无意中在浙江大学校刊上看到一则消息：浙江大学土木系的夏志斌、童竞煜两位老师由讲师晋升为副教授。不久，夏先生又被任命为浙江大学土木系副系主任，因为当时夏先生还只有三十多岁，而且又不是中共党员，所以引起了我们很多同学对夏先生的关注。我就是这样初识夏先生的。

我们第一次面对面认识夏先生是在学"钢结构"这门课的课堂上，那时因为系主任李恩良教授已晋升为浙江大学副校长，夏先生实际上已经代理了系主任工作，尽管事务很忙，但是他还坚持给我们上"钢结构"课，当时大多数课程都没有书本，所以我们上课用的，就是夏先生亲自编写的油印本"钢结构"讲义。

当时同学都在议论"钢结构"是我们专业课中最难学的一门课，因此我也花了很多时间来学，感到的确越学越难。特别是变截面吊车梁的设计，它要用到影响线、双向弯曲、应力集中、重复应力与疲劳、局部稳定、冲击力影响等理论力学和材料力学知识；还要知道吊车梁知识，如：几级工作制、最大和最小轮压、软钩吊车与硬钩吊车等对设计参数的影响；以及有关施工的影响，如：焊接变形、放样下料安装误差等对设计产品质量的影响等；还要了解吊车梁受力分析对整个结构和地基基础最不利内力分析的关系等。总之，夏先生由浅入深、有条不紊地一一给我们介绍这一切，还布置作业给我们，我们不少同学都很高兴，我们现在学会了吊车梁设计，也许以后学桥梁设计也容易了。听了夏先生的课后，我们不但消除了对"钢结构"这门课的恐惧，而且对钢结构产生了亲近感和兴趣，因为这门课更富于启发人的创造性。虽已过去了近 60 年，但我至今还记得，夏先生在教学中反复强调的话——设计和学习都一样。首先，要打好理论基础，才能弄清基本概念。其次，要理清条理，从宏观着眼再步步深入到微观入手。他不但教我们钢结构的基本理论，还介绍一些新技术、新思路，例如当时他就介绍了有关预应力钢结构和组合结构的概念，使我们开阔了眼界。他总是在教授专业知识的同时，还教给我们学习方法和开拓我们的思路。

我们大学五年级下学期是做毕业设计的。当时的浙江大学土木系领导决定，全年级抽三个同学做毕业论文，其中有潘鼎元、陈正祥和我，题目是马鞍形正交索网内力分析研究，当时的指导老师是童竞煜副教授，辅导老师是郭鼎康和殷传纮老师，因为索网结构是一种几何非线性的钢结构，所以夏志斌先生对我们也很关心，我们除了参阅很多资料外，还要做一个模型试验，这就涉及经费问题。当时，系里实际主持工作的就是夏先生，他十分支持我们，虽然那时国家正处于经济困难时期，教育经费不多，但是他还是审批了一些经费，给我们买材料、试验仪器和工具。我们也为了尽量节约经费，只做了一个 $180cm \times 250cm$ 的小模型，用木板做边沿构件，用漆包线做悬索，用铁钉做荷载，用挂重给反向索施加预应力，因为漆包线太小而无法测得应力值的变化，所以我们只进行了各种荷载下的索网挠度测试和分析。但是我们还是从中摸到了一些规律，特别是正向索与反向索之间的加载和卸载与挠度之间的关系。当时的建设部中国建筑科学研究院，派人观看了我们的试验，肯定了我们的工作。系领导和我们都很高兴。后来，我发表在《建筑结构学报》1982 年第 2 期上的《鞍形双曲抛物线正交索网内力的简化计算法》一文的思路，就是来源于这个试验研究的有关工作。这是我发表的第 1 篇论文，我内心深处一直牢记着母校土木系领导和导师对我的教育之恩。

我在 1962 年毕业，和窦南华等 8 位同学被分配到建设部东北设计院工作，当时还有从清华大学、同济大学、南工[①]、哈建工[②]毕业的一共 100 多人同时被分配到东北设计院，按规定我们都要参加劳动几个月后再做设计工作，劳动后我被分配到土建一室二组，组长是李一平工程师，副组长是李斌焕工程师，并由李斌焕工程师带我做设计，开始描图、写仿宋体约一个多月，后来也做一些零星设计。不久接到了沈阳高压阀门厂阀门车间的重建项目，原来这个厂是日本人经营的，因为战争破坏而只留下钢柱子和基础，而且厂方还要求，设计要用上日本人留下的大量方钢管和角钢，因为工作量大又非常麻烦，所以很多人都不愿意接这个项目，包括一些名牌大学来的大学生。后来李斌焕工程师问我愿不愿做？我说试一试吧。于是，我用上了夏先生教给我的十八般武艺，努力开展工作：首先要假定在一种最不利荷载下，验算钢柱和基础要不要加固？再重新设计檩条、屋架、支撑与吊车梁，为了用上那些方钢管和角钢，我做了很多方案验算与比较，最后采用了桁架式的角钢和钢筋组合檩条；而吊车梁最难，为了用上那些方钢管，我比较了很多方案，最后采用了下撑式的吊车梁，即其上弦杆为方

---

① 指南京工学院，现为东南大学。
② 指哈尔滨建筑工程学院，现为哈尔滨工业大学。

钢管，下部为由角钢组成的支撑结构。因此，吊车梁成了超静定结构，计算难度大了很多，当时我手算了3个多月，总算完成了所有设计的计算工作。一年后工程竣工了，这时刚好院里在搞设计革命运动，大家都在批判设计浪费的肥梁胖柱，而阀门厂却送来了大红纸表扬信，并将表扬信贴在门厅墙上，说我们是"巧裁缝"。此后，院里就常常让我做钢结构的工程。那时国家大搞三线建设，建设部下达了一个移动式预制厂的项目，要求结构重量轻、装拆方便，并且还限定构件的重量和长度。院里让我做结构设计，我首选采用钢结构，花了很大力气，做了各种方案比较，最后完成了一套，全是悬挂组合结构的厂房和办公室设计，后来被在贵州的中国建筑总公司四局和在陕西的五局采用，于是我在东北、西南、西北三地来回奔走了近两年，以协助这些工程的制造与安装。我就是靠夏先生教给我的钢结构知识和方法，为三线建设做了一点事。值得欣慰的是我没有辜负母校老师们对我的培养。

后来因为我夫人和孩子在杭州，所以调到了杭州工作，开始在杭州市橡胶厂基建科工作，后来因为落实政策，金问鲁大师知道我搞过悬挂结构研究，就给当时杭州市领导周峰写信，推荐我做他的助手，因此后来我一直在杭州市城建设计院工作，侧重于悬挂结构研究，也设计了一些高层建筑结构，并发表了若干论文。因为形势需要，金问鲁大师让我侧重研究有关结构抗震的问题，多年后又被组织调去负责杭州市的工程抗震管理工作，直到退休。自浙江大学毕业后近60年来，我一直没有离开专业工作，有些时候虽然没有直接搞钢结构，但是夏先生教我的基础理论、专业知识以及学习方法在我一生的专业工作中都在起作用。到目前为止，我做过了100多个结构设计工程，审查过近1000个设计，发表了90多篇论文，取得了20多项专利（其中4个发明专利），以及30多个部、省、市科技进步和自然科学优秀论文奖。这些工作都是在母校老师教给我的知识和方法的基础上取得的，其中包括夏志斌先生，还有李恩良老师、童竞煜老师、蒋祖荫老师、舒士霖老师、谢贻权老师、丁浩江老师、魏廉老师、唐锦春老师、严慧老师、曾国熙老师等。他们的教育使我受益终身，这使我永生难忘，我现在能真正体会到"一日为师，终身为父"这句话的真谛。

（注：钱国桢，1957级浙江大学土木系工业与民用建筑专业毕业生，教授级高工，退休前在杭州市抗震办公室工作，为享受国务院政府特殊津贴专家）

怀念夏先生

胡鸿海

　　夏志斌先生是一位我们十分敬爱的好老师，他人品好，对人诚恳正直，没有领导架子，我们都喜欢亲切地叫他"夏先生"。

　　夏先生言传身教，为人师表，深为师生所赞誉，他的一生忠于党的教育事业，毕生奉献给浙江大学。夏先生在浙江大学土木系首创钢结构学科，主讲"钢结构"等课程，先后编著了《钢结构稳定理论》《钢结构》等教材及参考书，参加了全国性的《钢结构设计规范》的研究和制订工作，还获得了国家级、省部级的奖项。

胡鸿海（后排左一）与夏志斌先生参加民盟浙江大学支部活动时合影

夏先生教书教得好是出名的。他讲课深入浅出，层次分明，条理清楚，重点突出，使学生易于掌握和运用。他关心学生的成长，不但在课堂上，而且在毕业后还关心他们的深造。如为滕锦光同学在去国外深造的关键时刻指明了前进的方向，滕锦光同学也在他本人自己的努力下成长为一位国际著名的结构工程专家、钢结构方面的国际知名学者，滕锦光同学研究的土木工程复合材料结构加强了薄壳钢结构的稳定，这些科研成果向全球分享，正如滕锦光同学自己所说的，这些成就都得到了浙江大学恩师夏志斌先生的巨大帮助。

夏先生在繁忙的教学科研中还担任了浙江大学土木系的领导工作，工作兢兢业业，任劳任怨，为浙江大学土木系的建设与发展贡献了自己的力量。

夏先生还是民盟浙江省委的副主委和浙江大学民盟主委，为在中国共产党领导下的多党合作的统战工作做出了贡献。他深入基层浙江大学盟组织共商盟务，发展组织，过好组织生活，提高参政议政水平，与盟员打成一片，是一位民盟的好领导。

夏先生在20世纪50年代听党的号召，积极参加了知识分子下放劳动锻炼，20世纪60年代带头鼓励3位子女上山下乡接受贫下中农再教育。其长子、长女远离家园去了黑龙江，在接受再教育的同时也对社会做贡献。3位子女都在20世纪70年代先后回到了父母的身边。

夏先生的家庭教育非常好，总共有4位子女，子女们都很孝顺。他们每天都有子女陪伴照料，一位在新加坡的小女儿也不定时地回国来看望父母，是一个十分幸福和睦温暖之家。

夏先生退休后还念念不忘浙江大学建筑工程学院。已经72岁了的他还负责并参与了改写新版《钢结构——原理和设计》一书，十分辛苦，终因用眼过度，双眼视力急剧衰退，力不从心而被迫停下，由其他老师完成修改和出版，圆了夏先生的心愿。

夏先生长期积劳成疾，除双眼视力极度低下外，还患上了严重的心血管病，先后装上了起搏器和三个支架。由于体力严重不支，在家摔了一跤后导致后背脊柱骨裂，无法进行手术，只好回家休养。此后经常因双目几近失明，站立不稳，时不时跌倒，大伤元气。

夏先生虽病痛缠身，但仍心系自己的母校浙江大学建筑工程学院。2017年，96岁高龄的夏先生还忍着病痛、坐着轮椅坚持要到现场参加浙江大学建筑工程学院院庆90周年庆典活动并写了贺词。时过不久，夏先生又跌了一跤触及头部，不幸谢世，后人痛失良师，万分悲痛。德高望重的夏先生，为人师表、毕生奉献的光辉形象永存！

在纪念夏先生百年诞辰之际，我们永远敬爱您！学习您！怀念您！

　　根据您的遗愿，夏师母已将您用过的心爱的手杖（见附图）传给了我，我十分珍惜。我已用了这个手杖并遵嘱"携杖前行，保护身体"。关爱之情，永暖心间！

　　（注：胡鸿海，1947级浙江大学土木工程专业毕业生，浙江大学土木系教授，现已退休）

回忆夏先生二三事

童根树

2021 年是夏志斌先生诞辰 100 周年。我作为以钢结构为终身工作领域的晚辈，不仅在大学时代就有幸聆听夏先生的教诲，工作后也不时地在国内会议上与夏先生有接触和交流。

我们这一代，有幸遇到了改革开放时代，国家领导人邓小平急切地恢复了高考，我们 1979 级这一届能够依据成绩顺利地上了高中，在高一遇到了恢复数理化学科的竞赛，根据竞赛成绩专门参加暑期补习班，高二阶段依据高一阶段的竞赛成绩排名重新编班，我有幸编入了重点班，从而有机会考入大学，特别是浙江大学这样历史悠久、学风有传承的高等学校。

在大学，遇到了不少教学很好的老师，对"好老师"的体会，随着年级的增长而体会越深。在大四的第一学期，在我们开始懂事、知道主动学习、渴求知识的年龄，我们有幸遇到了夏先生给我们教授"钢结构"这门专业课。"钢结构"课程采用中国建筑工业出版社 1980 年出版的四校（四校是西安冶金建筑学院、重庆建筑工程学院、哈尔滨建筑工程学院、合肥工业大学）合编教材。这本教材的主审是浙江大学夏志斌。

> 参加本教材编写的院校分工是：第一、四、七章由西安冶金建筑学院陈绍蕃、陈骥、李从鹏、罚在田执笔，第二、三、九章由哈尔滨建筑工程学院李德滋、朱起、栾志宏执笔，第五、六章由重庆建筑工程学院吴惠弼、魏明钟执笔，第八章由合肥工业大学周惟德执笔。主编由陈绍蕃和吴惠弼担任，主审由浙江大学夏志斌担任。参加审稿的单位有太原

夏先生的第一次课就给我们留下了深刻的印象，声音洪亮，条理清楚，讲课速度合适，在讲台上根据内容或板书走动，始终面向学生。我们这一届的同学，有很多因为夏先生而喜爱上了"钢结构"这门课，并在以后的研究生阶段以钢结构作为报考的方向。统计下来，毕业后直接进入钢结构方向的研究生就有 7 位，研究生学校有西安冶金建筑学院、哈尔滨建筑工程学院、同济大学、清华大学。夏先生大概是觉得我们已经爱上了钢结构方向，在报考研究生的阶段，希望大家不要都报考浙江大学，防止碰

车，因为招生名额有限。

在上课的这个学期，夏先生与我后来的研究生导师陈绍蕃先生等一起参加了在北欧举行的钢结构方面的国际会议。他回来后在课堂上与我们进行了精彩的分享。那时候（1982年）去欧洲非常不方便，需要多次转机，我们学生对参加国际学术会议也非常好奇，非常有兴趣，他对旅途过程以及会议上发生的事情，还有我们中国代表团的报告等都做了详细的介绍。

夏先生的讲课风格，影响了我课后对各门课程的自学和复习方式，也影响了我以后作为高校老师的讲课风格方式，或者说，虽然先天条件（比如声音）不一样，我后来的讲课，是模仿夏先生的讲课风格进行的。夏先生的风格，就是要点清晰。这种风格影响我的学习，体现在我在书上做笔记的时候，也会在书上画上①②③④，如下：

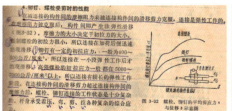

因为"钢结构"这门课，大家熟悉了夏先生的讲课，所以夏先生开设的选修课"薄壁构件理论"也是人气爆满，那时候教材是油印本，我是习惯坐在前排，对薄壁构件的两条基本假定（刚周边假定和中面剪应变为〇假定）的体会和印象特别深。

所以，在考研究生的时候，我就听从了夏先生在课堂上给大家的建议，选择报考了西安冶金建筑学院，报考了陈绍蕃先生的研究生，并且顺利地考上了，事后表明这是一次不错的人生选择。

笔试以后的复试因为那时交通不方便，往往就由考生所在学校的老师代为复试，我是由夏先生复试的。复试是在教五二楼或三楼中部北面的办公室（记忆中是会议室的摆放）进行，其中有一个问题记得非常清楚，就是格构柱的单肢失稳和整体失稳，其中提到了两者的相互作用，我是未能够正确回答，那时的知识面也不允许，夏先生提示了答案。后来在西安读研究生阶段，陈先生布置做了关于这个问题的读书报告，并在后来我把读书报告写成了一篇论文。这篇论文在英国的JCSR（钢结构研究学报）上发表了，发表后还收到了两位学者（一位英国学者、一位古巴学者）写信来索要单行本。现在回想起这件事，这个格构柱问题，很可能是夏先生和陈先生在一起开会时有过讨论的。

离开浙江大学后，再次见到夏先生是在国内的钢结构方面的会议上了。1987年4月底，北京冶建院召开结构稳定与疲劳会议。很多国内高校老师都参加了这次会议，还游览了长城，这是我第一次到长城和十三陵。再后来就是参加《钢结构设计标准》

（GB50017—2003）的编制工作。在北京的白广路北京钢铁设计院的会议室，在门口的部队或武警系统的招待所住宿。在规范组，夏先生担任了规范组副组长的角色，充分发挥了夏先生组织能力和协调能力强、处理人与人关系的能力强等优点，为编订一本优秀的集思广益的钢结构设计规范做出了贡献。

关于《钢结构设计标准》（GB50017—2003）这本规范，还有一个小插曲，因为与夏先生有关，这里也许可以一说。

1998 年，浙江大学开始承办了结构稳定与疲劳协会会议。2000 年的结构稳定与疲劳协会会议是在湖南长沙召开。这次会议的重要性在于，《钢结构设计规范》《冷弯薄壁型钢结构技术规范》这两本姊妹规范都正在修订，参加两本规范修订的人员有一部分是重叠的（我没有参加《冷弯薄壁型钢结构技术规范》修订会）。2000 年正是修订规范最忙碌的关头，修订规范时出现各种争议，因为这些是学术的问题，作为交流平台的最好地方就是这次的结构稳定与疲劳协会年会。

这次会议上，周绥萍教授，是美国普渡大学陈惠发教授的博士。她当时研究的雁形板梁的稳定性，是预制的混凝土的站台结构（因为她在重庆交通学院工作），里面要用到单轴对称截面梁的临界弯矩公式。她注意到武汉大学的郭耀杰博士采用吕烈武等在中国建筑工业出版社 1983 年出版的《钢结构构件稳定理论》中的弯扭屈曲理论，得到简支梁的临界弯矩公式中的 C3 系数应该是 1.0，而不是传统的 0.53 或 0.41。

因此，周绥萍教授在会议上发言，《钢结构设计规范》也应采用这个系数。因为，《冷弯薄壁型钢结构技术规范》已经决定采用这个系数了，两个规范应该统一。会后，《钢结构设计规范》的两位执笔老先生赵熙元老师和魏明钟老师来我房间，希望我回杭州后与夏先生说一说，《钢结构设计规范》里 C3 系数是否是 1.0。

夏先生未同意。我则花了三天推导了更为复杂的理论，并且发现可以求得不同的 C3，把稿子寄给了周绥萍教授。后来，周绥萍教授打电话，她说把稿子寄给了退休后在美国夏威夷工作的陈惠发教授，但是陈惠发教授没有回复。

2002 年暑假，我的博士生张磊，通过 ANSYS 的板件有限元法验证了 C3 = 1.0 是错误的，传统的是对的。通过这项工作确认了夏先生坚持不改是对的。我们作为浙江大学的后辈，延续和发展了夏先生等前辈的工作，相信夏先生内心是很高兴的。在夏先生九十大寿的晚宴上，夏先生心情爽朗，无话不谈，从上大学讲起抗战西迁的经过，20 世纪 50 年代院系调整后阵容强大的师资力量，让我们了解了浙江大学土木系光辉的历史细节和厚重的历史积淀，我们内心充满了自豪感和荣誉感。

（注：童根树，教授，1979 级浙江大学建筑结构工程专业本科毕业生，浙江大学建筑工程学院高性能建筑结构与材料研究所副所长）

点点滴滴忆恩师

赵滇生

2021 年是恩师夏志斌先生诞辰百年，谨以此文表达我对恩师的纪念。

1981 年，我在浙江大学土木系结构工程专业读大四，夏先生给我们讲授"钢结构"课。该课程对力学和数学基础要求高，是同学中公认难学的一门专业课。先生授课驾轻就熟，独树一帜，条理清晰，声音洪亮，娓娓道来，板书简明，每节课 50 分钟总是一气呵成。在同学眼里，先生讲课已经升华为一门艺术，听课也就成了艺术享受。同学们总是课前争抢好座位，课内专心听课和认真笔记，不敢也不舍得思想开小差，课后复习，学得津津有味，自然也就不觉得难了。先生在教学过程中，十分重视培养学生的结构工程概念，善于抓住矛盾的主要方面，把复杂问题加以抽象简化。记得先生通过一个牛腿的计算例子，介绍了工程简化分析方法，颇受启发，这种思维方法使我在日后的工作和学习中获益匪浅。正是受夏先生"钢结构"课程的深刻影响，我决定选择钢结构事业作为自己的终生事业，并在 1982 年 9 月如愿以偿考上先生的硕士研究生，有幸在恩师指导下，继续在求是园内度过 3 年的学习生涯。

夏先生给本科生开设"薄壁杆件理论"选修课，这门课主要介绍非圆截面的扭转等复杂内容。课程没有教材，夏先生采用全英文板书，中文和英文混合讲解，从材料力学等基础入门，由浅入深，从简到繁，总使学生比较容易理解掌握复杂的课程内容，也学会了借助外文教材和资料学习。先生给后几届同学讲授该课程时，还让我做助教和批发作业，使我对课程有了更加深入系统的理解，为后来自己开展钢结构教学、研究和设计，编写相关教材奠定了良好的基础。我当年的学习笔记已被我珍藏了 40 年，还不时拿出来看看，纸张已经发黄变脆，但愈显弥足珍贵。

记得研一时学习"结构塑性理论"课，先生采用全英文版教材 *Theory of the Plasticity*，先生不照本宣科，要求研究生自学后分别讲解不同的章节，再展开讨论分析。每次讨论会总是气氛热烈，同学们经常对教材内容理解不同，争论不休，夏先生最后深入浅出地分析讲解，总让大家正确理解相关概念，掌握相关内容。这种别具一格的教学方式，可充分调动学生的学习主观能动性，有利于学生深刻理解课程内容。对于大多内容，我至今记忆犹新，在后来自己指导研究生的教学工作中，也采用了这种成效良好的教学方式。

1985年初，我开始撰写硕士学位论文，那时的论文只有英文摘要是用英文打字机打印，其余文字都是手写，在硫酸纸上手工绘制插图，再将插图粘贴到论文上。每誊写一遍论文，就交给先生修改，尽管先生的视力已经不太好，但先生每一稿都逐字逐句地认真修改，最后论文稿总是被先生修改得一片红，而且一般要修改五稿后先生方允许定稿。先生一丝不苟的治学态度和严谨缜密的教学风度，至今记忆犹新。学高为师，身正为范，先生堪称一代名师，永远是学生学习的榜样。

记得1983年3月下旬，夏先生负责的建设部科研项目"钢梁整体稳定研究"在冶金部北京钢铁设计研究总院结题验收，项目研究成果成为《钢结构设计规范》（GBJ17—88）的重要内容。先生认为这是研究生难得的专业学习机会，就带我们几个研究生参加会议。我们大多都是第一次来到祖国首都，十分激动。办好住宿手续，入住招待所后，先生专门带我们绕招待所周边走了一大圈，还不断提醒我们记住标志，免得外出后找不回招待所。区区小事，充分体现了先生对学生无微不至的关怀和爱护，情同父子。每次到先生家，师母总是马上沏茶递给我们，然后默默去忙家务。作为学生自然十分感动，倍感师母的善良、贤惠和关爱，师母秉承中国传统美德的慈母形象跃然心中，日后偶尔想起，总在心底泛起一股母爱般的暖意。

先生是我国钢结构事业的主要开拓者和学术带头人，曾长期担任中国钢结构设计规范修订组的技术组长。还记得2001年12月初，陪同已80高龄的先生一起到北京参加《钢结构设计规范》（GB50017—2003）审定会。会议气氛十分活跃，与会人员讨论非常热烈，甚至激烈交锋，经常有不同观点针锋相对而难以统一，最后往往是先生寥寥数语，一言九鼎，拍板定论。有幸再次领略先生举重若轻的大家风范。恩师在钢结构领域的崇高学术地位和威望由此可见一斑。

2017年春天，得知先生身体欠安，住在浙江医院。我去医院看望先生，虽然先生身体已经十分虚弱，但还是和我谈了不少钢结构专业方面的事，并说要把毕生收集的珍贵的钢结构技术资料送给我。2017年5月，先生作为学院最后一位健在的浙江大学西迁经历者，出席了浙江大学建筑工程学院90周年院庆大会，当时先生看上去精神不错，令人欣慰。但意想不到的是，之后不到1个月，先生溘然长逝。恩师对钢结构事业的执着和热爱，深深铭刻在我心中；恩师在病床上的谆谆教导，让我永生不忘。

夏志斌先生与浙江工业大学建工学院原党委书记赵滇生合影

时光荏苒，自己从硕士毕业离开先生后已经 36 年多了，先生离开我们也 4 年多了，但自己总会不时想起与恩师相处的点点滴滴，也总会在心里涌起对恩师的深深怀念和浓浓思念之情。

（注：赵滇生，教授，1978 级浙江大学建筑结构工程专业本科、1982 级浙江大学硕士毕业生，浙江工业大学建筑工程学院原党委书记）

先生之风，山高水长

朱云夫

1985 年浙江大学本科毕业时我有幸考上了夏先生的研究生。在浙江大学 7 年的学习生涯里，先生的课堂给我留下了极其深刻的印象，板书工整、言语精炼、激情四射，每堂课都是精彩的演讲。夏先生上课投入，声音嘹亮，中气十足，与平时判若两人。先生对作业完成的质量要求极高。我们同一届学生中，姚谏是最得先生夸奖的，其作业本工整、正确，简直可以直接印刷出版成书。当时，我们甚至感叹就是让我先打了草稿再誊写上去也达不到这样的水平。极致严谨的风格影响了我日后认真做工作笔记，也潜移默化地影响了我的工作与表达。

夏先生是民盟的省委副主委。记得我曾找先生希望加入民盟，以为会得到欣然支持。令我意想不到的是先生听后面露不悦，说学生期间应该专注学习，建议毕业以后再考虑。并且，先生说当今中国社会精英集中在中国共产党内，毕业以后我首先应该申请加入中国共产党。现在看来，这些教导对我日后工作生活产生的影响是巨大的。

先生一直住在求是村，毕业以后有几次去看望他。他家里十分朴素，甚至有点简陋，但很整洁。

最后一次见到先生是在母校 120 周年纪念会上，浙江大学建筑工程学院也举行了90 周年隆重的纪念会。先生行走已经不便，由他的大儿子陪同，由于校友众多，就在会场上隔了几排打了个招呼，我估计先生都没认出我来。谁曾想这一招手竟是永诀，令人潸然泪下。

1986 年暑假前夏志斌先生（左）和潘有昌老师（右）与研究生合影（后排左三朱云夫）

　　师恩难忘。您的治学造诣和处世风格，是母校求是精神最生动真实的体现，求是学子有您这样的导师是一生之幸。先生之风，山高水长。

　　（注：朱云夫，1981 级浙江大学建筑结构工程本科、1985 级浙江大学结构工程硕士毕业生，杭州市钱江新城投资集团有限公司董事长）

夏先生教学轶事

韦国岐

我们结构专业 1978 级的专业课程"钢结构"是由夏先生主讲。那时我们进校已有两年多，都知道系主任夏先生是国内钢结构专业的著名教授。直到我们捧起新教材，封面上赫然印着"主审 夏志斌"，不禁眼前一亮，对先生的敬重之情更是油然而生。课堂上，大家的注意力特别集中，大教室里唯有夏先生铜钟似的嗓音……

课程进入构件设计后，同学们按照例题的做法，初选试算，验证通过，才算做完一道设计题目。我班的肖为民同学别出心裁，觉得可以用列出二元一次方程组的办法，一次性确定两个参数，不必如例题那样需要试凑的做法，他就把自己的想法写在作业本上。不料下一堂课后，夏先生专门来找肖为民，赞扬了肖为民爱动脑筋，还进一步解释了书上例题为初学者强化基本概念而蕴含的逻辑关系，也给我们围在一边聆听的同学们介绍了在实际设计工作中为提高效率而备有的工具。

后来，同学们对夏先生开设的选修课程"薄壁钢结构稳定"选课热情很高，结果又是开了个大班。当时我觉得夏先生是真的了解听课学生们的英语基础参差不齐，在开课第一堂上就同我们开诚布公：本课程采用土法"双语教学"，即在中文讲解中插入一些英文词汇。他一边在黑板上写下英文，一边用汉语解释。现在回忆起来，像"warping"这些高频出现的专业单词，真让我们一辈子想忘都忘不了。那时候，我注意到吴美淮老先生的备课笔记里是大篇的英文手记，"结构力学"主讲吴坤生老师还在课外与我们交流他在家里营造学习英语的氛围。师长们的身传言教，无疑促进我们克服困难、努力掌握好外文工具。那时候，我同寝室两位年龄最小的同学黄春伟、欧阳瑜的听读能力就很快得到提高。

多年后，也许是我最后见到夏先生的一次，是在钢结构专业硕士研究生毕业论文答辩会上。身为答辩委员会主席的夏先生，他把从头至尾通读的论文在推演过程中发现的纰漏都一一指出。他诚恳地说，一点小毛病不影响推理的结论，但会给今后的参阅者带来疑惑。在场的我，先是为老先生神采依然而高兴，更是对夏先生作为一位学者而肃然起敬。他那种严谨的学术态度给我不可磨灭的刻印，正是这种精神像明灯照亮着一代代学子前进的脚步。

（注：韦国岐，1978 级浙江大学结构工程专业毕业生，浙江省交通规划设计研究院总工程师，已退休）

缅怀夏先生

陈其石

　　欣闻浙江大学建筑工程学院将为夏志斌教授举行百年诞辰纪念活动。夏教授是著名的钢结构专家，也是 20 世纪七八十年代制定和发展国家钢结构设计规范的主要负责人之一，治学严谨，注重理论联系设计施工实践。夏先生注重教学，讲课清晰易懂，是一位受学生尊敬爱戴的教师。他于抗战西迁时求学于浙江大学，毕业后又一直在浙江大学土木系工作，为浙江大学和土木系的发展奉献一生。

　　本科期间对夏先生印象最深的是他上的"薄壁杆件理论"课。薄壁杆件的理论和分析方法是钢结构的梁柱应力计算和设计的基础，因而有很强的实用性。但同时薄壁杆件理论实际上是将三维的板壳分析简化成一维的杆件公式，所以其中又有很多假设以及复杂的概念和推导。因为要兼顾实用和理论，还要涉及结构稳定的概念，如何向仅学习过材料力学和结构力学的本科生讲好这门课，就很不容易了。

　　我们这代大学生有幸在浙江大学的本科阶段遇到了许多十分优秀的老师。他们经验丰富，敬业严谨，以教书为乐。夏先生是这些老师中的代表。毕业多年后大家都还记得他上课时条理清晰、深入浅出、娓娓道来的情景。他讲薄壁杆件时，既给我们举了一些设计上的例子来帮助我们了解实际应用，又尽量将一些重要的概念（比如开口和闭口截面的不同剪应力分布）讲得通俗易懂。演绎复杂的推导时，他常常耐心地反复解释重要的假设和关键的概念，帮助我们理解其中的方法以至创造性的假设。记得他上课时教室里总是很安静，大家都对夏先生讲课的水平钦佩不已。

　　本科毕业后我有幸师从夏先生和潘有昌老师，成为钢结构硕士研究生，和夏先生的接触就多了一些。回忆那几年的学习研究，其中重要的训练就是一方面从夏先生、潘老师那里学习钢结构的实际知识和考虑解决问题的思路，另一方面就是从文献阅读中学习具体的研究方法。三年的研究生学习使我受益匪浅，对科研的方法和研究结果的判断有了一个大致的理解。

　　夏先生从浙江大学土木系的领导岗位退下来以后，仍然十分忙碌。除了教学和科研以外，他还是《浙江大学学报》主编和《钢结构设计规范》的主要负责人之一，在民盟和省人大还担任职务。

　　钢结构的教学与研究、浙江大学土木系的发展和民盟的工作是他主要的精力所在，也是他从工作中得到快乐的源泉。

　　（注：陈其石，1979级浙江大学建筑结构工程专业毕业生，现为加拿大阿尔伯特油气技术服务公司首席工程师）

缅怀和纪念我敬爱的导师夏志斌先生

张显杰

2021 年是夏志斌先生诞辰 100 周年。我怀着无比崇敬的心情，写这篇文章来缅怀和纪念我敬爱的导师夏志斌先生。

夏志斌先生是浙江大学钢结构学科创始人、中国钢结构协会资深专家。他为浙江大学土木系的发展和我国钢结构事业的发展做出了巨大贡献。在 20 世纪 50 年代初期，鉴于当时国内没有单独的钢结构学科，夏先生亲自编写了"钢结构"课程的教材，教书育人，为浙江大学土木系开创了钢结构学科。由于 20 世纪 70 年代以前我国没有自己的钢结构设计规范，从 1970 年起，夏先生承担了有关国家标准专题的研究工作，并参与制订了我国第一部正式颁布施行的《钢结构设计规范》（TJ17—74）。以后他又任规范组副组长，主持、修订和发布了《钢结构设计规范》（GBJ-17—88）和《钢结构设计规范》（GB50017—2000）。鉴于他的杰出贡献，他荣获中国钢结构协会和浙江省钢结构协会的钢结构终生成就奖。

1978 年，我作为钢结构专业的第一批研究生，有幸跟随夏先生从事钢梁的研究并参与了钢结构规范的研究和修订工作。当时大学刚开始招生，教育和科研刚刚开始复苏，由于长期缺乏对外交流，研究工作几乎从零开始。同时，实验设备非常简陋，只有几台电阻应变仪和几个位移检测器，用两个液压加载装置加载，所有的试验过程和数据都需用手工测量与记录。在钢梁的整体稳定试验中，我们需要在各个加载阶段记录各个测试点的应变、垂直和侧向位移，以及加载情况。由于实验室人员不足，测试的数据较多，总是忙得手忙脚乱。钢梁整体稳定试验的最大挑战是，侧向屈曲是突然发生的，几乎没有任何前兆。这就给试验的测试、记录和加载带来很大的困难。第一次试验时，在加载的过程中，钢梁突然侧向屈曲，我们不但无法记录破坏过程中的各项数据，而且连破坏载荷也无法准确测定。

张显杰（后排左三）毕业论文答辩后与夏先生、曾国熙、李恩良、唐锦春等在结构实验室外合影

夏先生不但亲自参与了试验，试验以后，还带着我们一起讨论试验情况，总结经验和教训。当我们建议应预计一下破坏荷载时，夏先生鼓励大家从机理上搞懂屈曲破坏。在他的指导和鼓励下，我们开发出整体稳定的计算机模型，并且用计算机去模拟试验过程，去指导加载和测试。这样不但顺利进行了各种试验，而且为今后的钢梁整体稳定的理论开发和计算机仿真提供了很好的帮助。更重要的是使我们学到了实事求是地去针对、分析和处理问题的工作方法。

夏志斌先生是一位杰出的教育家，治学严谨，教书育人，桃李满天下。夏先生的一个重大贡献是他坚持将科研成果与教育相结合。他不但从事科学研究，主持和参与钢结构规范的编写，而且把最新科研成果编写进教材。夏志斌先生与潘有昌教授合著出版了《结构稳定理论》，与姚谏教授合著出版了《钢结构》《钢结构——原理与设计》《钢结构设计——方法和例题》等著作。这些专著受到了国内外同行的好评和推荐。其中，《钢结构——原理与设计》被选为高校土木工程专业的规范教材，从 2004 年至今连续再版。

夏先生坚持为本科生讲授"钢结构"等有关课程，使大量本科生得益匪浅。在浙江大学土木系的历届毕业生中至今还传颂着聆听夏先生上课的感受。夏先生为我们研究生编著和讲授了《结构稳定理论》。《结构稳定理论》实际上是一门比较高深的数学力学课程，也是比较枯燥的课，但经他一讲解，生动风趣。夏先生讲课不带讲稿，全凭记忆讲述，采用启发式的教学方法。他讲课声音洪亮，思维清晰，逻辑性强，黑板上的板书整齐流畅，而且时间控制得极准，放下粉笔时正好下课铃响。听他的课不但是一种科学的熏陶，更是一种艺术的享受。我深深地为浙江大学前辈深厚的理论功底和求是精神而敬仰与骄傲！我有幸聆听夏先生的讲授，这实属一种荣耀和享受。

夏先生品德崇高，学术造诣，盛誉海内外，桃李遍天下。他荣获浙江大学土木建筑规划教育基金会伯乐奖。夏先生不但赏识人才，培育人才，而且非常爱护和珍惜人才。他培养了不少学生，而且把他们输送到国内外各部门。为了学生的前途和事业的发展，他总是默默工作、无私奉献。记得我出国前曾与先生私聊，表示我可以帮他再做一些工作后再出国。夏先生深情地看着我，鼓励我趁年轻出国多学一些知识，将来做更多的贡献。这眼神常使我联想起年迈的父母送我出远门时的深情和嘱咐。每当我做出一点成绩时，我总会想起先生，没有先生的培养和教导，没有先辈们的无私奉献，能有我们的成绩吗？先生授课之风采、音容笑貌至今历历在目，先生的谆谆教导句句记心，永远受益，终生难忘。

当前，我国钢结构事业蓬勃发展，欣欣向荣。各地高层、超高层和大跨度钢结构像雨后春笋般冒出，它们像一座座纪念碑，记述着钢结构工作者的奉献。夏志斌先生作为我国钢结构事业的早期开拓者之一，将被永久载入史册。他的高尚品德和敬业精神将永远为后世所崇敬与纪念。

（注：张显杰，1963级浙江大学工业与民用建筑专业毕业生，1978年作为我国第一批研究生入学浙江大学土木系钢结构专业，系夏志斌教授的研究生，1981年硕士毕业，留校任讲师。1983—1989年，留学美国普渡大学获博士学位。后于美国福特公司科学研究院任专家。现已退休）

纪念我的父亲夏志斌

夏学敏

　　2017 年 6 月 16 日，父亲走了，我们最亲爱的父亲走了……在我们子女的记忆中，父亲的一生，离不开他为之努力奋斗的浙江大学。从年少时，他考入浙江大学，就学于浙江大学土木系。抗战期间，随着浙江大学西迁，在艰苦的环境下，在贵州遵义，刻苦努力学习，1943 年以优异成绩毕业留校，当了浙江大学土木系助教。年轻时，工作认真，年纪很轻就被提拔到系里担任浙江大学土木系的系秘书，和系里的老师一起参加浙江大学的前期校园筹划并为系里的教学做了许多实际工作。浙江大学土木系的成长过程中，留下了父亲和许多老前辈的汗水与泪水。系里任务工作繁重，有时候，

全家福

系里老师有事找到家里，父亲二话不说，放下手中的饭碗，就和老师们一起出去商量工作了……在我们很小的时候，看着父亲早出晚归是经常的事。常常是深夜，我们还看到父亲在昏暗的灯光下，手拿着放大镜，戴着深度眼镜，隔着两层玻璃，在备课，在审稿……父亲因为在系里的工作时间较长，和各科老师互动和关系都很好，大家有事也有商有量的，所以在1966—1976年，被当成"反动学术权威"，进了"牛棚"，也很快被"解放"了。他是浙江大学教授中最早被"解放"出来工作的老教授之一。就是在那个年代，父亲白天受了委屈，晚上也没忘记自己的钢结构的教学任务，常常忘我工作。因为父亲的工作努力，被系里、学校和省里各级领导多次嘉奖。同时，他还担任浙江大学民盟主委、省民盟副主委，是国家国务院专家津贴获得者，也在国家钢结构规范修订小组常年担任主要负责人。在卸下浙江大学土木系副系主任的同时，担任着《浙江大学学报》科技类出版物的评审工作，为享誉国内外的《浙江大学学报》默默把关。这里面有大量的烦琐工作。我们这些子女直到父亲的晚年才知道父亲的后期还有这项任务，他老人家当时在家从未提及。他为此付出了许多心血，把眼睛也熬坏了……

父亲，我们最敬爱的父亲，请您安息吧！您常说，您这一辈子都是浙大人，你的音容笑貌会永远地留在我们的心中！

一生浙大人
——土木工程专业 1939 级校友夏志斌

文/谭建良　图/《校友风采》采访团摄

2016 年 3 月 25 日下午，天气透着一股子闷热，但想到要去采访浙江大学土木系的老系主任夏志斌教授，我们非常激动。我们如约见到了夏先生，虽然夏先生年事已高，身体难免有些许不适，但是夏先生的精神头很足，和我们先聊起了家常，消除了我们这些小辈的紧张感。当我们和夏先生谈起浙江大学的时候，夏先生更是像打开了脑海里封存已久的木匣一样，开始把关于浙江大学的记忆娓娓道来。

悠悠长路，其志犹坚

在那些动荡的日子里，没有什么是容易的。夏先生出生于 1921 年。原本就读于杭州高级中学，但是 1938 年 1 月，日本人攻入浙江，杭州高级中学被迫解散，他不得不休学。幸运的是，夏先生得到了去金华借读的机会，也正是在那一年，他考入了浙江大学的土木工程专业。在被问到为什么选择土木时，夏先生笑言："那是瞎选，当时都

学生记者团到夏志斌先生家采访

不知道土木工程是干什么的，只是听从了家里人的意见，才选了这个专业，学土木的乐趣，那是在后来的学习过程中逐渐寻找到的。"但是，似乎命运好像还想再戏弄一下这个孜孜不倦的年轻人。那年，浙江大学西迁，好不容易考上浙江大学的夏先生又不得不再次休学。直到 1939 年，浙江大学才在龙泉建立了浙江大学浙东分校，夏先生才算是真正入了浙大门，开始了自己的求是之路。

到了 1940 年，由当时的国民政府出资，龙泉分校一年级、二年级的学生，得以正式踏上了前往贵州遵义的行程，夏先生也就是在那个时候去的浙江大学遵义本部。夏先生当时和几个关系好的同学一组，结伴前往贵州遵义。一路上，由于各地的交通状况不同，夏先生一行的交通方式（汽车、火车、船）也只得随之改变，只要是能够比腿走得快的家伙，夏先生他们算是都坐了个遍。他们一行虽然路上艰苦，但好歹也算是平安，跌跌撞撞地来到了贵州遵义。其他人可就没这么幸运了。有一组化工系的同学，在途经福建的时候，遇到了土匪，同行的学生哪里舍得把自己的同学交给他们，不知是被他们的同学情谊触动还是被他奔波求学的精神感动，土匪最后发了善心，放了他们。听到这件事的时候，我们不由得心里一紧，那时候的学子是真的在生死的夹缝里求学问。到了遵义本部之后，夏先生得以开始了自己心无旁骛的漫漫求学生涯。

知之所存，心之所往

提起自己在浙江大学本部的求学经历，夏先生颇有些激动地感慨道："那些日子是我这一生中最美好的日子之一。"

时至今日，夏先生还记得当年浙江大学的办学理念——生活自由，治学严谨。在生活上，学生可以随意挑选宿舍，随意寻找舍友，不同专业的学生可以在同一个寝室里探讨问题，交流思想；在治学上，浙江大学实行全英文教学，教材全部与国际接轨，采用美国最新的教材。但这一举措也导致了很多大一新生的不适应，因而当时大一的挂科率是最高的。当时，浙江大学实行的是与我们现在相近的学分制，而区别在于，在当时如果你的前置课程挂科，就不能修读下一门课程，直到修过才能继续后续课程的学习，这也导致了当时很多不同年级的同学在一个教室里修读同一门课程。这一苛刻的要求，督促着新生们尽一切努力去适应英文教材，这在无形中提高了新生的水平与素质，夏先生当年就是在这样严格的教学环境中坚持了下来。直到现在，夏先生与我们交流的过程中，一些专业的词汇仍然会用英文表述，这让我们这些阅读外国文献磕磕绊绊的后生着实感到惭愧。

除了严苛的全英文教学，还有一点令夏先生印象深刻并且受益良多的是浙江大学当时雄厚的师资力量。优秀的人才需要有正确的指引，当时的浙江大学为了让学生习得更专业的学识，对于教师的要求不可谓不严格。对于教师，浙江大学当时实行聘任制，并且新教师只聘任一年，来年的五月份会淘汰相当一部分不符合浙江大学标准的教师，这也要求教师不断提高自己的教学质量，不断做出优秀的科研成果。同时，浙江大学的名气也吸引了一大批像苏步青、丰子恺这样的优秀人才来浙江大学开课。正是有了这些优秀的教师与严谨的治学态度，使得浙江大学当年的优秀的苗子更加出类拔萃。

对于夏先生而言，跟着这些优秀的教师学习后印象最深刻的便是徐芝纶先生所说的"不可只看一本参考书，每本参考书都有它的局限性，看的书少了，思想容易被限住。"徐芝纶先生是清华大学毕业、公费留美、麻省理工学院和哈佛大学双硕士的海归学者，每次讲课之时都会使用很多本参考书，然后挑选每本书的精华之处来授予学生，让学生得以学到最健全的知识。夏先生患有严重的眼疾，看不清黑板上的字，因而每遇到讲课不好的老师，总是想起徐芝纶先生的话，乐得翘课，同西南联大的同学交换参考书，开始自学起来。就这样，夏先生在大一、大二的时候拿到了学校的贷学金，从大三开始正式拿学校的奖学金。谈起这段不甚"光彩"的求学经历，夏先生自嘲道："千万不要向我学习，翘课可算不得好的学习习惯。"

"不可只看一本参考书，每本参考书都有它的局限性，看的书少了，思想容易被限住。"同样的，不可只看一个专业的书，每个专业都会有自己的局限性，需要跳出既有的框框，去看看外面的世界。由于浙江大学当时宽松的选课系统与优秀的师资力量，浙江大学推出了很多质量相当之高的选修课，包括丰子恺、苏步青这些有名的学者也开设有自身特色的选修课，这也让夏先生乐在其中，四处蹭课，求得学问。如果用一句话来概括夏先生当时的学习状态，恐怕就是"知之所存，心之所往"。

青书黄卷，苦中作乐

据夏先生的回忆，当时到达遵义时，当地的条件异常艰苦，没水没电，甚至连一条像样的水泥路都没有。比起在杭州的日子，遵义的日子真是难熬。不过，好在夏先生学会了苦中作乐，当时学校的同学创立了京剧团、话剧团、歌咏团等文艺组织，夏先生在学习之余，总会去欣赏一两场话剧，看一两场演出。

靠着这些娱乐，打发了些物质上的艰难，然而时时都会有些意外发生，或许这些意外在当时看起来异常恐怖，但是现在回想起来，却是一番别样的体验。那是一次去文成县测量的经历。那时候测量结束，大家正想着好好犒劳自己这些天的劳动，有人提议去乌江边上耍一圈，也是当年年轻贪玩，一大群人都纷纷应和，跑到乌江边上。乌江景色着实秀丽，无怪乎毛主席写道"乌蒙磅礴"，然而玩着玩着，就忘了时候，天已经黑了。也就在这个时候，像小说里写的那样，一群凶神恶煞的蒙面大汉拦住了他们的去路，虽没有那番"此山是我开，此树是我栽"的唱腔，然而意思很明白：要钱。当时的穷学生哪有什么钱，只得向土匪求饶，只不过这次土匪可就没那么心善了，硬是问这些穷学生们讨钱，迫于无奈，他们只得把自己身上的零钱交了出来，然而土匪似乎还不是很满意，搜搜刮刮地拿走了他们身上唯一值钱的钢笔，才算作罢。谈起当时的经历，这些学生不由得后怕，要是当时土匪起了杀人灭口的歹念，那真的算是国家的损失了。从那以后，这帮学生再也不敢在当地乱跑，特别是当夜幕降临的时候。夏先生也参加了当时的测绘，只不过由于身体的原因，没能和他们一起去乌江游览，才躲过一劫。不过听他们的叙述，夏先生也是一阵后怕。然而现在想来，也未尝不是一种遗憾，在平淡的读书生涯里，这些经历也算得上跌宕起伏，为这青书黄卷之下，艰苦生活之中，增添了一点别样的趣味。

红砖黛瓦，土木当之

作为一位土木人，最大的梦想就是为自己造一幢心仪的房子，如果这个梦想再大些，那就为未来造一幢心仪的房子。

当时，浙江大学的刘丹校长认为老浙江大学地方小，环境嘈杂，不是做学问的理想之地，为将来的发展考虑，应该另选新校址。最后通过土木系教授的勘察比较，选定了玉泉这块依山傍水，风景秀丽，土质坚硬，易于建筑，而且靠近荒坡和墓地，拆迁费用低廉的地方作为新校区的地址。校址选定之后，规划制图的任务就落到了浙江大学设计院的身上。那时候，浙江大学设计院刚刚成立，只有土木专业的人才，因而玉泉校区的玉泉的教一、教二、第一、第三、第五、第六宿舍楼都是由土木系设计并且主持建造的。而夏先生的主要工作是审核，相当于整个工程的把关人。因为杭州夏季梅雨季节雨量较大，空气潮湿，当时校区的建设过程中遇到的主要问题是防潮问题，而当时为了提高学生的生活质量，宿舍全部采用了木制地板，在这种天气状况下，木制地板的防腐成了最令人头疼的问题，夏先生他们经过讨论，最终采取了架空的做法。至于当时教学楼风格的选定，由于一些政治因素，主要是采用了苏联那边的风格，有些俄罗斯的味道。

玉泉的这些老建筑历经风雨，褪去了最初的鲜亮，展现给我们它们最朴素的质感，这种质感随着时间的流逝愈发显得温柔、耐看。"造得出经得起时间检验的东西，才是身为建工人最重要的品质。"或许这就是所谓的返璞归真吧，无论是天马行空的建筑，还是低调稳重的结构，只有经得起时间的洗礼，才能称之为经典。

心怀土木情，人为土木史

夏先生的个人经历已然可以称得上浙江大学土木的发展历程了。浙江大学土木系于1927年建系，当时的浙江大学土木被称作大土木，因为其专业不再细分，土木专业

时任院党委副书记傅慧俊和院团委副书记徐晓锋及采访记者一起到
夏志斌先生家慰问并采访

的同学都需要学习结构、水利、道路、市政工程等课程，因而当时浙江大学的土木毕业生就业面非常广，基本供不应求。夏先生在 1949 年正式升任浙江大学讲师。谈起为何选择留任，夏先生称这是一次偶然的机遇。毕业后，他本来打算去西昌水电站工作，但由于眼疾，无法从事测绘类的工作，因而也未能成行。正巧这时浙江大学缺少助教，他就选择了留任，没想到这一留任，便为浙江大学土木的教育事业奉献了其一生。

1952 年的院系调整，使得原本专业面广的浙江大学土木只剩下了结构专业。1953 年浙江大学成立了建筑设计院，只不过当时设计院里只有土木专业的人才，因而当年玉泉校区的建设中，其西面和中区的建筑都是由土木人设计的。1957 年夏先生升任土木系副教授兼副系主任，主持土木系的工作，一直到 1978 年升任教授，才正式成为土木系的系主任，这一干就是 50 个年头。1993 年，夏先生正式退休。退休之后的夏先生，依然燃烧着自己的能量，主持编写了《钢结构——原理与设计》一书。这本书的编写对于夏先生来说实属不易，因为钢结构的规范需要协调各方面的意见，要开很多次会议，这对年事已高的夏先生来说是巨大的挑战。而在编写中，更是几年辛苦不寻常。由于条件有限，这本书不得不徒手编写。由于身患眼疾，夏先生的绘图工作只能由助手代为完成。而令人遗憾的是，因为夏先生的右眼完全失明，最终放弃编写最新版本的《钢结构——原理与设计》。

夏志斌先生见证了整个浙江大学土木系的成长、繁荣，培养了无数卓越的建工人，可以说，夏先生把自己的一生都奉献给了浙江大学土木系。勤勤恳恳，踏实稳重，夏先生用自己的一生诠释了何为土木人该具有的精神，而这种精神也值得一代代土木人传承并且发扬光大。

夏志斌先生

一生热爱教育事业，

　　精心培育人才，为师生所赞誉；

一生奉献给我国钢结构事业，

　　为浙江大学土木系的发展和我国钢结构学科的发展做出了巨大贡献；

一生心系民盟，为中国共产党领导的多党合作事业，

　　为浙江省和浙江大学民盟组织的发展做出了突出贡献。

他，孜孜不倦、严谨求实、励学利民的治学精神，

他，一身正气、勤勉谦逊、志趣高远的做人风范，

他，对工作一丝不苟的敬业精神，

赢得了莘莘学子和同行专家的敬佩与尊重。

纪 念 夏 志 斌 先 生 百 年 诞 辰

PART 3

第三部分

纪念夏志斌先生百年诞辰暨学术报告会

浙江大学纪念夏志斌先生诞辰100周年
暨学术报告会

会议议程

会议时间：

2021 年 5 月 22 日(周六)

会议地点：

浙江大学紫金港校区安中大楼一楼报告厅

主办单位：

浙江大学建筑工程学院

浙江大学夏志斌专项教育基金

主要议程

一、9:00　嘉宾签到

二、9:20　夏志斌先生百年诞辰纪念陈列展揭幕

三、夏志斌先生诞辰 100 周年纪念会

主持人：浙江大学建筑工程学院院长　罗尧治

9:30—9:40	浙江大学建筑工程学院党委书记刘峥嵘致辞
9:40—9:45	民盟浙江省委副主委唐睿康致辞
9:45—9:55	中国钢结构协会会长岳清瑞院士致辞 中国建筑金属结构协会会长郝际平教授致辞
9:55—10:10	香港理工大学校长滕锦光院士发言 安徽省建筑设计研究总院院长徐正安发言 上海欧本钢结构有限公司董事长陈明发言
10:10—10:15	夏志斌先生长子夏学平先生发言
10:15—10:25	夏志斌专项教育基金捐赠证书颁发仪式
10:25—10:35	集体合影（会场内）

三、纪念夏志斌先生百年诞辰学术报告会

主持人：中国建筑标准设计研究院有限公司副总经理、总工程师　郁银泉

时　间	报告人	报告名称
10:50—11:30	董石麟	葵花三撑杆型弦支网壳大开口体育场罩篷结构
11:30—12:10	周绪红	谈谈工程与人文社科

四、工作午餐

12:15—13:30　　　　紫金港国际饭店自助餐

五、纪念夏志斌先生百年诞辰学术报告会

主持人：浙江大学高性能建筑结构与材料所副所长　童根树教授

时　间	报告人	报告名称
14:00—14:30	李国强	高强钢结构连接研究进展
14:30—15:00	韩林海	钢管混凝土混合结构原理、设计技术及应用
15:00—15:30	郁银泉	标准院为推广钢结构开展的工作
15:30—15:45		休息
15:45—16:15	王立军	结构抗震稳定设计
16:15—16:45	陈　明	组合结构创新·甲壳柱框架体系和甲壳墙的开发
16:15—17:15	童根树	浙江大学在过去 25 年在弯扭屈曲方面的研究进展

六、工作晚餐

17:30—19:30　　　　紫金港国际饭店二楼

夏志斌先生百年诞辰纪念陈列展揭幕仪式由浙江大学建筑工程学院院长罗尧治主持，
校党委书记任少波与董石麟院士共同揭幕

夏志斌先生百年诞辰纪念陈列展厅

参加纪念夏志斌先生百年诞辰暨学术报告会嘉宾、校友等名单

院士：
- 中国工程院院士、浙江大学教授　董石麟
- 中国工程院院士、重庆大学原校长　周绪红
- 中国科学院院士、浙江大学教授　陈云敏
- 中国科学院院士、香港理工大学校长　滕锦光
- 中国工程院院士、中国钢结构协会会长　岳清瑞

全国工程勘察设计大师：
- 全国工程勘察设计大师、中国建筑标准设计研究院副院长、总工程师　郁银泉
- 全国工程勘察设计大师、华诚博远工程有限公司教授级高工　王立军

钢结构协会：
- 中国建筑金属结构协会会长、西安建筑科技大学原副校长、民盟中央常委　郝际平
- 中国钢结构协会副会长、同济大学原副校长　李国强
- 浙江省民盟委员会组织部四级调研员　周文虎
- 浙江省钢结构行业协会原秘书长　张凯声
- 浙江省钢结构行业协会秘书长、衢州学院建工学院院长　姚　谦
- 浙江省钢结构行业协会副秘书长　胡新赞

浙江省民盟领导：
- 民盟浙江省委副主委，民盟浙大委员会主委、浙江大学教授　唐睿康

夏志斌先生家属：
- 夏志斌先生长子夏学平、次子夏学均、长孙夏雷

兄弟院校：
- 浙江中医药大学原党委书记、浙江大学原党委副书记　张乃大
- 中国计量大学党委书记、浙江大学教授　张土乔

- 广西大学党委常委、副校长、清华大学教授　韩林海
- 华东交通大学副校长（主持行政工作）　徐长节
- 清华大学土木水利学院原党委书记　石永久
- 同济大学土木工程学院院长　周　颖
- 哈尔滨工业大学土木工程学院院长　王玉银
- 河海大学土木与交通学院院长　高玉峰
- 河海大学土木与交通学院副院长　周继凯
- 湖南大学土木工程学院院长　邓　露
- 西安建筑科技大学土木工程学院院长　史庆轩
- 西安建筑科技大学土木工程学院副院长　苏明周
- 西安建筑科技大学土木工程学院副院长　钟炜辉
- 中南大学土木工程学院院长　何旭辉
- 东南大学土木工程学院副院长（主持工作）　李　霞
- 东南大学土木工程学院副院长兼教务处副处长　陆金钰
- 天津大学建筑工程学院副院长　师燕超
- 北京工业大学原党委常委、组织部部长　薛素铎
- 重庆大学土木工程学院教授　狄　谨
- 浙江工业大学建筑工程学院原党委书记　赵滇生
- 西交利物浦大学土木系主任　夏　骏

科研院所和企业：
- 浙江省建筑科学设计研究院总建筑师、国有监事　蒋　纹
- 浙江省建筑设计研究院副院长、浙江省工程勘察设计大师　杨学林
- 浙江省建筑设计研究院副总工程师、浙江省工程勘察设计大师　李志飚
- 浙江省工业设计研究院原院长　安浩峰
- 浙江省工业设计研究院院长　章　华
- 浙江省工业设计研究院原总工程师　周儒箴
- 杭州市钱江新城投资集团股份有限公司董事长、党委书记　朱云夫
- 杭州泰和房地产开发有限公司董事长　周大玖
- 安徽省建筑设计研究总院股份有限公司总经理、总工程师　徐正安
- 上海欧本钢结构有限公司董事长　陈　明
- 上海天鸿置业投资有限公司总经理　黄崇明
- 上海天鸿置业投资有限公司总工程师　江再明
- 宁波蓝城中和建设管理有限公司董事长　楼建伟
- 浙江中南建设集团钢结构有限公司常务副总经理　王海山
- 杭萧钢构股份有限公司总工程师　刘晓光
- 上海都市建筑设计有限公司副总经理　姜　峰

- 温州设计集团有限公司副总经理　阮长青
- 中国昆仑工程有限公司结构总工程师　黄志刚
- 浙江东南网架股份有限公司技术中心副主任　陈伟刚
- 华汇工程设计集团股份有限公司技术创新总监　肖景平
- 水利部杭州机械设计研究所原副总工程师　李士英
- 浙江绿建建筑设计有限公司副院长　林海琥
- 方远建设集团股份有限公司总工程师　卢玉华
- 宁波优造建筑科技有限公司总经理　杨　峰
- 杭州市建筑设计研究院总工程师　蔡颖夭
- 浙江中材工程勘测设计有限公司副总工程师　赵永洪
- 兆弟集团有限公司副总工程师　齐金良
- 杭州中联筑境建筑设计有限公司副总工程师　周　嵘
- 辉迈建设集团有限公司总经理助理　杜向阳
- 浙江富成建设集团有限公司技术负责人　沈永兴
- 台州市时间房地产建设集团有限公司工程部经理　朱六荣

校领导及校友代表等：

- 浙江大学党委书记　任少波
- 原浙江省建设厅厅长　魏　廉
- 浙江大学原副校长　唐锦春
- 浙江大学土木系原系主任　钱在兹
- 浙江大学党委常委、统战部部长　楼成礼
- 浙江大学党委学生工作部部长、求是学院党委书记　郭文刚
- 浙江大学发展联络办公室主任、教育基金会秘书长　沈黎勇
- 浙江大学教育基金会院系服务部部长　陈振华
- 浙江大学建筑工程学院党委书记　刘峥嵘
- 浙江大学建筑工程学院院长　罗尧治
- 浙江大学建筑工程学院党委副书记、纪委书记　成光林
- 浙江大学建筑工程学院党委副书记　张　威
- 浙江大学建筑工程学院副院长　吕朝锋
- 浙江大学建筑工程学院副院长　朱　斌
- 浙江大学建筑工程学院副院长、浙江大学建筑设计研究院有限公司董事长兼首席总建筑师、浙江大学平衡建筑研究中心主任　董丹申
- 浙江大学建筑设计研究院有限公司党委副书记、纪委书记　周家伟
- 浙江大学建筑工程学院原党委书记　阮连法
- 浙江大学建筑工程学院原党委书记　陈雪芳
- 浙江大学建筑设计研究院有限公司原党委书记　吴伟丰
- 1979级、1990级、1985级等部分校友代表、浙江大学师生代表等300余人

周绪红院士在签名簿上签字

校党委书记任少波与董石麟院士和学院党委书记刘峥嵘观看陈列展

任少波书记与夏先生家属（从左至右：次子夏学均、长子夏学平）

夏先生长子夏学平（左一）和长孙夏雷（左三）与陈云敏院士（右一）和校友周大玖（左二）

浙江大学原副校长唐锦春教授（右一）与许均陶教授

浙江大学土木系原系主任钱在兹教授与其夫人

郁银泉、周儒箴、董石麟、魏廉、安浩峰、童根树

张乃大书记（中间）与 1990 级同学：姜峰、林海虎、陈明、徐长节

王玉银院长、齐金良副总工、李国强教授、周绪红院士、罗尧治院长、史庆轩院长、赵唯坚教授、陈明董事长

1979 级同学：许跃敏、江再明、杨峰、黄志刚、张建浩、卢玉华、陈云敏、徐正安、童根树、黄崇明、沈永兴

王立军教授、薛素铎教授、郝际平教授

师燕超教授、周绪红院士、李国强教授

段元锋教授、周颖院长、陈云敏院士、朱云夫董事长

张乃大书记与郭文刚部长

中国工程勘察设计大师、中国建筑标准设计研究院副院长郁银泉总工程师

浙江大学建筑设计研究院董事长兼首席总建筑师、浙江大学平衡建筑研究中心主任董丹申研究员

浙江工业大学建筑工程学院原党委书记赵滇生教授

杭州泰和房地产开发有限公司董事长周大玖校友（左二）

高玉峰院长与郭文刚部长

刘峥嵘书记与张乃大书记、阮连法书记和朱云夫董事长

浙江大学建筑工程学院院长罗尧治主持夏志斌先生百年诞辰纪念大会

前排从左至右：张土乔、董石麟、任少波、周绪红、陈云敏、魏廉、张乃大、郝际平

前排从左至右：校党委统战部部长楼成礼、韩林海、钱在兹、唐锦春

浙江大学教育基金会秘书处秘书长沈黎勇（右一）与夏志斌先生长子和长孙

浙江大学建筑工程学院原党委书记陈雪芳与阮连法书记

夏志斌先生百年诞辰纪念大会现场

夏志斌先生专项教育基金捐赠单位和个人颁发证书（一）

夏志斌先生专项教育基金捐赠单位和个人颁发证书（二）

参加夏志斌先生百年诞辰纪念大会代表合影

浙江大学建筑工程学院党委书记 刘峥嵘致辞

尊敬的董石麟院士，周绪红院士，陈云敏院士，任少波书记，各位领导，各位师长，各位专家，海内外的校友，老师们，同学们：

大家好！

今天，我们怀着崇敬的心情在这里举办夏志斌先生百年诞辰纪念大会，共同纪念我国著名钢结构学者、浙江大学钢结构学科的创始人夏志斌先生诞辰 100 周年。追念夏先生的杰出贡献，学习他的优秀品德，传承他的崇高精神。

首先，我代表浙江大学建筑工程学院对各位嘉宾的出席表示由衷的感谢和诚挚的欢迎，特别是董石麟院士、唐锦春先生、钱在兹先生不顾高龄来到了现场。周绪红院士在身体还未全面康复的情况下从重庆飞赴杭州参加今天的纪念会，让我们深受感动。学校党委书记任少波亲临会议，表明了我们对夏志斌先生的深切缅怀和崇高敬意。下面请允许我简单介绍下夏志斌先生的生平和主要事迹。

夏志斌先生生于1921年，浙江嘉兴人。1939年在浙江大学西迁路上进入浙江大学土木系学习。1943年，他毕业留校任教。1956年，他担任浙江大学土木系副主任。1961年后，他主持系务工作。1976年到1979年7月，他为系负责人。1985年至1993年，他兼任《浙江大学学报》（自然科学版）编委会副主任、主任等职。1993年1月，退休。

夏志斌先生是浙江大学钢结构学科的创始人，中国钢结构协会资深专家。1952年，浙江大学院系调整后，浙江大学土木系成立了工业与民用建筑专业，开设了针对工业厂房的钢结构课。从此，夏志斌先生走上了讲授钢结构的道路。20世纪50年代，夏志斌先生的主要工作就是把课上好，把学生教好。鉴于当时国内没有钢结构学科，夏志斌先生亲自编写了钢结构的教材，为浙江大学土木系开创了钢结构学科。夏先生除了讲授钢结构课程外，还开设了"应用力学""材料力学""结构力学""弹性力学""开口薄壁构件"等本科生课程，"结构稳定理论""钢结构塑性分析"等研究生课程。为讲好课，夏志斌先生曾去浙江大学机械厂学习电焊，去西安钢结构制造厂学习了解钢结构的制造过程，去清华大学观摩由教育部举办的苏联专家如何进行钢结构毕业设计及答辩的培训。对于这段初创时期，夏先生曾说，回想起来，这一路走得很艰苦。

20世纪70年代，夏先生承担了国家标准钢结构设计规范有关专题的研究工作，其规范研究成果获浙江省优秀科技成果奖。共同主持制定了我国首部正式颁布实施的《钢结构设计规范》（TJ17—74），获国家优秀规范二等奖。

1985年后，他又两次担任规范修订组的副组长，主持修订和发布了《钢结构设计规范》（GBJ17—88）和《钢结构设计规范》（GB50017—2003）版。规范编制所取得的大量的丰硕成果提高了我国钢结构的设计水平，推进了我国钢结构的进步与发展，获1992年冶金工业部科学进步一等奖、国家科学进步三等奖。

夏志斌先生高度重视人才培养。他擅长采用启发式的教学办法，充分发挥学生的主观能动性和创造力，在潜移默化中激发学生的学习兴趣。许多听过夏先生讲课的学生都对他的上课佩服不已。他讲课声音洪亮，条理清楚，思路敏捷，循循善诱，让学生真正领略了教授巨匠的风采，在一代代学子心中产生了深远的影响，在校内外得到了广泛的赞誉。他主持编写了大学本科通用教材《钢结构》，深受学生们的喜爱和肯定。他编写的《结构稳定理论》被当时国内各高等院校土建系采用且作为钢结构研究生的教材。为配合新的钢结构国家标准出版而修订的《钢结构原理与设计》教材同样深受工程界的高度肯定。

夏志斌先生为我国钢结构科教事业做出了巨大的贡献，获得了国务院政府特殊津贴。国家教委授予他从事高校科技工作 40 年成绩显著的荣誉证书，以及中国钢结构协会授予他钢结构终身成就奖，中国建筑工业出版社为他颁发优秀作译者奖等。

夏志斌先生不但为浙江大学土木系的发展和我国钢结构学科的发展倾尽一生，也为中国共产党领导的多党合作事业做出贡献，付出了心力。他曾在 1984 年和 1987 年分别当选为民盟浙江省第五、第六届委员会副主任委员，其后还担任民盟浙江省第七、第八、第九届委员会名誉副主任委员，1977 年和 1983 年分别当选为浙江省第五、第六届人大代表，1988 年当选为政协浙江省第六届常委会常委。

夏志斌先生把毕生的精力都奉献给了他所热爱的事业。他严谨求实、孜孜不倦的治学精神，勤奋好学、刻苦钻研的科学态度，平易近人、为人师表的做人风范，和对工作一丝不苟的敬业精神赢得了一代代莘莘学子和同行们的敬佩与敬重。

今天，我们缅怀夏志斌先生的奋斗历程和历史贡献，就是要以先生为楷模，继承和发扬先生崇高的精神和品格，服务党和国家的需要，以立德树人为根本任务，以学科建设为发展根基，按照更高质量、更加卓越、更受尊敬、更有梦想的战略导向，矢志培育一流人才，产出一流成果，建设一流学科，努力为国家的科教事业、为中华民族的伟大复兴做出新的更大的贡献！

谢谢大家！

民盟浙江省委副主任委员
唐睿康致辞

各位领导、来宾、校友，老师们、同学们：

　　大家好！

　　今年是中国民主同盟成立 80 周年，也是夏志斌先生百年诞辰。今天，我们在此一起纪念夏志斌先生，既是对先生的深切缅怀，也是对他严谨求实、孜孜不倦的治学精神的传承和弘扬，更是对我们做好参政议政工作、促进多党合作事业的鼓舞和激励。

　　夏志斌先生于 1952 年 11 月，经杨锡龄、李寿恒两位先生介绍加入中国民主同盟。1955 年以后，先后担任民盟浙江大学支部（1988 年升格为总支，1991 年升格为委员会）秘书、委员和主任委员。曾任民盟浙江省第五、第六届委员会副主任委员，民盟浙江省第七、第八、第九届委员会名誉副主任委员，浙江省第五、第六届人大代表，政协浙江省第六届委员会常委等职。

夏先生入盟后积极履行盟员义务和领导职责，始终热爱中国共产党领导的多党合作事业，始终心系民盟，为浙江省和浙江大学民盟组织的发展做出了突出贡献。

纪念先贤，弘扬传统。作为民盟人，我们要学习夏志斌先生知盟、爱盟、为盟奉献的精神，弘扬民盟先贤的师德风范和高尚情操，弘扬"立盟为公，以天下为己任"的民盟精神，进一步坚定理想信念，坚持和完善中国共产党领导的多党合作和政治协商制度，以一往无前的奋斗姿态、风雨无阻的精神状态，将民盟先贤的高尚精神境界转化为新时代建功立业的强大精神力量！

夏志斌先生永远是民盟人的榜样！

谢谢大家！

中国钢结构协会会长
岳清瑞院士致辞

各位专家，各位老师，各位同学：

　　大家好！

　　我代表中国钢结构协会对本次大会的胜利召开表示热烈的祝贺。在夏志斌先生百年诞辰之际，对夏志斌老先生表示深切的缅怀。为夏志斌先生对我们中国钢结构事业发展所做出的贡献表示衷心的感谢。

　　夏志斌先生是中国现代钢结构的奠基人之一。夏志斌老先生对我们中国钢结构从技术发展、人才培养到产业化都做出了卓越的贡献。我们中国钢结构在老一辈先生们的带领之下，我们现在得到了非常迅速的发展。现在的中国已经是世界的钢结构大国，但是我们还要清醒地意识到我们还远不是世界钢结构的强国。我们在科学研究、技术开发、产业化、标准化，以及我们在钢结构的建设等方面，实际上还有着不小的差距。

夏志斌先生科学严谨，孜孜不倦，为我们树立了榜样。我们要学习夏志斌先生的治学、为人，以及他的精神。也希望我们这一代钢结构人能够学习我们这些以夏志斌先生为代表的老一辈钢结构人的严谨思想、科学精神和奉献精神，把中国钢结构发展得更好。

我在这里预祝我们大会取得圆满成功，也预祝我们所有的参会人员事业顺利，身体健康。

谢谢大家！

中国建筑金属结构协会会长
郝际平教授致辞

尊敬的各位领导、各位专家，女士们、先生们：

大家好！

今天，我们在这里相聚，隆重纪念我国现代钢结构开拓者夏志斌先生诞辰100周年，共同追思夏志斌先生的卓越贡献，寄托我们的深切缅怀，弘扬他的崇高精神。在此，我谨代表中国建筑金属结构协会，并以我个人的名义祝贺浙江大学纪念夏志斌先生诞辰100周年暨学术报告会顺利召开，并对夏志斌先生的家属表示诚挚的问候和敬意。

夏志斌先生从事钢结构教学和研究几十年，科研成果不仅对我国制定钢结构设计规范奠定了基础，同时也为他编写的许多经典教材提供了依据。夏先生多年来为我国钢结构后备人才的培养、规范的起草修订做出了重大的贡献。

夏先生在 1970 年承担了钢结构设计规范有关专题的研究工作，主持制定了我国首部正式颁布施行的《钢结构设计规范》。此后，他便开始规范的编制和修订工作。这本规范结束了我国对国外钢结构规范的依赖，是我国钢结构事业腾飞的一个里程碑。1985 年和 1997 年，我国对该规范又进行了两次修订。在这两次的修改工作中，夏志斌先生都担任了修订组的副组长的职务，主持各次修订组的会议，协调各方的意见和研究成果，参加规范的审稿、定稿工作。在规范出版实行后，夏先生又积极参与规范的推广应用和宣传工作。

夏先生为不断提高我国国家标准钢结构设计规范的学术水平，相继工作了 40 余年。20 世纪 80 年代，夏先生曾参与了国际标准化组织，先后参与了在挪威奥斯陆和中国北京举行的第 167 次技术委员会年会，讨论由该组织起草制定的钢结构材料与设计的规范草案。会上，我国专家团指出了标准草案的诸多错误，并给出了多条修改意见。这些分析和修改意见被作为会议的正式文件下发，而且大部分都得到了采纳，使得当时对我国缺乏了解的许多国家的代表不得不对我国刮目相看。我国的学术地位也得到了显著提升。

1983 年，美国钢结构稳定学会发起了《国际稳定巨柱·金属结构稳定·世界观点》第二版的编写，这本书包含了中国、澳大利亚、东欧、西欧、北美和日本 6 个国家地区设计规范中有关稳定计算的内容。夏先生参与了中国部分的编写，而我的导师陈绍蕃先生是中国部分的主编和协调人。两位先生共同完成这项任务。除此之外，两位先生也经常有书信往来，进行学术交流，探讨学术难题。在那个通讯并不发达的年代，两位先生正是用一封封书信，讨论问题，解决一个个难题，一步一步推动我国钢铁的发展，共同为我国钢结构的发展做出了卓越的贡献。二老也结下了深厚的革命友谊。

今日受邀出席夏先生诞辰 100 周年纪念活动，也让我再次想起我的导师陈绍蕃先生，想起老一辈对科研的专注，对国家的奉献，对后辈的提携。夏先生和陈先生都是中国民主同盟的盟员。我也在导师的介绍下加入了民盟，作为这一届的民盟中央常委，为身为民盟有这样优秀的盟员而骄傲和自豪。

夏志斌先生自从浙江大学毕业后就留校参加工作。在教材缺乏的年代，夏先生亲自编写了油印教材。夏先生上课由浅入深，有条不紊的讲课特点受到同学们的一致好评。

夏先生一生兢兢业业，坚守讲台，讲授钢结构相关课程 40 余载，为我国培养了大量的钢结构科研人才，可谓是桃李满天下。他们正活跃在我国工程界高等院校和科研机构中，成为我国钢结构研究队伍中的重要力量。

　　作为现代钢结构的开拓者之一，夏志斌先生在这领域做出了重大的贡献，将毕生的精力都献给了钢结构的教学、科研工作，十分令人敬佩。他精益求精的治学精神、孜孜不倦、刻苦钻研的科学态度，爱才育才、甘为人梯的奉献精神以及对工作一丝不苟的敬业精神都令我感到十分敬佩。时至今日，我们要继承和弘扬先生的精神，顽强奋斗，砥砺前行，继续推进老一辈开创的事业，为我国钢结构事业的发展而努力奋斗。

　　谢谢大家！

香港理工大学校长
滕锦光院士发言

尊敬的各位领导、各位专家，女士们、先生们：

大家好！

今天，看到有这么一个成功举办缅怀纪念夏志斌先生的活动，我感到非常欣慰，因为这么多年来，我一直都希望能够把夏先生的精神在我们这个国家，在我们浙江大学，尤其是浙江大学建工学院能传承得更好。

作为夏志斌先生的研究生，我首先向参加今天纪念活动的领导、院士、专家、同学、校友、嘉宾表示衷心的感谢！这次活动之所以能够成功举办，是很多人都在努力做了大量的工作，尤其要感谢学校的支持、学院的支持，特别是我们学院的刘书记、罗院长，还有我们1979级的同学童根树、徐正安，他们都做了很多工作，我作为夏先生的学生要表示感谢！

今天参加会议的有很多专家，也让我想起以前夏先生给我讲了一些他在专业方面的一些特别友好的同行，其中就包括陈绍蕃先生，还有钟善桐先生等。钟善桐先生、陈绍蕃先生跟沈祖炎先生都是浙江人。今天来的韩林海老师，他就是钟善桐老师的弟子，李国强老师是沈祖炎老师的弟子。看到他们感到非常的亲切。也感谢各位专家、各位院士能来参加我们这个会议，尤其是周绪红院士，他在身体还没有完全恢复的情况下来参加活动。

我们1979级在校的时候，系里的老师都称夏志斌先生为夏先生，对他很尊敬。当时，我们浙江大学同行有3位正教授，他们分别是岩土工程的曾国熙先生、结构动力学的童竞昱先生，还有就是我们的夏先生。所以，对系里三位老先生，大家都不叫老师，都叫先生。

夏先生在我们读本科的时候，他教我们"钢结构"与"薄壁杆件理论"两个课程。因为他的授课效果非常好，所以后来能够读研究生的同学都是首选钢结构方向，我们1979级应该出了不少的钢结构人才。

我本科毕业以后荣幸地成了夏先生代招的教育部公派出国留学预备生。当时计划出去学习的方向就是钢梁的侧扭屈曲，当时应该是我们国家钢结构设计规范里由我们浙江大学夏先生负责科研内容。本来我是要去美国读研究生的，后来中美关系很紧张，夏先生就说让我去澳大利亚悉尼大学师从钢结构领域的著名专家Trahair教授。出国前夏先生除了不断地督促我提高英语能力、学术能力、阅读学术论文以外，还教我编程序，那个时候我们编程的水平比较差。同时还安排我参加了一些钢结构的试验研究。这些工作给我后来的出国学习打下了一个很好的基础。夏先生是我在学术道路上的第一个指路人，他指导的方法对我来说是非常重要的。出国以后，我跟夏先生一直保持联系。开始的时候，只是书信联系，包括出国以后我的研究题目因为一些其他的原因，就没有继续从事于钢结构钢梁稳定的研究，改成薄壳钢结构研究，夏先生也是表示非常的理解和支持。

我后来来到香港工作以后也是经常有机会去浙江大学。我去的时候，基本上每次都会去看望夏先生和师母，我们都会交流一下科研方面的信息，夏先生一直是及时在跟进，都在认真地从事学术工作，尤其是对国家钢结构标准的工作做了很多的努力。他每次都会问我在做什么科研，他会认真地听我讲我的情况，我也可以问他在忙什么。很多时候他会拿一本英文书给我看，说他最近在看这本书。夏先生的英文非常好，他总是直接看英文，因此总是能够站在钢结构领域的前沿。

夏先生的治学态度非常严谨。后来我发现这是一个传承，因为夏先生在年轻的时候是钱令希院士的助教。1998年，我去大连理工大学开会，那个时候钱令希先生作为大连理工大学前院长（校长），八十多岁了，就坐在后面，安静地听完整个报告，这就让我觉得非常的敬佩。夏先生的治学风格给我的感受实际上跟钱令希先生是一脉相承的。

夏先生，他不仅是我国钢结构领域的著名专家，也是我们浙江大学土木工程学系的一代名师。他为人正直，志趣高远，淡泊名利。我从来没有听夏先生抱怨这个事情处理对他不够好。他从来都没有说这个。他都只是说他想做什么事情。他的课讲得非常好。他声音非常洪亮，条理非常清晰，每个人听下来都觉得这门课很有意思，很容易懂。他治学态度是非常的严谨，孜孜不倦。所以，夏先生的为人、为学对我们产生了深远的影响。夏先生是我永远的人生楷模。

谢谢大家！

安徽省建筑设计研究总院院长 徐正安发言

尊敬的各位领导，各位校友，各位老师，同学们：

大家好！

我是 1979 级浙江大学建筑结构工程专业毕业生徐正安。今天是夏志斌先生诞辰
100 周年，非常荣幸能够作为毕业生代表在此发言，和老师们、同学们一起怀着崇敬
的心情缅怀夏先生的师生情谊，纪念他为我国钢结构行业的发展、为浙江大学乃至
我国教育事业的发展做出的巨大贡献。尽管夏先生已经离开了我们，但他严谨的治
学精神、高超的教学水平、认真的工作态度一直影响着我，成为我一生用之不尽的
宝贵财富。

重返母校美丽的校园，重温夏先生生平成就，时光倒流至 40 年前，夏先生上课的
情景仿佛就在昨天。他在课堂上的爽朗笑声犹在耳边。夏先生在 1982 年给我们班上过
"钢结构"这门必修课。我们结构 1979 级的本科生对他的印象非常深刻。他讲课时声
音洪亮，逻辑性很强，碰到难解的问题，他会重点重复一下，帮助我们很快掌握钢结

构这门相对来说比较烦琐的知识，而且其中的许多知识在我整个职业生涯中受益匪浅。

我在建筑设计院工作了30多年，期间做了很多大跨度钢结构和一些高层、超高层钢结构，或者说钢和混凝土组合结构的设计。每当设计这些项目的时候，耳边常会想起夏先生那特有的洪亮声音，会想起他在授课时所提到的钢结构需要特别注意的知识点。如果说我在钢结构设计的项目中取得了一点成就的话，那首先得益于本科时期夏先生的知识传授。

由于夏先生讲课思路清晰，重点突出，内容丰富，他的课非常受学生欢迎。记得后来的一学期，他开始了"薄壁构件理论"这门选修课，学生基本上是挤满了教室。学生晚到一会儿都会找不到座位。夏先生在上课时，不仅是传授知识，还常常会给我们讲一些关于钢结构研究方面的新进展，介绍国际上的新的科技产品，以开拓我们的眼界，激发我们的学习兴趣。记得在带我们"钢结构"这门课的时候，有大概十几天的时间，他受邀到挪威奥斯陆参加钢结构方面的国际会议。同学们知道后都盼望着夏先生能够早点回来，一方面是想能早日继续聆听他精彩的授课，另一方面也迫切希望从他那里了解西方发达国家的所见所闻。因为那个时候改革开放不久，信息来源主要是通过报纸和收音机，电视都很少见，信息非常闭塞。果然，那次夏先生回来以后的第一堂课上，就专门留出大概十多分钟介绍这次国际会议的情况和研讨的内容。我记得他着重介绍的是关于钢结构稳定方面的研究新进展。介绍过后，他从黑色的拎包中拿出了一台比手掌大不了多少但可以进行基本运算的一个计算器。我还记得计算器的屏幕是荧光的。他当场进行了简单的验算。这立刻引起了我们全班同学的好奇。要知道，那个时候，对于复杂一些的计算都是使用计算尺或者查表计算，甚至有的同学还带着算盘进行计算，像计算器这样的东西绝对是稀罕的新科技产品，不要说见过，可能当时听都还没听说过。正是借助于介绍这些新科技的产品的新鲜事物，夏先生开拓了我们学生的眼界和激发了学生对科研的兴趣。实际上，我们这一届有很多同学就是因为夏先生喜爱上了钢结构，并且以钢结构作为报考研究生的专业方向。记得我们结构1979级的同学毕业后上钢结构方向的研究生就有近10位。

斯人已去，精神永存。夏先生不仅是我国钢结构领域的著名专家，也是浙江大学土木工程系的一代名师。他为人一身正气，志趣高远，淡泊名利。他授课条理清晰，逻辑严密，声音洪亮。他的治学孜孜不倦，严谨认真，励学利民。他学高为师，身正为范，对于我们这些学生产生了深远的影响。

夏先生是我一生的楷模，我们永远怀念他！

谢谢！

上海欧本钢结构有限公司董事长陈明发言

尊敬的各位老师:

我是浙江大学土木系 1990 级,陈明。今天我们 1990 级来了 4 位同学:我、姜峰、徐长节、林海虎。我们是夏先生的本科最后一届学生。说起夏先生当年给我们讲课,其实我写过一篇纪念文章,就不像前面滕院士和徐院长这个经历的事情那么多,但是也有一些印象深刻的事情,我也跟大家分享一下。一件事情,就是发生在他给我们上课的那年,他 73 周岁了。有一次,他说今天有一位老师调课,所以上午是连续 4 节课。他说:"我们中间就不休息了,中午稍微早一点下课,好不好?"但是当时给我们印象最深的就是夏先生讲课声音洪亮,讲的又很风趣又很认真。这个七十几岁的教授在上面这么认真讲课,好像要把毕生所学所会都要倒给同学们。那个课是越上越安静。这件事情就印象很深。而且课间还有一件很有趣的事。当时学校里哪个地方有点小事,一辆消防车"呜喔……呜喔……"地开进来。当时夏先生还在讲台上,就砰地一下跳下来，跑到窗口："哪里着火了？哪里着火了？"我觉得他有一颗不泯的童心。

可能也正因为当年很喜欢夏先生的课，所以我自己对钢结构也很有兴趣。大学毕业没几年，我就创业了，我从事了钢结构这个行业，创办了上海欧本钢结构有限公司。我觉得其实每个人的一生中可能基因决定了你的大部分的事情，但是我觉得教育，其实老师们的教育会改变你的一些选择。我们可以这么说，小学的时候说不喜欢语文，不喜欢数学，其实我认为并不是不喜欢，而是不喜欢那个老师，不是不喜欢这门课。那么可能就因为夏先生给了我这样一些启发，让我大学毕业没多久就开始从事这些钢结构行业，然后从事钢结构创业，一转眼也23年了。作为从事钢结构这个行业的一个创业者，我认为夏先生当年的这些教育给了我们一个引路人的作用。所以，我一直是非常的感激。

在2017年回母校参加120周年活动的时候，其实我也很有幸坐在夏先生旁边一起吃饭。一个月后，他离开了我们。我觉得非常遗憾。

我有一个感觉，一个大家族的这些人聚在一起，是有一个大家长。我们有夏志斌先生作我们的大家长。我相信夏先生在天之灵，如果看到我们这些后辈们聚在一起，能够互相交流，在学术上取得进步，他也会感到很欣慰。其实，当年夏先生在我们的课堂上还讲过一句话，他说我们浙江大学1979级、1983级出了很多优秀的高级人才，但是他们回来得太少了。夏先生说，他参加国际会议里10个报告有8个跟浙江大学有关，但是他们一个都不在浙江大学。但现在我们浙江大学的钢结构专业也越来越强。

希望在今天这样的一个活动里大家能够都有收获，也很荣幸能够让我代表1990级同学来发言。

谢谢大家！

夏志斌先生长子
夏学平发言

尊敬的各位领导和各位嘉宾:

　　你们好!

　　首先我要感谢浙江大学建筑工程学院邀请我们参加父亲夏志斌先生百年诞辰的纪念活动,还要感谢各位领导和父亲生前的好友与同仁能在百忙之中来参加今天的纪念活动。

　　浙江大学建筑工程学院的领导和父亲生前的同事们为精心筹备本次活动花费了大量的心血,为此,我代表我母亲和弟妹们表示由衷的感谢!我相信父亲的在天之灵也会感到十分欣慰。父亲这一生在浙江大学求学、工作和生活了整整 78 年。是浙江大学这所百年名校培养和养育了他，是浙江大学的老校长竺可桢创导的求是精神一直在引导和鼓励着他，是浙江大学的刘丹老校长以及之后的历任领导和与他朝夕相处的老师们发现、培养并不断支持和鼓励他，才使他能在浙江大学这块热土上做出一点成绩，奉献出他的一份爱，父亲在他热爱的教育教学和科研岗位上取得的点滴成绩都离不开母校的栽培。我是在父亲离世后整理他的遗物时，在他的信件和讲义资料中了解到，他的钢结构事业的引路人钱令希院士和许多老同事都曾给予他指导和帮助。父亲是幸运的，也是幸福的，他能在浙江大学这块热土上努力学习，认真工作，并在他有生之年参加了浙江大学成立 120 周年和浙江大学建筑工程学院成立 90 周年的庆祝活动，他没有带着遗憾离去，他为母校的发展壮大贡献了他的力量，他也见证了母校浙江大学的不断成长发展和壮大，他相信浙江大学一定会取得更加丰硕的成果。他作为一个一生的浙大人感到无上荣光。

最后，我衷心祝愿本次活动取得圆满成功！

再次谢谢大家！

报告一：谈谈工程与人文社科

报告人：周绪红院士，重庆大学原校长

　　周绪红院士以"谈谈工程与人文社科"为题，探讨了人文学科、社会科学、工程、科学的区别，科学重点在分析，工程重点在综合和应用，工程旨在应用科学规律和配置资源，创造出希望的结果："做什么"和"如何做"；工程的本质在于为社会制造财富。因此，需要综合考虑社会的、政治的、经济的、文化的以及环境的诸方面的相关因素。但是工程的决策具有巨大的社会影响，因此需要社会科学、人文学科的参与，提供价值导向。因此，工程学科的人才需要掌握一定程度的人文社科类知识，相互借鉴，相互促进。

　　报告以三峡工程的决策为例，强调了人文社科在工程决策中的重要作用，也以国内这20年来一些争议极大的项目为例，指出了人文学科在项目决策时的缺失在社会上造成的不良影响；指出现代工程的可持续发展，本质是工程、自然与人和谐发展，工程建设带来的社会问题，需要依靠人文社科来解决。未来工程师必须具备人文社科知识，具备人文情怀，为建设和谐社会服务。

报告二：葵花三撑杆型弦支网壳大开口体育场罩篷结构

报告人：董石麟院士，浙江大学建筑工程学院原院长

  董石麟院士的报告是以"葵花三撑杆型弦支网壳大开口体育场罩篷结构"为题。报告首先介绍了索杆张力结构的构成和应用，它是一类由索、杆单元构成，通过预应力获取刚度的高效空间结构体系。该类结构以轴向受力为主，可充分利用材料性能，具有卓越的空间跨越能力，适用于体育场馆等（超）大跨度建筑的屋盖系统。在中国釜山体育场、佛山世纪莲体育中心、深圳大运会宝安体育场、乐清体育中心体育场、枣庄市民中心体育场、日照之光体育场、苏州奥体中心体育场、乐山奥体中心体育场、西安国际足球中心体育场、成都凤凰山体育中心足球场、徐州奥体中心体育场、上海浦东足球场、巴中体育中心体育场、郑州奥体中心体育场、阿根廷拉普拉塔体育场、卡塔尔卢塞尔体育场、援柬埔寨国家体育场中得到应用。同时还介绍了多撑杆内弦支网壳体系的四种变化和创新，展开介绍了葵花三撑杆型体系的造型特点和参数、试设计的结果，以及对应用进行了展望。

报告三：高强钢结构连接研究进展

报告人：李国强教授，同济大学原副校长

李国强教授的报告是以"高强钢结构连接研究进展"为题。报告主要介绍了高强钢的两种重要连接方法（焊接和螺栓连接）的研究进展，包括：高强钢对接焊缝连接承载性能研究、高强钢角焊缝连接承载性能研究、高强钢摩擦型螺栓连接承载性能研究、高强钢承压型螺栓连接承载性能研究及 12.9 级高强螺栓氢致延迟断裂研究等，研究发现：

1.高强钢焊后在热影响区易于产生软化现象，软化区的存在相当于在焊接接头处存在薄弱层，致使焊接接头的承载力降低。高强钢焊接接头的承载力与软化区的宽度和软化的程度存在较大的关系。对于高强钢焊接，如果沿用基于普通钢研究结果的规范设计规定，会对连接设计的安全性有不利的影响。

2.高强钢的表面抗滑移系数与普通钢存在差异，Q550 钢的各种处理方式的表面抗滑移系数与普通钢差异不大，但对于 Q690 钢和 Q890 钢抗滑移系数低于普碳钢，设计时宜对现行规范规定的螺栓连接抗滑移系数进行适当折减。

3.高强钢的延性仍能满足承压型螺栓连接中孔周塑性变形的要求，我国现行钢结构规范的螺栓承压强度设计值对于高强钢偏保守，可适当提高。

4.高强螺栓钢的抗氢致延时断裂性能与高强螺栓的材料强度和预拉力有关，螺栓强度越高、预拉力越大，抗氢致延时断裂性能越差。

5.现有12.9级42CrMo高强螺栓钢的抗氢致延时断裂性能，相比常用10.9级20MnTiB高强螺栓要差，应用12.9级高强螺栓时，可降低螺栓的预拉力，按现行钢结构规范规定的高强螺栓预拉力限值的75%考虑。

报告四：钢管混凝土研究与应用

报告人：韩林海教授，广西大学党委常委、副校长

  韩林海教授的报告主题是"钢管混凝土研究与应用"。该报告结合典型工程实例，阐述大型复杂钢管混凝土主体结构非线性分析与精细化设计的通用本构模型、承载力计算方法、关键构造措施等基础理论与共性技术问题。论述钢管混凝土混合结构概念，阐述其全寿命安全性分析理论与计算模型，介绍国家标准《钢管混凝土混合结构技术标准》GB/T 51446—2021 的主要内容。该报告还展望了现代钢管混凝土结构的发展前景。

报告五：标准院为推广钢结构而开展的工作

报告人：郁银泉，全国工程勘察设计大师，
中国建筑标准设计研究院教授级高工

  郁银泉大师的报告是"标准院为推广钢结构而开展的工作"。报告结合中国建筑标准院在钢结构方面的研发工作，介绍了我国钢结构在各个领域的应用和发展，特别总结了钢结构的突出优点：防地震和灾害的建筑物，打造随意空间，丰富的设计性，工业化生产和确保质量稳定与短工期，材料环保，多、高层钢结构建筑造价整体略高于其他结构形式建筑，但具有缩短工期、减少湿作业、降低污染排放、节能环保的特点，符合当代中国绿色建筑的发展趋势，介绍了美国、日本、德国、澳大利亚和中国钢结构建筑的占比，指出在中国，钢结构建筑还有巨大的发展空间。介绍了标准院参与主编和编制的20余部钢结构方面的标准规程与大量的工程应用，指出了未来进一步的研发方向。

报告六：结构抗震稳定设计

报告人：王立军，全国工程勘察设计大师，
华诚博远工程有限公司教授级高工

　　王立军大师的报告是"结构抗震稳定设计"。报告介绍了地震区的一个水上游乐设施的屋盖结构的屈曲分析结果，对地震作用下的弹塑性动力稳定进行了判定。介绍了地震动力失稳现象、美国在抗震动力稳定性方面的研究和美国土木工程学会标准ASCE 7—2016中对抗震结构的二阶效应系数限值的规定。从这个限值，推断出美国对空间网壳结构的屈曲因子的限值是4.0，与中国的中震弹性设计相对应，并应用于水上游乐设施屋盖和北京工体中心屋盖结构地震动力稳定性的判定。

报告七：组合结构创新·甲壳柱框架体系和甲壳墙的开发

报告人：陈明，上海欧本钢结构有限公司董事长

　　陈明董事长的报告是"组合结构创新·甲壳柱框架体系和甲壳墙的开发"。报告介绍了上海欧本钢结构有限公司近年研发的甲壳柱框架结构，甲壳柱是四个小方钢管混凝土柱布置于四角，中间采用波纹钢板横放，焊接形成的多腔钢管截面内灌混凝土形成的组合柱，框架梁则采用上翼缘两块钢板，下翼缘一块钢板，两侧波纹钢板形成的开口截面，现场内灌混凝土，框架梁还可以施加预应力束。这样的结构适合用于物流仓储等多层中等跨度结构，适合装配式建造，符合当前的产业政策和国家需求，因其具体节省用钢量和现场人力物力，现场无须支模，取得了较好的经济效益。报告还介绍了上海欧本钢结构有限公司与浙江大学最新的在甲壳墙方面的研发合作，鼓励浙江大学学子多方位开拓思路，在钢结构和组合结构领域不断创新。

报告八：浙江大学 25 年来在弯扭屈曲方面的研究进展

报告人：童根树教授，浙江大学高性能建筑结构
与材料研究所副所长

　　童根树教授的报告是"浙江大学 25 年来在弯扭屈曲方面的研究进展"。报告主要介绍了童教授 20 多年在浙江大学钢结构领域取得的理论成果，重点在几个方面：薄壁构件稳定新理论，薄壁圆弧曲梁的弯扭分析的线性和非线性理论，横向正应力影响引入杆系结构理论，拱的屈曲，剪切变形拱的屈曲，薄壁构件框架结构 FE 分析第七个自由度向整体坐标系的转换的最后一步，冷弯 Z 和 C 形檩条与墙梁的设计方法研究，拉条有效刚度的提出，相邻开间拉条连接点错位对拉条有效刚度的影响，平行檩条体系的线性分析和屈曲分析，工字钢的畸变屈曲，C 型和 Z 型檩条的畸变屈曲，绕定点的弯扭屈曲理论和结果，0 框架屈曲的初等代数方法，双重和多重抗侧力结构的屈曲，线性分析和屈曲分析的串并联模型，荷载负刚度的概念和计算公式，剩余刚度概念，增强结构和构件稳定性的支撑的设计要求的一系列研究，截面的屈曲，地震作用下的动力稳定等。

纪念夏志斌先生百年诞辰学术报告现场互动

纪念夏志斌先生百年诞辰学术报告现场

夏志斌先生

一生热爱教育事业，

　　精心培育人才，为师生所赞誉；

一生奉献给我国钢结构事业，

　　为浙江大学土木系的发展和我国钢结构学科的发展做出了巨大贡献；

一生心系民盟，为中国共产党领导的多党合作事业，

　　为浙江省和浙江大学民盟组织的发展做出了突出贡献。

他，孜孜不倦、严谨求实、励学利民的治学精神，

他，一身正气、勤勉谦逊、志趣高远的做人风范，

他，对工作一丝不苟的敬业精神，

赢得了莘莘学子和同行专家的敬佩与尊重。

纪 念 夏 志 斌 先 生 百 年 诞 辰

PART 4

第四部分

夏志斌先生代表性论文

钢梁侧扭屈曲的归一化研究

钢梁侧扭屈曲的归一化研究

张显杰　夏志斌

（浙江大学）

一、引　言

在主刚度平面内弯曲的梁，在荷载到达一定数值后，可能发生侧向弯曲和扭转而使梁破坏，这种现象称为侧扭屈曲，或称丧失整体稳定。对于长细比 L/γ_y 较大的梁，屈曲时材料仍处于弹性工作，称为弹性侧扭屈曲，其临界弯矩可应用弹性稳定理论求得。国内外在这方面已作了许多研究，一般说，弹性侧扭屈曲的研究已比较成熟。

对于常用的中等长细比的梁，在屈曲时截面的某些部分已经屈服，这个阶段一般称为非弹性侧扭屈曲或称弹塑性侧扭屈曲。由于非弹性侧扭屈曲问题需要同时考虑几何和材料的非线性，因此闭合解已不易求得，一般都采用数值法或近似法求解。

Timoshenko[1]和Bleich[2]曾建议仍按弹性公式计算非弹性侧扭屈曲，但用相当于最大应力的折算模量或切线模量代替弹性模量。这种处理方法在理论上和应用上都存在一定问题，特别是对于软钢一类近于理想弹塑性材料，如何理解和确定切线模量是值得推讨的。

近十几年来，由于对热残余应力进行了大量研究，同时随着电子计算机的广泛应用，在梁的弹塑性屈曲方面的研究也取得了不少进展。

美国Galambos用部分屈服后截面的弹性核概念，采用 Lehigh 残余应力模型，对宽翼工字钢简支梁在纯弯曲下的非弹性屈曲进行了分析研究[3]。澳大利亚Trahair和Kitiporchai对非弹性屈曲研究中的不同假设作了分析和评价[4]。他们还指出，由于截面部分屈服后使弹性核成为单轴对称截面，因此剪力中心也随屈服区的改变而变化，这一点对临界弯矩有较大的影响。英国Nethercot对梁的非弹性侧扭屈曲影响因素作了较详细的讨论[5][6][7]。他认为残余应力对临界弯矩有较大的影响，其主要因素是翼缘尖端的残余压应力水平。他还用有限元法求解了工字钢梁的非弹性侧扭屈曲。

从理论分析的方法看，求解非弹性侧扭屈曲问题的常用方法有：有限元法[6][8]、有限差分法[9]、有限积分法[10][11]、数值积分法[9]以及半解析法[12]等。在理论研究的同时，国外许多学者进行过较多的非弹性屈曲试验研究。根据理论和试验研究，Galambos；Nethercot 和 Trahair[13]分别提出了建议作为设计准则的近似公式。欧洲建筑钢结构协会（ECCS）[14]提出了建议公式。Galambos等[15]提出了钢梁的概率设计准则。

虽然近十几年来在梁的弹塑性侧扭屈曲方面取得一些可喜的进展，但是这方面的研究还不能说已经成熟，仍有许多问题尚待解决。

首先，目前大多数残余应力知识主要根据对宽翼工字柱截面的研究得到，能否直接将其用于窄翼的梁截面？在残余应力对非弹性侧扭屈曲的影响上，通过各种简化的残余应力理论模型是否真正解释了残余应力的实际作用，这中间究竟存在哪些差异？结合我国的热轧工字钢，它与国外截面在残余应力分布和大小方面是会有所差别的，这中间的影响又有多大？

从理论分析方法看，虽然前面所述的分析方法都可应用于弹塑性侧扭屈曲分析，但往往计算工作量大，用电子计算机计算时，造成所占内存过多和运算时间较长等问题。为了便于作大量的计算机模拟分析，并适合于中小型电子计算机运算，有必要寻求一种既能保证精度，而又计算工作量较少的方法。

由于世界各国的钢梁几何尺寸和材性各不相同，品种繁多，在应用理论和试验研究的成果时，首先碰到的问题是：以典型截面为研究对象得到的结论对其它截面是否适用，有何差异？各国的设计规范和各国所进行的试验研究可否相互比较，如何比较？如何利用各国的理论和试验研究的成果等。

本文将主要针对上面提出的几个问题，试图作一些初步探讨。首先提出用 $\varphi-L-M$ 法求解钢梁侧扭屈曲临界长度的通用计算机程序，该程序耗用机时少，适合于作大量的计算机模拟计算。然后以国产热轧工字钢为例，研究钢梁在纯弯曲下的弹塑性侧扭屈曲性态，考虑了热残余应力的影响。对轧制工字钢梁提出了热残余应力模型及计算公式。通过计算机模拟，从理论上讨论各种因素对侧扭屈曲的影响，并进行了归一化研究。

二、理　　论

（一）基本假设
理论推导以下列假设为基础：

1.材料为理想弹塑性体（或考虑应变硬化），服从图1所示的应力-应变关系。

2.梁为完全挺直无几何缺陷的等截面梁，材料性质沿梁全长均匀。

3.梁的长度比高度大得多，剪应力影响很小，可以忽略。

4.符合小变形和刚周边假设。

5.荷载作用于腹板平面内，无初偏心，支座间无侧向外力。仅研究纯弯曲情况。

6.梁在失稳前保持挺直，符合平衡分枝理论，且失稳前不会发生局部局曲。

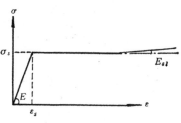

图 1 应力-应变关系

（二）弹性屈曲公式
单轴对称工字梁（图2），在简支纯弯曲情况下的临界弯矩弹性公式为：

$$M_{cr}=\frac{\pi^2 E I_y}{L^2}\left[\frac{\beta_x}{2}+\sqrt{\frac{\beta_x^2}{4}+\frac{I_\omega}{I_y}\left(1+\frac{GJL^2}{\pi^2 E I_\omega}\right)}\right] \qquad (1)$$

式中　$\beta_x=\frac{1}{I_x}\int_A y(x^2+y^2)dA-2y_{so}$ $\qquad (2)$

令：　$\bar{K}=\int_A \sigma a^2 dA=\int_A \sigma[(x-x_{so})^2+(y-y_{so})^2]dA$ $\qquad (3)$

$\bar{K}$ 称为Wagner影响系数，它反映了截面翘曲的影响。

x_{so}、y_{so} 为剪力中心的坐标，$x_{so}=0$。

对于单轴对称截面 $\bar{K}=M_{cr}\cdot\beta_x$[9]。

于是由公式（1）可解得临界长度为：

$$L_{cr}=\frac{\pi}{M_{cr}}\sqrt{\frac{EI_y}{2}}\sqrt{(GJ+\bar{K})+\sqrt{(GJ+\bar{K})^2+4M_{cr}^2\cdot I_\omega/I_y}} \qquad (4)$$

在弹性屈曲时，L_{cr} 是 M_{cr} 的函数，对于每一确定的 M_{cr} 都可由公式（4）求得唯一的 L_{cr}。但是，在弹塑性情况下，刚度 EI_y、GJ、EI_ω、$\bar{K}$ 等都是随 M_{cr} 而改变的，因此，必须先得每一个 M_{cr} 所对应的 EI_y、GJ、EI_ω、$\bar{K}$ 等，然后才能求得临界长度 L_{cr}。为此下面我们先研究工字截面的部分屈服情况。

（三）工字截面部分屈服

今以图3所示的单轴对称工字截面为例，说明截面的部分屈服。定义各点的残余应力为：

σ_F——翼缘尖端；

σ_{FW}——翼腹交界处；

σ_W——腹板中间。

符号规定：残余压应力为正（＋）；残余拉应力为负（－）。

假定残余应力沿厚度方向不变化，且对 y 轴对称，沿上翼缘宽度方向以 $f_1(x)$ 变化，沿下翼缘宽度方向以 $f_2(x)$ 变化，沿腹板高度方向以 $f_3(y)$ 变化。

现在从上、下翼缘，各取出厚度为 Δt、宽度为 b_1 和 b_2 的微条，腹板取整块分析。显然，各点的总应力是弯曲应力和残余应力的叠加，且当某点应力达到屈服点 σ_s 时则产生屈服。随着弯曲应力的增加使屈服区逐步开展。

图4表明了上、下翼缘微条及腹板的应力叠加和屈服情况。

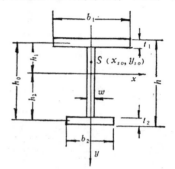

图 2 单轴对称截面

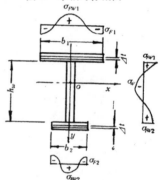

图 3 截面残余应力分布

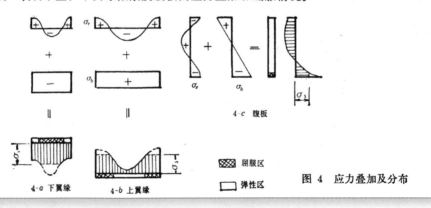

图 4 应力叠加及分布

（四）部分屈服截面的截面特性

截面发生部分屈服后，整个截面分成弹性区与屈服区二部分。下面计算以切线模量理论为基础，弹性区采用弹性模量 E、G；屈服区用切线模量 E_t、G_t。由于整个截面由弹性区和屈服区共同作用，因此，部分屈服后的截面特性为：

$$(EI_x)_T = E \cdot I_{xe} + E_t \cdot I_{xp} \tag{5}$$

$$(EI_y)_T = E \cdot I_{ye} + E_t \cdot I_{yp} \tag{6}$$

$$(GJ)_T = GJ_e + G_t \cdot J_p^{[16]} \tag{7}$$

$$(EI_\omega)_T = \frac{(EI_{y_1})_T \cdot (EI_{y_2})_T}{(EI_{y_1})_T + (EI_{y_2})_T} h_0^2 \tag{8}$$

$$y_{so} = \frac{(EI_{y_2})_T h_2 - (EI_{y_1})_T h_1}{(EI_{y_1})_T + (EI_{y_2})_T} \tag{9}$$

其中 $(EI_x)_T$、$(EI_y)_T$、$(EI_\omega)_T$、$(GJ)_T$ 分别表示部分屈服后整个截面对 x、y 轴的抗弯刚度、翘曲刚度和抗扭刚度 $(EI_{y_1})_T$、$(EI_{y_2})_T$ 分别表示弹塑性阶段上、下翼缘对 y 轴的抗弯刚度。h_0、h_1、h_2 如图 2 所示。下标 e、p 分别表示弹性和塑性区。

（五）弹塑性侧扭屈曲公式

根据弹性核的概念[3][6]，若将公式（5）～（8）代入公式（4），可得弹塑性屈曲公式：

$$L_{cr} = \frac{\pi}{M_{cr}} \cdot \sqrt{\frac{(EI_y)_T}{2}} \sqrt{[(GJ)_T + \bar{K}] + \sqrt{([GJ]_T + \bar{K})^2 + 4M_{cr}^2 \cdot \frac{(EI_\omega)_T}{(EI_y)_T}}} \tag{10}$$

由于弹塑性截面特性与屈服区的分布有关，而屈服区分布、内力矩 M、中和轴位置、剪心位置以及截面各点的应变等相互有关，因此必须通过反复迭代得到[6]。

本文下面将提出的 $\varphi - M - L$ 法，主要是为了消除上述缺点。由某一确定的曲率 Φ 求解上述诸量，可以减少迭代次数。为此下面先推导应力-应变-曲率关系。

（六）受弯构件的应力应变曲率关系

今考虑图 5 所示的一个任意单轴对称截面，假如该截面由于弯曲所产生的曲率为 Φ，那么该截面上任一点 A 的应变为：

$$\varepsilon = \Phi \cdot (y - y_0) \tag{11}$$

其中 y 为 A 点的坐标，y_0 为中和轴坐标。

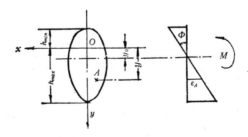

图 5　曲率-应变关系

为了便于以后讨论，先引进几个无量纲的物理量：

$$\varphi=\frac{\varPhi}{\varPhi_y}, \quad \bar{\varepsilon}=\frac{\varepsilon}{\varepsilon_s}, \quad \bar{\sigma}=\frac{\sigma}{\sigma_s}, \quad R=\frac{\sigma_r}{\sigma_s} \tag{12}$$

其中σ_s为屈服应力，ε_s为屈服应变，σ_r为残余应力，ε为弯曲所产生应变，σ为荷载和残余应力所引起的总应力，$\varPhi_y$表示无残余应力截面最远边缘纤维初始屈服时的曲率。

于是

$$\varepsilon=(y-y_0)\varphi\cdot\varepsilon_s/h_{max} \tag{13}$$

$$\bar{\varepsilon}=(y-y_0)\varphi/h_{max} \tag{14}$$

A点的无量纲总应力为：

$$\bar{\sigma}=\begin{cases} -1 & \text{当} & \bar{\varepsilon}+R\leqslant-1 \\ \bar{\varepsilon}+R & \text{当} & 1>\bar{\varepsilon}+R>-1 \\ 1 & \text{当} & \bar{\varepsilon}+R\geqslant1 \end{cases} \tag{15}$$

若$|\bar{\sigma}|=1$，表示A点已屈服，否则仍为弹性。

内力矩为：

$$M=\int_A \sigma(y-y_0)dA=\sigma_s\int_A \bar{\sigma}(y-y_0)dA \tag{16}$$

工字梁截面的部分屈服形式和次序与R_F、R_{FW}、R_W、φ、y_0诸量有关。

（七）计算机程序

本程序为分析钢梁屈曲全过程的通用程序，适用于具有任意残余应力模型和水平的单轴对称工字梁的纯弯曲情况。

以后所有数值分析都采用此程序计算。

1.截面尺寸和单元划分：截面尺寸如图6所示。将截面划分成许多面积元，沿上（下）翼宽度和厚度方向分别划分成$M1(M2)$、$N1(N2)$个单元；沿腹板厚度方向和高度方向划成$M3$和$N3$个。

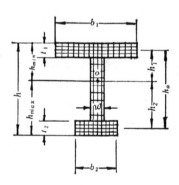

图 6　截面尺寸和单元划分

2.本程序的特点是：采用先假定无量纲曲率φ，而后计算内力矩M，最后求出相应的L_{cr}。按此步骤计算故称为$\varphi-M-L$法。由于采用$\varphi-M-L$法，使迭代次数减少，从而节省了计算机运算时间。同时，由于采用了无量纲化，不仅简化了计算，而且为分析提供了许多方便。

3.程序框图如图7所示：

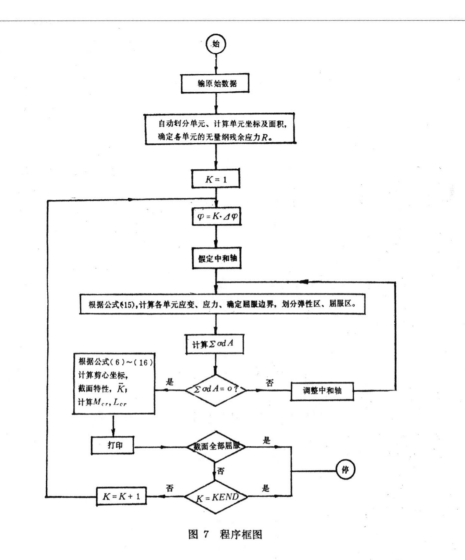

图 7　程序框图

三、分析依据的探讨

下面主要以国产热轧普通工字钢梁为对象，用上述程序作数值分析。在计算 I_x、I_y、I_w、J 等截面特性时，截面尺寸采用 GB 706—65 中的标称尺寸，翼缘采用平均厚度，由此形成的计算值与 GB 706—65 中截面特性值之间的误差，分别予以修正。J 的标称值采用文献 [17] 中的数值。

（一）热轧工字梁的残余应力模型

在热残余应力的研究方面，世界各国通过近30年的研究，取得了不少新进展。

常用的热轧工字型截面残余应力模型有：Lehigh 模型 [18] 和抛物线模型 [19] 二种，如图8所示。

Lehigh模型是根据宽翼柱截面提出的,从它的计算公式可见翼缘尖端的残余压应力σ_F总是大于翼腹交界处的残余拉应力σ_{FW}。这对窄翼梁截面是不一定适合的。

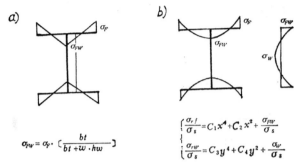

$$\sigma_{FW}=\sigma_F\cdot\left[\frac{bt}{bt+w\cdot hw}\right]$$

$$\begin{cases}\frac{\sigma_{rf}}{\sigma_s}=C_1x^4+C_2x^2+\frac{\sigma_{FW}}{\sigma_s}\\\frac{\sigma_{rw}}{\sigma_s}=C_3y^4+C_4y^2+\frac{\sigma_w}{\sigma_s}\end{cases}$$

图8 热轧工字钢残余应力模型
a)Lehigh模型,b)四次抛物线型

四次抛物线模型计算式中四个常数$C_1\sim C_4$,Lee于1976年认为可由轴力、两个方向的弯曲及扭转等四个平衡条件确定[19]。以后经讨论,一般认为扭转方程不需满足[6]。由于假设的残余应力模型是对x、y轴对称,故弯曲平衡条件自然满足,因此$C_1\sim C_4$是不能唯一确定的。

钢梁实际的残余应力模型不是本文主要研究内容。为了研究残余应力对钢梁屈曲的影响,参考国外文献资料,结合梁截面翼缘较窄的特点,试提出下列二种理论残余应力模型,作为本文分析研究的依据。

残余应力用无量纲R表示,符号规定与前同。

1.二次抛物线模型

如图9所示,设翼缘宽度方向按二次抛物线分布:

$$R_{rF}=\frac{4}{b^2}(R_F-R_{FW})x^2+R_{FW}\tag{17}$$

腹板高度方向按四次抛物线分布:

$$R_{rW}=C_1y^4+C_2y^2+R_W\tag{18}$$

由轴向平衡条件$\int_A\sigma_r\cdot dA=0$和翼腹交点残余应力连续条件,即当$y=\frac{\pm h_w}{2}$时$R_{rF}=R_{rW}$,可求得:

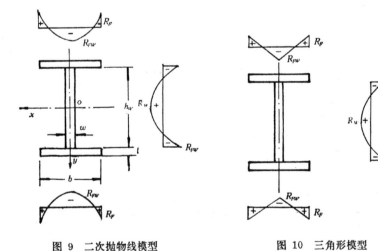

图9 二次抛物线模型   图10 三角形模型

$$C_1 = \frac{40\{26t \cdot R_F + [w \cdot h_w + 46t] \cdot R_{FW} + 2w \cdot h_w \cdot R_w\}}{w \cdot h_w^5} \quad (19)$$

$$C_2 = \frac{-2\{10bt \cdot R_F + [20bt + 3w \cdot h_w] R_{FW} + 12w \cdot h_w \cdot R_w\}}{w \cdot h_w^3} \quad (20)$$

于是，对于某一确定的几何尺寸，只要 R_F、R_{FW}、R_w 确定，则理论残余应力模型就唯一确定。

2.三角形模型

如图10所示，设翼缘宽度方向按三角形分布：

$$R_{rF} = \frac{2}{b}(R_F - R_{FW})|x| + R_{FW} \quad (21)$$

腹板高度方向按四次抛物线分布：

$$R_{rW} = C_1 y^4 + C_2 y^2 + R_w \quad (22)$$

与前相似可推得：

$$C_1 = \frac{40[3bt R_F + 2w \cdot h_w \cdot R_w + (h_w \cdot w + 3bt) \cdot R_{FW}]}{w \cdot h_w^5} \quad (23)$$

$$C_2 = \frac{-6[(w \cdot h_w + 5bt) \cdot R_{FW} + 4w \cdot h_w \cdot R_w + 5bt \cdot R_F]}{w \cdot h_w^3} \quad (24)$$

同样，由 R_F、R_{FW}、R_w 可唯一确定残余应力模型。

（二）屈服区切线模量的选取

对于屈服区的材料切线模量取值问题，有下列几种不同看法。对于 E_t，主要有二种观点，一般取 $E_t = 0$，White[20]以屈服流动理论为基础，认为钢材是弹性或应变硬化的，因此建议屈服区 $E_t = E_{st}$。试验也证明，大多数短梁在超过塑性弯矩 M_p 后仍不发生破坏，这说明短梁在上、下缘完全屈服后仍不屈曲，证明了屈服材料是应变硬化的。对于 G_t，Neal根据塑性增量理论，曾建议取 $G_t = G$。但Haarjer[20]通过试验发现屈服材料的 G_t 因微小的剪切应变而迅速降低；Massey从试验发现，当翼缘达完全塑性时，工字梁抗扭刚度降低到大约 $0.4GJ$。Lay[21]曾提出一个近似公式：

$$\frac{G_{st}}{G} = \frac{2}{1 + \frac{E/E_{st}}{4(1+\mu)}} \quad (25)$$

这个公式与Haarjer的试验基本一致。Trahair[9]曾建议屈服区取 $E_t = E_{st}$，$G_t = G_{st}$。

图11表示I24b在纯弯时，E_t、G_t 取不同值的四种曲线，它们是根据上面所述计算机程序计算结果绘制的。这里取 $E_{st} = E/33$，G_{st} 按公式（25）计算，$\mu = 0.3$。

比较四条曲线，可见曲线4稍高一点，曲线1稍低一些，其它二条曲线处于它们之间，而且所有曲线间的最大误差值约为3%左右。由此可见，E_t、G_t 取值不同所产生的影响不是很大。为了讨论方便，在以后讨论中，对屈服区的切线模量将一律取 $E_t = E_{st}$，$G_t = G_{st}$。

（三）屈服区应力的选取

在过去大多数研究中，屈服区的应力一般都采用 $\sigma = \sigma_s$，本文前面的理论也是以此为基础的。但是，如前所述，White[20]认为钢材是弹性或应变硬化的，那么当屈服区 E_t 取 E_{st} 时，屈服区的应力也应增加，其关系可取为：

$$\sigma = \sigma_s + E_{st}(\varepsilon - \varepsilon_s) \quad (26)$$

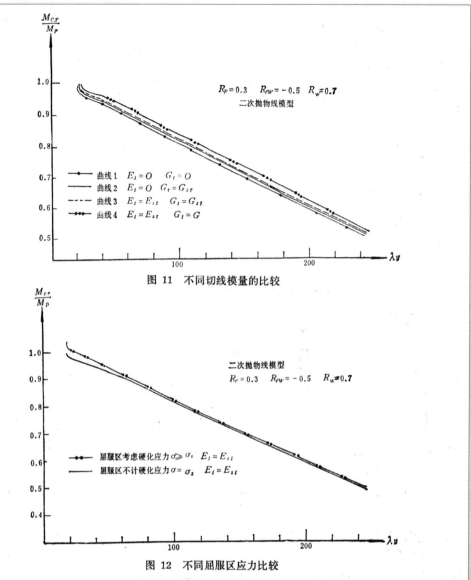

图 11　不同切线模量的比较

图 12　不同屈服区应力比较

　　图12表示屈服区应力取 $\sigma = \sigma_s$ 和按公式（26）计算二种情况的比较曲线。可见，仅在小长细比时，考虑硬化的曲线比不考虑硬化的高一些，其它部分基本上差别不大。另外可以看到，考虑硬化的曲线在 $\lambda_y < 20$ 以后超过了塑性弯矩 M_p。为了讨论方便，在以后的讨论中，一般只取屈服区应力 $\sigma = \sigma_s$ 一种情况进行讨论。

四、各 种 因 素 的 影 响

　　今以简支纯弯曲下的热轧工字钢梁为例，用前面所述的程序计算，讨论各种因素对侧扭屈曲的影响。

（一）残余应力对非弹性屈曲的影响

图13~18所示为$I24b$在简支纯弯曲情况下的M_{cr}/M_y~λ_y曲线。

图13表示仅改变翼缘尖端残余应力水平R_F时的M_{cr}/M_y~λ_y曲线。可见，R_F增大时临界弯矩有较明显降低。

图14、15表示仅改变翼缘腹板交界处残余应力水平R_{FW}的M_{cr}/M_y~λ_y曲线，可见，

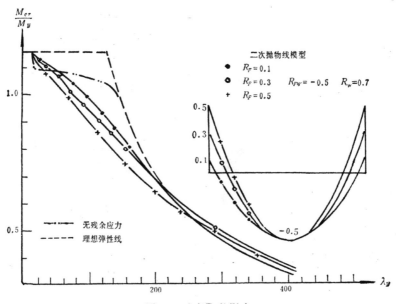

图 13　改变R_F的影响

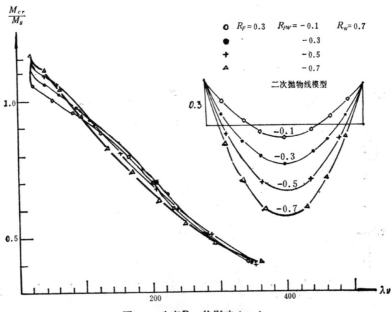

图 14　改变R_{FW}的影响（一）

R_{FW}的改变对临界弯矩的影响不如R_F大，但影响比较复杂。由图14可见，当R_{FW}在$-0.1\sim$ -0.5之间变化时，对中等长细比的梁影响不大，当R_{FW}达到-0.7时，中等长细比的梁临界弯矩降低，但小长细比的梁临界弯矩却提高。但是，图15所示情况，却以$R_{FW}=-0.1$时的临界弯矩最低。

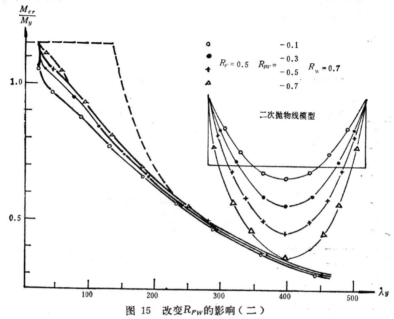

图 15　改变R_{FW}的影响（二）

图16表示腹板中间残余应力水平R_W变化时的$M_{cr}/M_y\sim\lambda_y$曲线，可见R_W的变化对临界弯矩几乎没有影响。

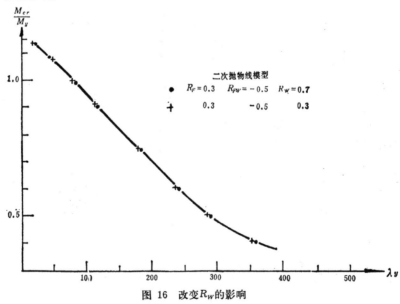

图 16　改变R_W的影响

　　图17、18表示不同的残余应力模型所产生的影响，可以看出，采用不同的残余应力模型对临界弯矩是有一定影响的。

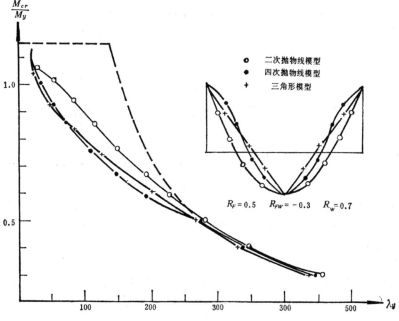

图 17　不同残余应力模型比较（一）

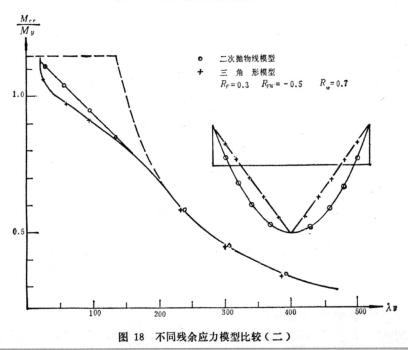

图 18　不同残余应力模型比较（二）

根据图13～18所示曲线的分析，可以得到下面几点看法：

1.翼缘尖端的残余压应力水平对临界弯矩有较大影响，残余压应力水平越高临界弯矩越低。

2.腹板中间的残余应力水平对临界弯矩影响很小。

3.残余拉应力的影响较为复杂，它的改变究竟是提高还是降低临界弯矩，要看由于残余拉应力的改变而引起的初始屈服改变和残余压应力区面积与分布的变化大小而定。但是，总的看来残余拉应力水平变化对临界弯矩的影响不如残余压应力水平那样显著。

4.在残余应力水平确定后，不同的残余应力模型所产生的影响主要取决于残余应力模型中翼缘残余压应力区的分布和面积。一般说，翼缘残余压应力图的面积越大，分布曲线的水平越高，临界弯矩则较低。

（二）残余应力对弹性屈曲的影响

由图13～18还可以看出，不同残余应力水平和模型对仍处于弹性工作的梁的屈曲临界力也有一些影响。一般说，当残余应力图中翼缘残余压应力图面积较残余拉应力图面积大时，残余应力的存在稍降低弹性临界弯矩，反之，稍提高临界弯矩。但是，总的讲残余应力对弹性屈曲的影响比对非弹性屈曲影响要小得多，因此在以后的讨论中就不作考虑。

（三）弹性模量 E 对屈曲的影响

图19表示 $E=2.0\times10^6$、2.1×10^6 和 2.2×10^6 公斤/厘米^{2}时的 $M_{cr}/M_y\sim\lambda_y$ 曲线。可见，无论在弹性阶段还是非弹性阶段，E 对临界弯矩有一定影响。一般 E 降低 5%，临界弯矩降低3%～5%。由于实际钢材 E 的变化幅度较小，因此 E 的差异所产生的实际影响很小。

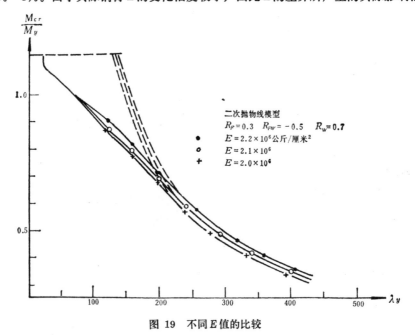

图 19　不同 E 值的比较

（四）截面几何尺寸的影响

图20表示，具有同一残余应力水平、模型和同一屈服应力，但不同截面的 $M_{cr}/M_y\sim$

λ 曲线。可见 M_{cr}/M_y 随截面系数 $\left(D_T = \dfrac{J}{Ah^2}\right)$ 的提高而提高，而且随着 D_T 加大截面初始屈服长细比变大。这说明同一种长细比的梁，大型号梁还处在弹性屈曲而小型号梁可能已属弹塑性屈曲。

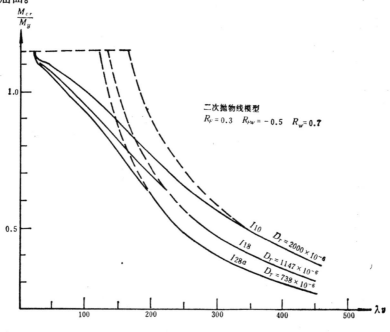

图 20　不同截面的比较

（五）屈服点 σ_s 的影响

图21、22分别表示同一截面尺寸（$I24b$），同一残余应力模型和水平（二次抛物线模

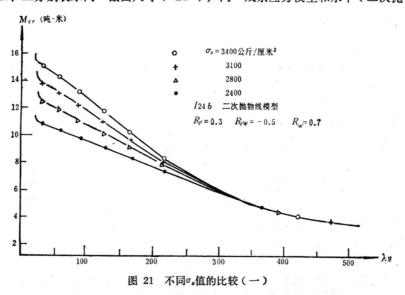

图 21　不同 σ_s 值的比较（一）

型，$R_F=0.3$、$R_{FW}=-0.5$、$R_W=0.7$），但取不同屈服点 $\sigma_s=2400$、2800、3100、3400 公斤/厘米^{2}的 $M_{cr}\sim\lambda_y$曲线和 $M_{cr}/M_y\sim\lambda_y$曲线，可以看到：

1. 由图21可见，在弹性阶段，σ_s对临界弯矩没有影响。

2. 由图21和22可见，在非弹性阶段，σ_s的增加提高了临界弯矩 M_{cr}，但是降低了相对临界弯矩 M_{cr}/M_y。

3. 比较二图可见，由于所取坐标不同使曲线的性态有较大的差别。

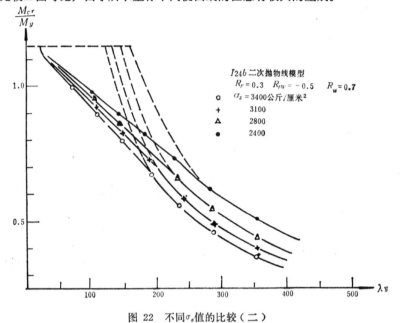

图 22 不同 σ_s 值的比较（二）

五、归一化研究

（一）概述

由各种影响因素的讨论可以看出，即使对于理想正直的梁，在它的残余应力模型和水平已经假定的情况下，材料特性 E、σ_s 及截面形状和尺寸的变化等都将对临界弯矩有较大的影响。图23表示，具有相同的残余应力模型和水平，但 E、σ_s 和截面尺寸不同的曲线。可见，这些曲线无论是形态还是位置都有较大的差异。

由于实际钢梁的几何尺寸和材料性质各不相同，要同时考虑诸多影响，不仅会对设计者带来许多困难，而且对于理论和试验研究也是很不方便的。为了解决由研究典型情况所得的理论与试验结果的广泛适用性和各国规范及试验的可比性问题，应设法找到消除这些影响的曲线。这个问题在某些文献中[5]也曾作过一些初步讨论。本文则对此问题作进一步的研究加以推广并系统化。本文称这种研究方法为归一化。

本文进行归一化研究的另一个目的是为了便于对试验进行计算机模拟。因为，对于不同跨度、不同材性、不同截面等条件的屈曲试验，在进行计算机模拟分析时，在普通坐标系中较难进行统一分析和互相比较，而且假如需分别根据每次试验的情况计算几组模拟曲线，这样的计算工作量是相当大的。更何况，以上诸条件还存在一定的变异误差，这对分析和计算更带来了困难。为此，有必要寻求几组适合于计算机模拟分析的归一化曲线。

通过归一化研究得到的下面几组归一化曲线，有的目前国内外资料已有采用，有的则是本文初次提出。

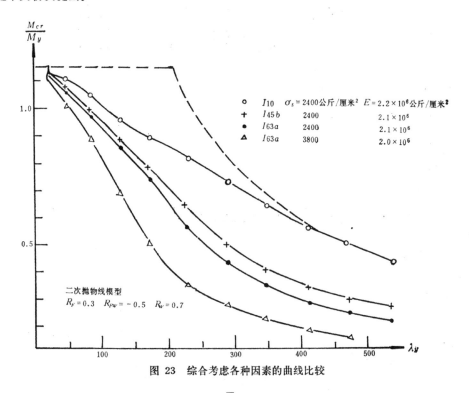

图 23　综合考虑各种因素的曲线比较

（二）$M_{cr}/M_p \sim L/L_y$和$M_{cr}/M_p \sim \bar{\lambda}$归一化曲线

1.图24表示无量纲坐标$M_{cr}/M_p \sim L/L_y$的归一化曲线，其中L_y表示不计残余应力情况下，达到边缘屈服$M_{cr}=M_y$时的临界长度。可以看出，在这个坐标系下的归一化程度是比较理想的，而且曲线近于直线分布。

2.图25表示用无量纲坐标$M_{cr}/M_p \sim \sqrt{\dfrac{M_P}{M_E}}$的归一化曲线，其中$\bar{\lambda}=\sqrt{\dfrac{M_P}{M_E}}$称为折算长细比，$M_E$为弹性临界弯矩。可以看出，在这种坐标系下，曲线的归一化程度也是比较理想的。因此目前国内外许多文献中常采用这种坐标系下的曲线，是有其理由的。

在前述的二种归一化坐标系中，影响曲线形态的主要因素是残余应力。

（三）弯矩-挠度归一化曲线

由于垂直挠度取决于作用弯矩M、跨度以及刚度$(EI_x)_T$等因素。因此，在通常试验分析中所采用的$M \sim \Delta_f$曲线，较难对不同跨度、不同截面、不同材性以及其它不同条件的屈曲试验作统一分析和比较。为了便于试验的计算机模拟，下面试采用一种无量纲的$M/M_y \sim \dfrac{\Delta_f}{L^2} \cdot \dfrac{8EI_x}{M_y}$坐标系进行归一化。图 26 表示在该坐标系下的几种截面的理论曲线，截面的

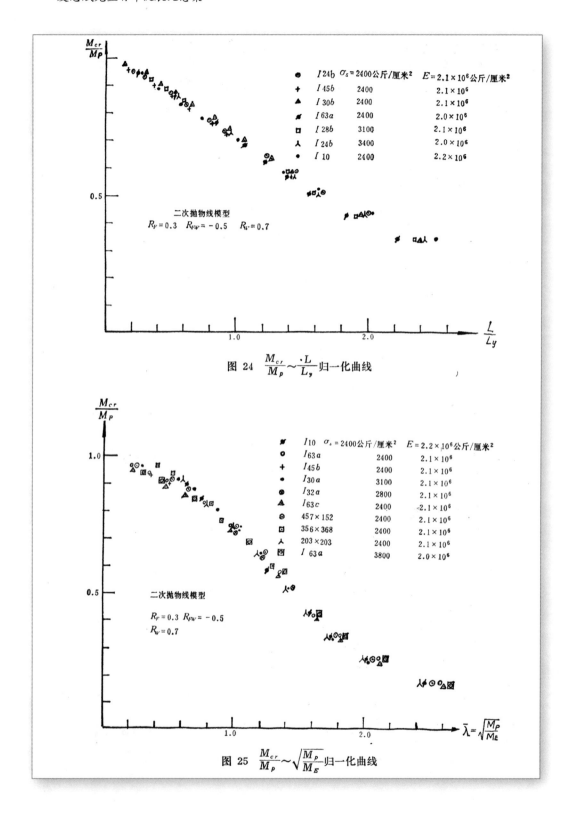

$$\text{图 24} \quad \frac{M_{cr}}{M_p} \sim \frac{\cdot L}{L_y} \text{归一化曲线}$$

$$\text{图 25} \quad \frac{M_{cr}}{M_p} \sim \sqrt{\frac{M_p}{M_E}} \text{归一化曲线}$$

残余应力水平均取$R_F=0.3$、$R_{FW}=-0.5$、$R_W=0.7$，采用二次抛物线模型。可以看出，对于不同的截面尺寸、屈服点和弹性模量等，曲线的归一化程度也是比较理想的。

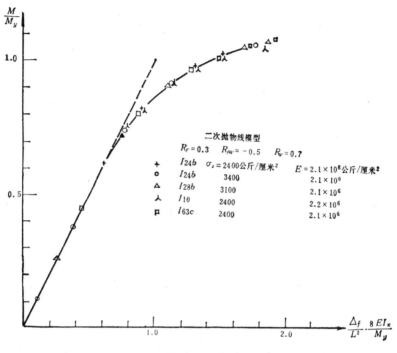

图 26　$M \sim \varDelta_f$归一化曲线

（四）弯矩-应变归一化曲线

图27表示，采用$M/M_y \sim E \cdot \varepsilon^+/\sigma_s$坐标系的归一化弯矩-应变曲线。其中$\varepsilon^+$表示梁下翼缘边缘纤维的平均拉应变。对几种不同的截面和材性，残余应力水平都取为$R_F=0.3$、$R_{FW}=-0.5$、$R_W=0.7$，采用二次抛物线模型。可以看出，这种理论曲线的归一化程度也是比较理想的。

综上所述，可见上述的归一化曲线具有较好的归一化程度和规律性。在归一化坐标系中，影响曲线形态的主要因素是残余应力。这为研究钢梁侧扭屈曲提供了几个方面的可能性。

1.在归一化坐标系中，不同截面尺寸和材性的钢梁可以作相互比较，这是各国规范曲线和不同组试验进行相互比较的理论根据。

2.目前国内外已开始应用概率设计准则，用统计的方法来处理试验数据，提出设计公式。在归一化坐标系中，试验数据离散度不大，相关性较好，因此有可能得到剩余方差较小的拟合曲线。

3.由于影响归一化曲线形态的主要因素是残余应力，因此在讨论典型截面所得的结论对其它截面的适用性时，可以从它们之间的残余应力方面的差异着手，求得由此所产生的最大误差。这就为推广应用研究成果提供了方便。

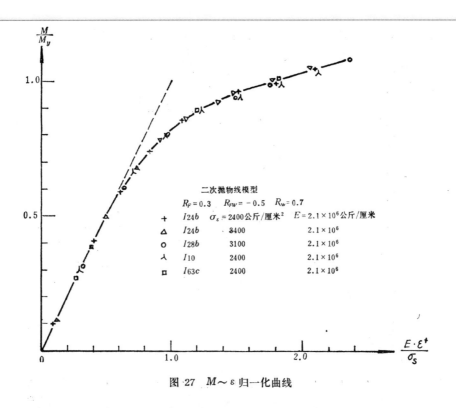

图 27　$M \sim \varepsilon$ 归一化曲线

4.通过归一化研究，有可能对不同跨度、不同材性和不同截面等条件的屈曲试验进行统一的计算机模拟和分析比较。这将为深入、全面地了解和研究钢梁的弹塑性侧扭屈曲性态提供一种新的途径。

六、结 束 语

根据以上讨论，提出以下几点看法：

1.用 φ-M-L 法研究钢梁侧扭屈曲是一种有效的途径。本文提出的通用计算机程序适用于任意残余应力模型的单（双）轴对称截面。

2.影响侧扭屈曲的因素很多，残余应力是一种不容忽略的重要因素，翼缘尖端的残余应力水平对临界弯矩起着重要作用。

3.归一化研究是一项有意义的工作，本文采用的几组归一化曲线具有较好的归一化程度和规律性。通过归一化研究，为各国规范曲线和不同组试验进行相互比较提供了理论根据；为概率统计方法处理试验数据以及典型截面的研究方法提供了方便。应用归一化曲线，可以对试验进行统一的计算机模拟和分析比较。

4.本文目的主要是讨论考虑残余应力影响后工字钢梁在纯弯曲下的弹塑性侧扭屈曲性能，为了说明问题，文中以国产热轧工字梁为研究对象。文中提出的理论和所用方法对焊接工字钢梁同样适用。

参 考 文 献

[1] S.P.Timoshenko and J.M.Gere. 《Theory of Elastic Stability》, McGraw-Hill, 1961.

[2] F.Bleigh. 《Buckling Strength of Metal Structures》, McGraw-Hill, 1952.

[3] T.V.Galambos. "Inelastic Lateral Buckling of Beams" , 《ASCE J. Struct.Div.》Vol. 89, No.ST5.PP217~242., 1963.10.

[4] N.S.Trahair and S.S.Kitipornchai ; "Buckling of Inelastic I-Beams under Uniform Moment" , 《ASCE J.Struct.Div.》Vol.98, No.ST11.PP2551~2566, 1972.11.

[5] D.A. Nethercot ; "Factors Affecting the Buckling Stability of Partially Plastic Beams" , 《Proc. Inst. Civ. Eng.》Vol. 53, PP285~304., 1972.9.

[6] D. A. Nethercot. "Residual Stresses and Their Influnce upon the Lateral Buckling of Rolled Steel Beams" , 《Struct. Eng.》Vol. 52, No. 3. PP89~96, 1974.3.

[7] D.A.Nethercot , "Inelastic Buckling of Steel Beams under Non-uniform Moment" , 《Struct. Eng.》Vol. 53, No. 2.PP73-78., 1975.2

[8] C. P. Johnson and K. M. Will. "Beam Buckling by Finite Element Procedure" , 《ASCE J. Struct. Div.》Vol. 99, No. ST6. PP669~685, 1973.6.

[9] Wai-Fah Chen. 《Theory of Beam-Columns》Vol. 2, McGraw-Hill, 1977.

[10] P.T.Brown and N.S.Treahair. "Finite Integral Solution of Differential Equations", 《Civil Eng. Trans., Austr.》Vol. CE10, No., 2. PP193~196, 1968.10.

[11] S. Kitipornchai and N.S. Trahair. "Buckling of Inelastic I-Beams under Moment Gradient" , 《ASCE J. Struct. Div.》Vol. 101, No. ST5. PP991~1004, 1975.5.

[12] Z. Razzag and T.V. Galambos. "Biaxial Bending of Beams With or Without Torsion" , 《ASCE J. Struct.Div.》Vol.105, No. ST11. PP2145~2162, 1979.11.

[13] D.A. Nethercot and N.S. Trahair. "Inelastic Lateral Buckling of Determinate Beams" , 《ASCE J. Struct. Div.》Vol. 102, No. ST4. PP701~717, 1976.4.

[14] European Convention for Constructional Steelwork. 《Second International colloqui on Stability of Steel Structures》, Liege, Belgium, 1977.4.

[15] J.A. Yura,T.V. Galambos and M.K. Ravindra. "The Bending Resistance of Steel Beams" , 《ASCE J. Struct. Div.》Vol. 104, No. ST9. PP1355~1370.1978.9.

[16] J.R. Booker and S.S. Kitipornchai. "Torsion of Multilayered Rectangular Section" , 《ASCE J. Eug.Mech.》Vol. 97, No. EM10. P.1451, 1971.10.

[17] 浙江大学土木系、浙江省建筑设计院、杭州市设计院: 《简明建筑结构设计手册》, 中国建筑工业出版社, 1980年12月。

[18] A.W. Huber and L.S. Beedle. "Residual Stress and the Compressive Strength of Steel" , 《Weld. J.》 Vol. 33, Res. Sup. PP589~624, 1954.

[19] G.C. Lee,D.S. Fine and W.R. Hastreiter. "Inelastic Torsional Buckling of H-Column" , 《ASCE J. Struct. Div.》Vol.93, No. ST5. PP295~307, 1967.10

[20] G. Haaiger. "Plate Buckling in the Strain-Hardening Range" , 《ASCE J. Eng.Mech. Div.》Vol. 83, No. EM2. P1212, 1957.4.

[21] M.G. Lay. "Flange Local Buckling in Wide-Flange Shape" , 《ASCE J. Struct. Div.》Vol. 91, No. ST6. PP95~116, 1965.12.

钢梁屈曲试验的计算机模拟

钢梁屈曲试验的计算机模拟

张显杰　　夏志斌

（浙江大学）

一、引　言

在文献［1］中，作者对工字钢梁在纯弯曲下的弹塑性侧扭屈曲作了理论研究。本文主要对热轧工字钢梁进行试验研究，并提出计算机模拟屈曲试验的研究方法。

对非弹性侧扭屈曲，国外进行过较多的试验研究，但过去的大部分试验是缩小尺寸的模拟试验。由于缩小尺寸梁与实际梁的材料性质不同，特别是加工方法不同，使残余应力的分布和大小有很大差异，同时也造成不同程度的初始缺陷，因此用这些试验值去描述实际梁是不合适的。在实际尺寸梁的试验中，许多试验也得到了难以解释的结果。造成这些情况的原因主要是试验加荷装置造成的约束和支座的附加约束以及残余应力、几何缺陷等条件的变化，此外试验加荷速度也存在很大的影响。因此，虽然国外已进行了较多的钢梁非弹性破坏试验，但可以直接进行比较的试验是不多的。

美国Sawyer［2］进行了21条简支梁在集中荷载作用下的试验研究，它考虑残余应力、初始缺陷、剪应力、荷载偏心和截面形状等因素，进行了试验分析。英国Dibley［3］进行了30条热轧高强度Ⅰ字钢梁的纯弯曲试验研究，并测量了试验梁的残余应力。日本Y.Fukumoto［4］进行了36条焊接工字梁的试验。澳大利亚Kitipornchai和Trahair［5］进行了6条热轧工字钢梁在集中荷载下的试验研究，其中二条是经退火释放残余应力的，并测量了试验梁的残余应力。日本Y.Fukumoto［6］对一种热轧截面的梁进行了三种跨度的75条梁在集中荷载下的试验，也测量了残余应力，并用概率统计分析了试验。日本Y.Fukumoto曾对上述截面的梁进行过128条梁在纯弯曲和集中荷载下的试验。美国Razzaq和Galambos［7］进行了24条热轧工字钢梁双向弯曲试验研究。

一般说来，试验证实了理论估计的总趋势。但是，由于不易准确测定实际存在的残余应力，而且影响试验的因素较多，因此较难将每个试件逐一作理论和试验的比较。更何况有些试验结果与理论相比还较难解释。正如Galambos在第二届国际钢结构稳定会议［1］上提出的，今后必须做许多精确和昂贵的试验，来检验理论的可靠性。这不仅对试验的测试而且对试验分析也提出了更高的要求。

过去的试验分析，从某种程度上说，对于大多数数据只是作定性分析，一条梁的屈曲试验结果在曲线上只能反映一个点。如何更充分地利用试验全过程中得到的数据，这对更深入、更全面地了解试验梁的性能是一个重要的问题。

本文试图在这方面作一些初步探讨。为此进行了三根轧制钢梁的非弹性侧扭屈曲试验研究，结合国内外其它试验，通过计算机来模拟试验全过程，进行理论和试验分析。

二、试 验 研 究

为了研究热轧工字钢梁弹塑性侧扭屈曲的性能，这次特地进 行了三 根热 轧工字钢梁 L-5~L-7的弹塑性破坏的试验研究，并将国内以前进行的四根热轧工字 钢梁 L-1~L-4的 试验同时进行分析。

（一）试件

试件情况和试验梁受力简图见表1：

表 1

梁　号	截　面	侧向无支长度（厘米）	悬臂长度（厘米）	加荷简图	试 验 日 期
L-1	I18	400	50		1978*
L-2	I24a	520	50		
L-3	I24a	480	60		1972**
L-4	I24a	480	60		
L-5	I24b	310	50		
L-6	I24b	250	50		1980
L-7	I24b	150	50		

* 浙江大学土木系结构教研室试验。

** 钢结构规范组在天津大学结构试验室试验。

试件尺寸符合设计要求，但截面尺寸具有一定偏差。I24b试件由于锈蚀比较严重，因 此，先清除去严重锈蚀部分，然后进行几何尺寸的测量。

实测断面的几何尺寸和标称尺寸对照见表2。

表 2

型　号		h(毫米)	b(毫米)	w(毫米)	t(毫米)
I18	标称尺寸	180	94	6.5	10.7
	实测平均值	181	95	6.6	—
I24a	标称尺寸	240	116	8.0	13
	实测平均值	238	116	8.0	13.3
I24b	标称尺寸	240	118	10	13
	实测平均值	236	117	9.5	12.4

* 注：I18、I24a的实测平均值取1978年的实测平均值。

I24b的初弯曲不大，未经校正；其它试件经校正后采用。

（二）试验装置和仪表布置

这次的试验装置如图1所示，梁支承在钢支座架上，悬臂端 采用同 步千斤顶加荷，千斤顶支承于双向滚轴支座上，使梁端能自由位移。梁的上下翼缘两侧设滚动轴承支座作为侧何支点（图2）。

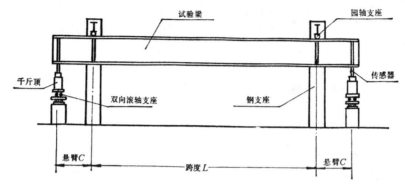

图 1　单向纯弯曲梁试验装置

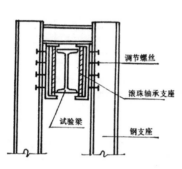

图 2　侧向滚动轴承支座

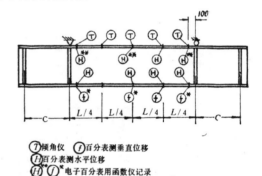

图 3　倾角仪和百分表布置图

量测仪表主要为Y6D-3动态应变仪，PF3型双积分多路直流数字电压表，PZ-22积分式数字电压表，百分表和倾角仪等。跨中垂直挠度和上翼缘水平位移通过电子百分表用LZ3-20函数记录仪自动绘图并且用LY4型数字打印机自动记录。所有电阻片的读数均由数字打印机自动记录。荷载通过传感器在电子秤读数并由数字打印机自动记录。

百分表和倾角仪布置如图3所示，电阻片布置如图4所示。

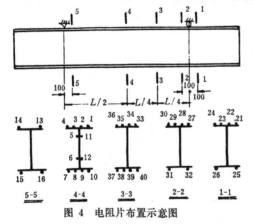

图 4　电阻片布置示意图

（三）试验步骤

采用分级加荷，最初三级每级增加4吨，以后每级增加1吨，在接近理论临界弯矩时每级增加0.5吨。

每次试验时，先用千斤顶顶起钢梁，消去自重影响后仪表调零。加二级荷载消除支承变形影响并调整仪表，重复试做二次后再进行正式试验。每次加荷或卸荷后，用打印机打印一次，然后观察数码管中数字变化，待读数稳定后再连续打印二遍，并读取需读仪表数。当钢梁接近失稳时，一般从函数记录仪和数码管中都能看到比较明显的迹象，特别是应变片的数码管的读数变化较大。此时数字打印机连续打印，记录变化。在试验全过程，$x-y$ 函数记录仪自动绘制荷载与跨中垂直挠度、上翼缘水平位移的关系曲线。

（四）反弯点的测量和影响长度确定

在钢梁纯弯曲试验时，由于采用悬臂端加荷，虽然在加荷处采用了双向滚轴支座和在侧向支点处采用了侧向滚动轴承支座，但两端悬臂跨对中间跨总是难免会产生一定约束作用。边跨约束一般使中间跨产生反弯点，降低了有效长度。N.S.Trahair和其它学者曾对此问题进行过研究，并提出了有效长度计算公式[9][10][11]。

在我们的试验中，当试验梁屈曲时，滚动支座的摩擦作用相当于一个弹性约束。图5a 和 5b 分别表示没有弹性约束和存在弹性约束的屈曲形状，可以看到，由于弹性约束作用使悬臂端产生了一个侧向约束位移⊿，这就使原来侧向自由的悬臂端翼缘左右二边产生了附加拉或压应力，它将会影响到中间跨。由于中间跨屈曲时侧向位移产生的附加应力正好与边跨相反，这样必定使中跨某一地方产生反弯点。从理论上看，在反弯点处侧向附加应力为零。

在这次试验中，我们尝试用实验的方法来测量反弯点的范围，主要利用电阻应变仪。图4所示的电阻应变片布置可以看到，在右半跨1-1到4-4的四个截面中，若某相邻二个截面的上翼缘边缘的应变片读数增量出现反号，则表示二个截面出现相反的附加应力。由此可以推测反弯点在这二个截面之间。

表3所列为80年所试验的三条热轧梁的实测应变数（微应变）。

由表3可以看出，三条试验梁各截面边缘呈现较一致的附加应力符号。图6表示表3中所列截面中各点分布及应变增量符号，易见反弯点应在2-2截面和3-3截面之间。在我系以后所进行的几条焊接工字钢梁纯弯曲试验中，我们在2-2截面和3-3截面之间离侧向支座 $L/8$ 处的6-6截面中布置了应变片（如图中 * 表示），测得反弯点基本上在2-2截面和6-6截面之间。由于2-2截面与6-6截面之间距离不大，因此近似地取它们的中点作为反弯点位置。据此我们得到反弯点的近似计算公式，若将侧向支座到反弯点的距离称为影响长度，并用符号a_e表示，那么

$$a_e=\frac{L/8-10}{2}+10厘米 \tag{1}$$

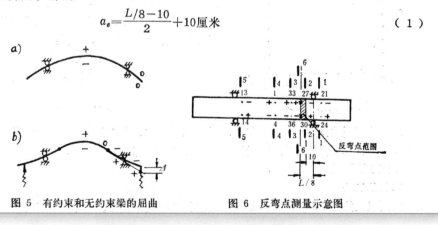

图 5　有约束和无约束梁的屈曲　　图 6　反弯点测量示意图

表 3

截面号	5-5		4-4		3-3		2-2		1-1	
电阻片位置	北	南	北	南	北	南	北	南	北	南
电阻片号	13	14	1	4	33	36	27	30	24	21
梁号L-5 失稳前级16.2吨	-968	-1133	-1084	-1316	-1014	-1171	-1022	-1063	-786	-869
失稳级18.2吨	-1258	-1198	-1060	-6199	-1208	-1582	-1334	-1105	-998	-941
二级差	-290	-65	+24	-4883	-194	-412	-311	-42	-212	-72
南北平均	-177.5		-2429.5		-303		-176.5		-142	
南北平均差	-112.5	+112.5	+2453.5	-2453.5	+109	-109	-134.5	+134.5	-70	+70
梁号L-6 失稳前级19.2吨	-1282	-1092	-1276	-1742	-1232	-1316	-1228	-1031	-769	-830
失稳级19.7吨	-1351	-1090	-1263	-2063	-1258	-1502	-1290	-1022	-832	-833
二级差	-69	+2	+13	-321	+163	-186	-62	+9	-63	-3
南北平均	-33.5		-154		-11.5		-26.5		-33	
南北平均差	-35.5	+35.5	+167	-167	+174.5	-174.5	-35.5	+35.5	-30	+30
梁号L-7 失稳前级21.2吨	-1051	-2619	-1742	-2014	-1440	-2510	-1310	-1455	-880	-1192
失稳级22.2吨	-8297	-54	-1794	-4354	-1515	-3790	-2965	-115	-1000	-1089
二级差	-1246	+2565	-52	-2340	-175	-1280	-1655	+1340	-120	+103
南北平均	659.5		-1196		-727.5		-157.5		-8.5	
南北平均差	-586.5	+586.5	+1144	-1144	+552.5	-552.5	-1497.5	+1497.5	-111.5	+111.5
各点应变增量号	-	+	+	-	+	-	-	+	-	+

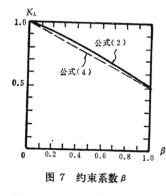

图 7 约束系数 β

Trahair曾建议有效长度系数计算公式[14]：

$$\frac{\beta}{1-\beta}=-\frac{\pi}{2K_L}\,\text{ctg}\,\frac{\pi}{2K_L} \qquad (2)$$

这里 K_L 称有效长度系数，β 称约束系数。

图7是公式（2）的曲线形式[12][14]。若将公式（2）用直线式近似，即得：

$$K_L=1-\beta/2 \qquad (3)$$

根据有效长度的定义 $K_L \cdot L=L-2a_e$ 可得：

$$a_e=\frac{\beta}{4}\cdot L \qquad (4)$$

影响约束系数 β 的因素比较复杂，较难精确测定。表4所列为根据影响长度近似计算公式（1）计算所得的 a_e 值，然后根据公式（4）反算出来的 β 值。

（五）试验结果

1.材性试验

对所试验的钢梁，分别进行了试件拉伸试验。其中72年、78年所进行的试验梁，**试件**

表 4

梁　号	截　面	侧支长度 （厘米）	影响长度 a_e （厘米）	约束系数 β	有效长度 L_e （厘米）	γ_y （厘米）	$\lambda_y = L_y/\gamma_y$
L-1	I18	400	30	0.3	340	2.00	170
L-2	I24a	520	37.5	0.289	445	2.42	183.9
L-3	I24a	480	35	0.292	410	2.42	169.4
L-4	I24a	480	35	0.292	410	2.42	169.4
L-5	I24b	310	24.4	0.315	261.2	2.36	110.7
L-6	I24b	250	20.6	0.33	208.8	2.36	88.5
L-7	I24b	150	14.4	0.384	121.2	2.36	51.4

取自腹板；80年所进行的试验梁，上、下翼缘及腹板都取了试件。试件沿梁纵向割取，经刨边消除切割的热影响。板宽为3厘米，腹板的板面未经加工，翼缘的斜面部分经刨床刨平。试验在50吨万能试验机上进行，用电阻应变仪测应变，应变数和荷载读数由数字打印机和函数记录仪同时自动记录并绘图。

图8所示为函数仪自动绘制的材性试验曲线。

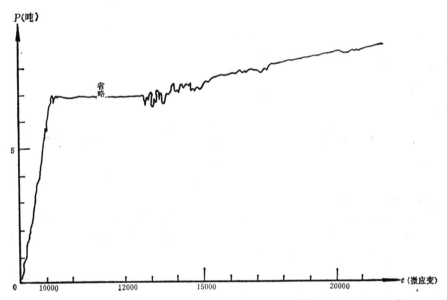

图 8　函数记录仪自动绘制的材性试验曲线

80年的材性试验结果的平均值列于表5。

表 5

试件名称	屈服点 σ_s （公斤/厘米²）	抗拉强度 σ_b （公斤/厘米²）	弹性模量 E （公斤/厘米²）	屈服平台宽/ε_s	E_{st}/E
上翼缘	2740	4415	2.016×10^6	8.51	1/36.4
腹板	2864	4696	2.013×10^6	8.07	1/30.4
下翼缘	2599	4250	2.018×10^6	—	—

2.位移曲线

图9表示三根试验梁跨度中点垂直挠度、上翼缘水平位移和截面转角曲线。纵坐标 M_x 是施加的端弯矩。L-7由于跨度较小,支座和外荷载对跨中垂直挠度影响较大,因此出现弹性阶段线性差等反常现象。其它曲线与理论值比较一致。

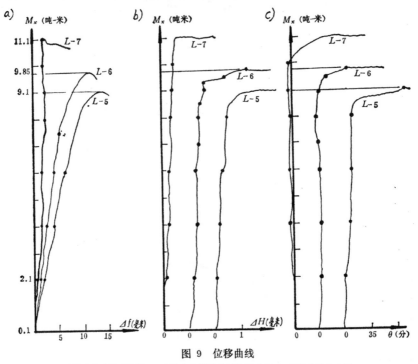

图 9 位移曲线

a)跨中垂直挠度曲线; b)跨中上翼缘水平位移曲线; c)跨中转角曲线

3.失稳的临界弯矩

三根试验梁的失稳均发生在加荷完毕5～10分钟后的静止阶段。失稳开始时,从 $x-y$ 函数仪中可以看到明显的迹象:水平位移大幅度增加,千斤顶无法稳住自动卸荷。因此,将这一级荷大确定为失稳破坏荷载。

今将七根试验梁的试验和计算结果汇总列于表6。表中 M_p 值由电算算得, M_x 是千斤顶读数算得, $\bar{\lambda}$ 值根据简化公式(附-1)算得。单位采用厘米、公斤制。

表 6

梁　号	截　　面	σ_s (公斤/厘米²)	$E(\times 10^6)$ (公斤/厘米²)	$M_P(\times 10^6)$ (公斤/厘米)	$M_x(\times 10^6)$ (公斤-厘米)	M_x/M_P	λ_y	$\bar{\lambda}$
L-1	I18	3150	2.04	0.665	0.440	0.6617	170	1.191
L-2	I24a	3100	2.07	1.345	0.840	0.6245	183.9	1.282
L-3	I24a	3500	2.1	1.519	0.842	0.5543	169.4	1.289
L-4	I24a	3500	2.1	1.519	0.896	0.5900	169.4	1.289
L-5	I24b	2740	2.016	1.179	0.910	0.7718	110.7	0.892
L-6	I24b	2740	2.016	1.179	0.985	0.8355	88.5	0.764
L-7	I24b	2740	2.016	1.179	1.110	0.9415	51.4	0.499

三、试验的计算机模拟

（一）概述

电子计算机模拟屈曲试验是本文研究工作中的一个重要方面。正如前面指出，如何更充分地利用试验全过程中得到的数据，这对深入、全面地了解试验梁的性态是一个重要的问题。如何对试验进行必要的理论准备，对临界点等提出比较准确的予告，这是提高试验水平的一个关键。用计算机模拟试验为这方面提供了一定的帮助。例如，在我们这次的三条试验梁中，根据第一条梁的实测模拟分析以后，就能对第二、三条试验梁提出比较准确的予告。因此，通过计算机模拟屈曲试验全过程可以摸索规律性。计算机模拟结合少量的试验，可以减少进行试验的数量。

残余应力问题的研究国内大都开始不久，国外大部分来自柱截面。在本文研究中，一方面限于条件没有残余应力的实测资料，另一方面本文的重点也不是研究实际存在的残余应力，而是研究残余应力对侧扭屈曲的影响，因此在计算机模拟方面作了一些探索性的研究。实际存在的残余应力往往不易测准，测出来的也不是很规律的，尚需进行各种简化。通过各种简化的残余应力理论模型与残余应力的实际情况之间究竟存在多大差异，也想通过计算机模拟作一些研究，以后有条件可以配合实测残余应力资料进行对比分析。

为了便于对不同跨度、不同材性、不同截面等条件的屈曲试验进行统一的计算机模拟和分析比较，在文献[11]中，作者提出了几组适合于计算机模拟分析的归一化曲线。下面就在这几组曲线下进行模拟分析。

（二）M～ε模拟

表7所列为80年所进行的三条试验梁跨中截面和1/4跨截面下翼缘的平均拉应变值。由表可见三条梁试验值基本上是一致的，今取三条梁的平均值作为试验值。图10、图11分别表示热残余应力为二次抛物线模型和三角形模型的理论曲线和试验曲线的比较。由于试验刚开始时梁是处于弹性阶段，假如在理想情况下，试验值应与理论弹性曲线相吻合。但是，实际试验总是存在一定误差的，为了便于模拟比较，采用修正系数予以修正，使试验开始阶段的试验值基本上与理论弹性曲线相吻合。

弯矩—应变表（应变单位：微应变） **表 7**

荷 载 （吨-米）	M/M_Y	$L-5\varepsilon^+_{平均}$	$L-6\varepsilon^+_{平均}$	$L-7\varepsilon^+_{平均}$	三条梁$\varepsilon^+_{平均}$	$E\cdot\varepsilon^+/\sigma_S$	修正系数	修正后 $E\cdot\varepsilon^+/\varepsilon_S$
2	0.1956	249	244	237	243	0.1788	1.035	0.1850
4	0.3912	505	492	486	494	0.3635	1.035	0.3762
6	0.587	793	768	764	775	0.5702	1.035	0.59
8	0.7825	1190	1111	1086	1129	0.8305	1.035	0.86
8.5	0.8314		1227	1175	1201	0.8834	1.035	0.9143
9	0.88		1376	1381	1378	1.0142	1.035	1.0497
9.5	0.929		1461	1604	1532	1.1274	1.035	1.1668
11	1.027			2870	2870	2.1117	1.035	2.1856

由图10可见：1）试验曲线在M/M_y=0.59以后开始出现非线性，这表示截面已开始部分屈服。根据$|R_{FW}|=1-M/M_y$，可以推算得截面的最大残余拉应力水平$|R_{FW}|$大约为

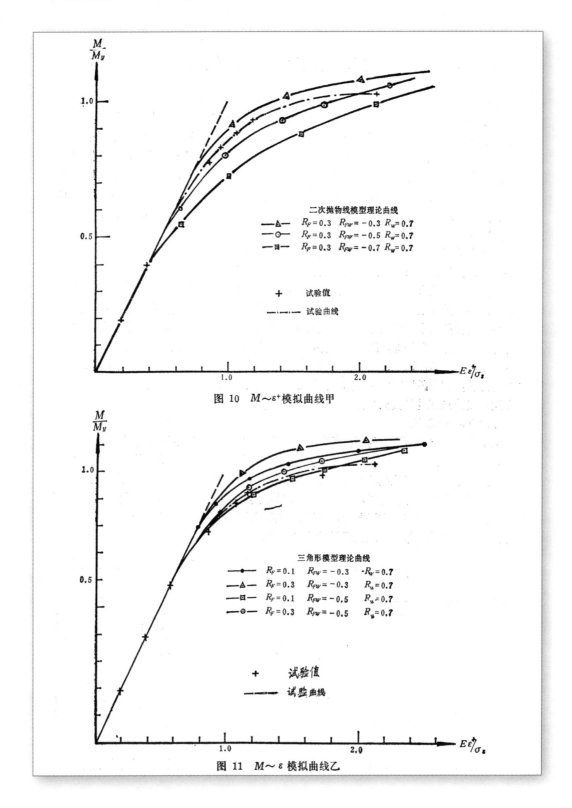

图 10 $M \sim \varepsilon^+$ 模拟曲线甲

图 11 $M \sim \varepsilon$ 模拟曲线乙

0.41左右。

　　2）试验曲线处于残余应力水平分别为$R_F=0.3$，$R_{FW}=-0.3$与$R_F=0.3$，$R_{FW}=-0.5$二条理论曲线之间，而且曲线走向基本一致。由此我们推测R_{FW}在-0.3与-0.5之间，这一推测与1）中所得$|R_{FW}|=0.41$基本一致。

　　由图11可见，试验曲线处于残余应力水平为$R_F=0.1$、$R_{FW}=-0.5$与$R_F=0.3$、$R_{FW}=-0.5$二条理论之间，且曲线走向基本一致。由此我们推测RF在0.1与0.3之间。

（三）$M\sim\Delta_f$模拟

　　表8所列为80年所进行的二条试验梁跨中垂直挠度数。由于支座垂直挠度百分表装在离支座10厘米处，所以计算跨度分别取$L_5=290$厘米，$L_6=230$厘米。由表8可见，经过归一化以后，二条梁的试验值是相当一致的。今取二条梁的平均值为试验值，与$M\sim\varepsilon$模

弯矩—挠度表（挠度单位：毫米）　　　　　　　　　　　　　表 8

荷 载 （吨-米）	M/M_y	$L\text{-}5\Delta_f$	$L\text{-}6\Delta_f$	L-5 $\Delta_f/L_5^2\cdot\dfrac{8EI_x}{M_Y}$	L-6 $\Delta_f/L_6^2\cdot\dfrac{8EI_x}{M_Y}$	平均$\dfrac{\Delta_f}{L^2}\cdot\dfrac{8EI_x}{M_Y}$	修正系数	修 正 后 $\dfrac{\Delta_f}{L^2}\cdot\dfrac{8EI_x}{M_Y}$
2	0.1956	0.214	0.135	0.1767	0.1773	0.177	1.0652	0.1885
4	0.3912	0.436	0.275	0.36	0.3611	0.3606	1.0652	0.3841
6	0.587	0.657	0.426	0.5426	0.5593	0.551	1.0652	0.5870
7	0.6847		0.507		0.6657	0.6657	1.0652	0.7090
8	0.7825	0.937	0.595	0.7738	0.7773	0.7756	1.0652	0.8260
9	0.8803		0.787		1.033	1.033	1.0652	1.1
9.25	0.905		0.833		1.094	1.094	1.0652	1.165
9.5	0.9292		0.951		1.2486	1.2486	1.0652	1.330

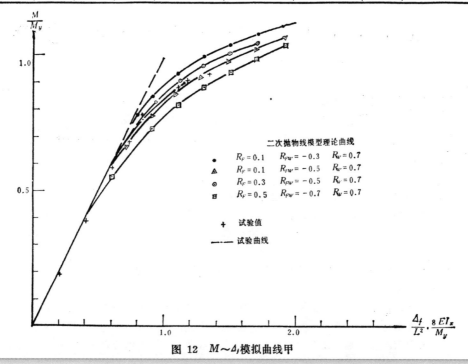

二次抛物线模型理论曲线

* 　　$R_F=0.1$　　$R_{FW}=-0.3$　　$R_W=0.7$
△ 　　$R_F=0.1$　　$R_{FW}=-0.5$　　$R_W=0.7$
⊕ 　　$R_F=0.3$　　$R_{FW}=-0.5$　　$R_W=0.7$
⊞ 　　$R_F=0.5$　　$R_{FW}=-0.7$　　$R_W=0.7$

+ 　　试验值

－－－－　试验曲线

图 12　$M\sim\Delta_f$模拟曲线甲

拟相似， 用修正系数予以修正。 图12、图13分别表示二次抛物线模型和三角形模型的理论曲线与试验曲线的比较。由图可见，试验曲线也是在 $M/M_y=0.59$ 以后开始出现非线性，这一点与 $M\sim\varepsilon^+$ 曲线的模拟结果非常一致，进一步证实了最大拉残余应力水平 $R_{FW}=-0.41$ 的推测。

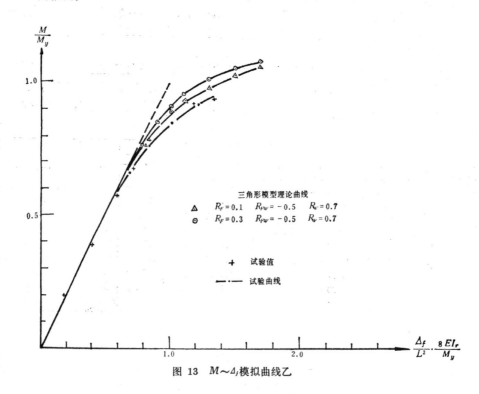

图 13　$M\sim\Delta_f$ 模拟曲线乙

由图12可见，试验曲线处于 $R_F=0.1$、$R_{FW}=-0.5$ 与 $R_F=0.3$、$R_{FW}=-0.5$ 二条理论曲线之间，而且走向基本一致。这一点与 R_F 在0.1到0.3之间的推测也是一致的。

由图13可见，试验曲线比理论曲线低。可以推测，从弯矩与位移的模拟看，二次抛物线模型可能更接近残余应力的实际作用。

（四）$M_{cr}\sim\bar{\lambda}$ 模拟

图14、图15分别表示残余应力模型为二次抛物线和三角形二种情况的 $M_{cr}/M_p\sim\bar{\lambda}$ 模拟曲线，这里屈服区不计硬化应力。

图16、图17分别表示上述二种残余应力模型，但屈服区考虑硬化应力的 $M_{cr}/M_p\sim\bar{\lambda}$ 模拟曲线。

比较上述四幅图可见，试验值与采用二次抛物线模型的理论曲线趋势较一致。可以推断，试验梁以采用二次抛物理模型更接近实际情况。

综上所述，可见采用计算机模拟是有效的，它可以从不同角度模拟试验，所得的几条曲线能代表弹塑性阶段屈曲的一些特性，关键是采用较正确的残余应力模型和水平。这就提供了两个用途，当已知残余应力模型和水平后，可借助计算机模拟定出所求曲线，为节

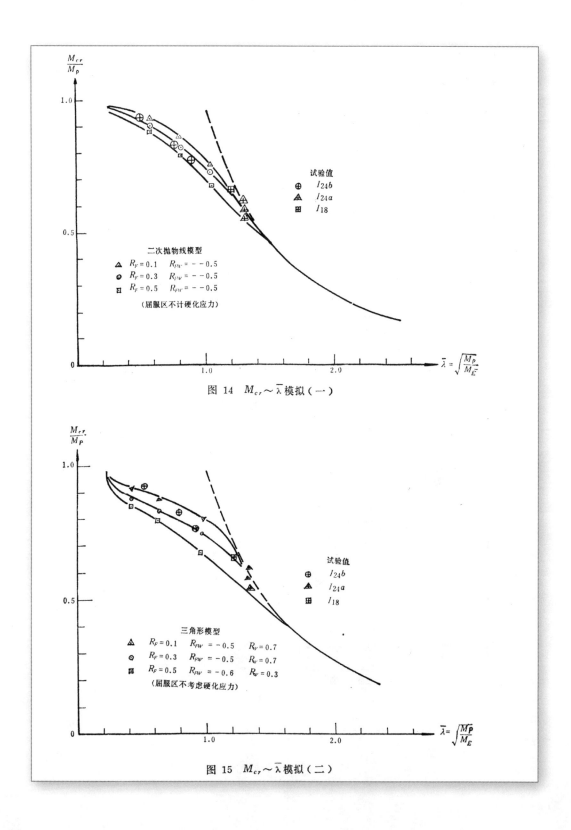

图 14　$M_{cr} \sim \bar{\lambda}$ 模拟（一）

图 15　$M_{cr} \sim \bar{\lambda}$ 模拟（二）

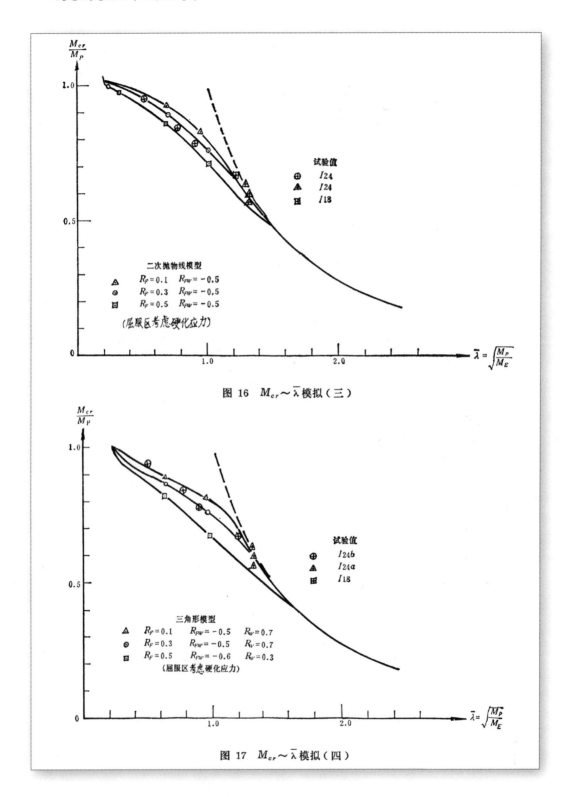

图 16 $M_{cr} \sim \overline{\lambda}$ 模拟（三）

图 17 $M_{cr} \sim \overline{\lambda}$ 模拟（四）

省试验工作量提供了途径，此为其一。相反，我们还可以通过某些典型的钢梁侧扭屈曲试验模拟来验证所定的残余应力模型是否符合实际情况并估定残余应力水平，此其二。假如我们将上述两个用途结合起来，采用计算机模拟结合少量试验，这将为研究钢梁弹塑性侧扭屈曲提供一种行之有效的方法。

（五）等效残余应力

在归一化的 $M_{cr}/M_P \sim \sqrt{\dfrac{M_P}{M_E}}$ 坐标中，决定曲线形态的主要因素是残余应力水平，特别是翼缘尖端的残余压应力水平。由于残余应力的形成受许多因素影响，各试件的残余应力大小和分布各不相同，且试件中实际存在的残余应力往往不易准确测定，而经过简化的理想模型与实际残余应力之间也是存在一定差异的。因此，不易逐一地将每一试验精确地作理论和试验的比较。然而，通过计算机模拟至少能够定出残余应力水平的范围。由此确定的残余应力水平同测定的实际残余应力会有一些差异，但它可能更接近残余应力的实际影响。

由图14可见，当残余应力水平相差0.2时，二条曲线间M_{cr}/M_P的相对值最大仅相差 5％左右，这些差异同实际存在的其它影响因素比较并不算太大。因此，实际中我们并不一定要苛求于十分精确的残余应力模型和水平。事实上，若取某一残余应力值进行等效，譬如，对于上面研究的试验梁，若取$R_F=0.3$、$R_{FW}=-0.5$、$R_w=0.7$，采用二次抛物线模型，已能基本反映试验梁的情况。

四、几点建议

通过文献[1]的理论研究和本文的试验模拟，试提出下列几点建议，作为初步结果。

（一）残余应力估算公式

Young提出的热轧工字形截面残余应力近似公式为：

$$\begin{cases} \sigma_F = 1684\left[1 - \dfrac{h_w \cdot w}{2.4bt}\right] & (5) \\[2ex] \sigma_{FW} = 1020\left[0.7 + \dfrac{h_w \cdot w}{2bt}\right] & (6) \\[2ex] \sigma_w = 1020\left[1.5 + \dfrac{h_w \cdot w}{2.4bt}\right] & (7) \end{cases}$$

根据这个公式对试验梁$I24b$按实测尺寸进行计算，并取实测屈服应力$\sigma_s=2740$公斤/厘米²计算残余应力水平，其计算结果为：

$$\begin{cases} \sigma_F = 657公斤/厘米^2 \\ \sigma_{FW} = 1461公斤/厘米^2 \end{cases} \qquad \begin{cases} R_F = 0.24 \\ R_{FW} = 0.53 \end{cases}$$

这一计算值与上述计算机模拟推算值相差不大。因此，下面即采用Young的近似公式作为国产热轧工字钢残余应力的估算公式。

今对10种截面取不同的屈服点，按上述估算公式分别作了计算，计算结果列于表9。

由表9可见，常用热轧工字截面的残余应力水平一般都在$R_F=0.1\sim0.5$、$R_{FW}=0.3\sim0.7$之间。

由文献[1]中残余应力对屈曲影响的讨论，我们可以分别取$R_F=0.1$、$R_{FW}=-0.5$和

表 9

截面型号	σ_F	σ_{FW}	$\sigma_S=2400$		$\sigma_S=2800$		$\sigma_S=3200$	
			R_F	R_{FW}	R_F	R_{FW}	R_F	R_{FW}
10	1166	−1091	0.486	−0.455	0.416	−0.390	0.364	−0.341
18	965	−1237	0.402	−0.515	0.345	−0.442	0.302	−0.387
24_a	887	−1293	0.370	−0.539	0.317	−0.462	0.277	−0.404
24_b	705	−1426	0.294	−0.594	0.252	−0.509	0.220	−0.446
45_a	447	−1613	0.186	−0.672	0.160	−0.583	0.140	−0.504
45_b	251	−1756	0.105	−0.732	0.090	−0.627	0.078	−0.549
45_c	60	−1895	0.025	−0.79	0.021	−0.677	0.019	−0.592
63_a	304	−1717	0.127	−0.715	0.109	−0.613	0.095	−0.537
63_b	109	−1859	0.045	−0.816	0.039	−0.664	0.034	−0.581
63_c	−81	−2000	−0.034	−0.833	−0.029	−0.714	−0.025	−0.625

$R_F=0.5$、$R_{Fw}=-0.3$二种情况作为上、下限。可以推测常用热轧工字梁的理论曲线将落在图18所示,由$R_F=0.1$与$R_F=0.5$二条包络线所围的阴影部分。二条包络曲线间的最大竖矩约为相应M_{cr}/M_p的10%以下。因此,如果在这范围内定出的某曲线作为采用曲线,则最大差异也不会超过此值。下面提出的建议公式,其曲线亦绘于图18中。由图可见,建议曲线与包络线的竖矩在±5%以下。因此对于常用截面建议公式的误差不会超过5%。

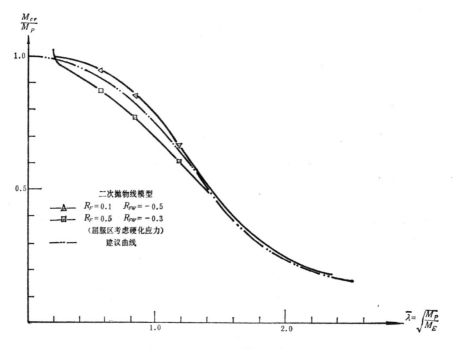

图 18 包络区和建议曲线

(二)建议公式

对热轧工字钢梁在纯弯曲情况下的侧扭屈曲,试提出下面建议公式:

$$\frac{M_{cr}}{M_p} = \begin{cases} 1/\bar{\lambda}^2 & \bar{\lambda} > 1.414 \\ 1 - 0.25\bar{\lambda}^2 & \bar{\lambda} \leqslant 1.414 \end{cases} \qquad (8)$$

式中 $\bar{\lambda} = \sqrt{\dfrac{M_p}{M_E}}$

$$M_E = \frac{\pi}{L} \cdot \sqrt{EI_y \cdot GJ\left(1 + \frac{\pi^2 EI_\omega}{GJL^2}\right)}$$

（三）与各国设计规范曲线相比较

将建议曲线与美国AISC—1978规范、日本—1970规范、我国TJ17—74规范、ECCS与ISO规范曲线相比较，其中取 $M_p/M_y = 1.113$，不计安全系数。比较曲线如图19所示。由图可见：

（1）各规范曲线与建议曲线在弹性阶段基本一致。

（2）当 $\bar{\lambda} = 0.75 \sim 1.3$ 之间，TJ17—74曲线比建议曲线偏高。

（3）当 $\bar{\lambda} < 1.0$ 时ECCS曲线比建议曲线偏高。

（4）建议曲线与美国规范曲线较一致。

（5）当 $\bar{\lambda} < 0.6$ 时，美、日、中规范曲线取值较低，这是因为他们都是以边缘纤维屈服为设计准则的。考虑到允许截面出现塑性和材料的硬化，这一取值是可以提高的。

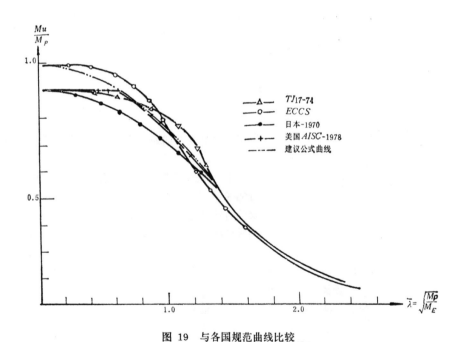

图 19　与各国规范曲线比较

（四）与国外试验值相比较

图20所示为建议公式曲线与Dibley试验[3][11]和Fukumoto试验[4]相比较，所取试验均是热轧工字钢梁在纯弯曲情况下的侧扭屈曲试验。可以看出，建议曲线与试验值的趋势基本上是一致的，但建议曲线比大部分试验值偏低一些，特别是在 $\bar{\lambda}$ 较小的情况。

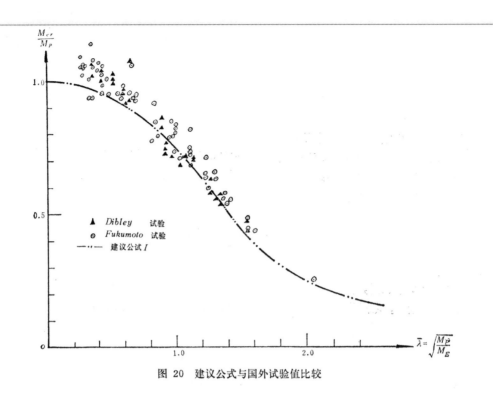

图 20　建议公式与国外试验值比较

五、结　束　语

根据以上讨论，提出以下几点看法：

1.计算机模拟结合少量试验是研究钢梁弹塑性侧扭屈曲的一个行之有效的方法。本文所述仅仅是初步尝试，它是一个值得研究的问题。

2.研究表明，文献[1]中提出的热轧工字梁残余应力模型和计算公式是适用的，采用等效残余应力处理问题可能是个简单可行的途径。

3.在纯弯曲屈曲试验中，可以用试验的方法测定反弯点范围。用本文所述方法测定，得到了比较一致的结果。但是，如何更精确地测定反弯点并确定有效长度，有待进一步研究。

4.求临界弯矩的建议公式适用于热轧工字钢梁在纯弯曲下的侧扭屈曲，由于截面型号不同所造成的误差，一般都在5%以下。

5.本文所述的研究方法对焊接工字钢梁同样适用。

附录　简　化　公　式

折算长细比可简化成如下形式：

$$\bar{\lambda}=\sqrt{\frac{M_p}{M_E}}=\sqrt{\frac{\sigma_s}{E}\cdot\sqrt[4]{\frac{k_{12}\cdot\lambda_y}{k_2+D_T\lambda_y^2}}} \qquad （附-1）$$

其中　$D_T=\dfrac{J}{A\cdot h^2}$，$\lambda_y=L/\gamma_y$，

　　对30号以上 $k_{12}=0.424$，$k_2=5.912$

　　30号以下 $k_{12}=0.445$，$k_2=5.669$

注：公式（附-1）的推导见第一作者的研究生论文《热轧工字钢梁的弹塑性侧扭屈曲》。

参 考 文 献

［1］张显杰、夏志斌："钢梁侧扭屈曲的归一化研究"，本论文集。

［2］H.A.Sawyer："Post-Elastic Behavior of Wide-Flange Steel Beams"，《ASCE J.Struct. Div.》Vol.87, No.ST8.PP43~71, 1961.12.

［3］J.E.Dibley："Lateral Torsional Buckling of I-Sections in Grade 55 Steel"，《Proc.Inst.Civil Eng.》Vol.43, PP599~627, 1969.8.

［4］Y.Fukumoto, Y.Itoh and M.Kubo："Strength Variation of Laterally Unsupported Beams"，《ASCE J.Struct.Div.》Vol.106, No.ST1.PP165~181, 1980.1.

［5］S.Kitipornchai, and N.S.Trahair："Inelastic Buckling of Simple Supported Steel I-Beams"，《ASCE J.Struct.Div.》Vol.101, No.ST7、PP1333~1347, 1975.7.

［6］Y.Fukumoto, M.Fujiwara and Nobuo.watanabe，福本唠士・藤原 稔、渡辺信夫："溶接Ｉ形部材の横倒れ座に関する實験的研究"，《日本土木学会論文報告集》第188号，1971年5月。

［7］Z.Razzaq and T.V.Galambos："Biaxial Bending Tests With or Without Torsion"，《ASCE J.Struct.Div.》Vol.105, No.ST11.PP2163~2184, 1979.11.

［8］T.V.Galambos："Laterally Unsupported Beams"，《European Convention for Constructional Steelwork》,Introductory Report, Second International Colloquim on Stability of Steel Structures, Liege, Belgium, PP365~373, 1977.4.

［9］Wai-Fah Chen："Theory of Beam-Columns" Vol.2, MeGraw-Hill, 1977.

［10］D.A.Nethercot and N.S.Trahair："Inelastic Lateral Buckling of Determinate Beams"，《ASCE J.Struct.Div.》Vol.102, No.ST4.PP701~717, 1976.4.

［11］N.S.Trahair："Discussion of Lateral Torsional Buckling of I-Section in Grade 55 Steel by J.E.Dibley"，《Proc.Inst.Civ.Eng.》Vol.46, PP97~101, 1970.5.

验算钢梁整体稳定的简化方法

验算钢梁整体稳定的简化方法

卢献荣　夏志斌

（浙江大学）

一、前　言

我国现行《钢结构设计规范》（TJ17—74）[1]中关于钢梁整体稳定的验算方法在某些情况下计算精度不够，所选典型截面种类尚有待补充，整体稳定系数 φ_w 的计算公式仍属较繁。为进一步完善设计规范中关于钢梁整体稳定验算的有关条文，有必要对此问题作进一步的研究。本文试图提供一套既保证一定精度、又便于设计人员计算和应用的公式。

在最大刚度平面内承受横向荷载和弯矩作用的钢梁，当无足够的侧向支承时，荷载到达一定数量后，可能产生侧向变形和扭转而丧失其承载能力，这种现象称作钢梁的侧扭屈曲或整体失稳，如图 1 示。

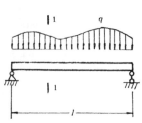

图 1　钢梁的侧扭屈曲　　1-1

根据屈曲时梁内应力的大小，可把钢梁的屈曲分为三类。细长的梁，发生侧扭屈曲时，梁尚处于弹性工作阶段，称之为弹性侧扭屈曲。中等长度的梁，发生侧扭屈曲时，梁处于非弹性工作阶段，称为非弹性侧扭屈曲。跨度很短的梁，可以在全截面上发展塑性，产生塑性铰和弯矩重分配，其承载能力将由强度和竖向变形控制而不是由侧扭屈曲控制。

钢梁弹性屈曲的临界应力，已有精确的弹性稳定理论解[2][3]，当为单轴对称工字形截面时钢梁的临界应力为：

$$\sigma_{cr}=\frac{C_1\pi^2EI_y}{W_x(kl)^2}\left[(C_2\alpha+C_3\beta_y)+\sqrt{(C_2\alpha+C_3\beta_y)^2+\frac{I_\omega}{I_y}\left(1+\frac{GJ(kl)^2}{\pi^2EI_\omega}\right)}\right]\qquad(1)$$

式中　C_1、C_2、C_3、K——常数，与梁的外荷载类型及支承条件有关；

　　　σ_{cr}——钢梁的侧扭屈曲临界应力；

　　　E——钢材的弹性模量；

　　　G——钢材的剪切模量；

　　　l——钢梁的侧向无支长度；

　　　I_y——梁截面绕弱轴的惯性矩；

W_x——梁截面抵抗矩；

$$\beta_y = y_0 + \frac{1}{2I_x} \int_A (y^3 + xy^2) dA \qquad （2）$$

y_0——截面剪切中心至形心的距离，当剪切中心处于受压翼缘和形心之间时取正号，反之取负号；

I_ω——截面的扇性惯性矩；

a——荷载作用点至剪切中心的距离，当荷载作用点位于剪切中心之下时取正号，反之取负号。

公式（1）已为许多试验研究所证实[2][4][5]，各国规范几乎全部采用它作为验算公式的理论根据。

对能承受全截面塑性弯矩的短梁，其塑性弯矩可用结构力学中的公式计算。

中等长度的梁情况最为复杂，当其丧失稳定时，部分纤维已屈服，属弹塑性侧扭屈曲或非弹性侧扭屈曲。此时，材料的应力-应变关系呈非线性，临界应力的计算较为复杂，此外还由于梁内必然存在的热残余应力影响，使截面部分纤维提前或延迟进入塑性，更增加了问题的复杂性。残余应力对钢梁非弹性屈曲的影响是目前国内外研究的重要方面。尽管已有一定的研究成果，但各国现行设计规范中则大多还未正式采用。多数国家的现行钢结构设计规范对这类梁的稳定验算目前还是采用近似方法。

即使是最简单的弹性失稳的钢梁，其临界应力理论公式（1）也已极其复杂。由公式（1）可见临界应力的大小取决于截面的形状和尺寸、荷载的种类及其作用点高度以及支承条件等。尽管目前有些国家的设计规范（如苏联等）都逐渐趋向于直接引用理论公式，但也有一些国家的规范仍采用基于理论公式的简化公式，使设计工作者便于使用。对如何简化理论公式（1），文献[2][3]曾加以总结，文献[6]对此也进行了研究，近至1980年美国土木工程师学会学报[7]还发表了这方面的文章，国内最近也对这方面进行了研究。作者比较了各国现行设计规范的有关规定。提出了建议的简化公式。

本文着重对纯弯曲加载的双轴对称工字截面、单轴对称工字截面和T型截面简支钢梁的弹性稳定理论解，进行了简化研究，导得一套较为简单而又具有相当精度的钢梁整体稳定系数φ_w计算公式；研究了承受其他类型荷载和不同荷载高度的梁的φ_w和纯弯曲加载梁的φ_w的关系，从而以纯弯曲时的φ_w为基础可求得其他典型荷载情况下的φ_w，对临界应力高于比例极限的非弹性屈曲梁，用国内外试验结果验证了我国现行规范中近似法的可行性。

对所有近似公式，通过电算计算了大量截面的结果，与精确理论解，我国现行设计规范及其他学者所提近似法结果进行了比较，说明本文方法的精度较高。

二、钢梁的整体稳定问题

钢梁整体稳定问题包含两个方面，一是整体稳定的理论和试验研究，另一是如何应用研究成果于具体钢梁的计算。关于前者，文献[5]第5章"侧向有支承和无支承的梁"及其附录二之四"无侧向支承的梁"中已有扼要的介绍，并列出了极有价值的参考文献。弹性屈曲的钢梁整体稳定理论基本已经解决，当前的主要问题是非弹性阶段的侧扭屈曲。从计算方法来讲，问题不大，例如有限单元法、有限差分法和有限积分法等都是比较好的方法，这些方法在文献[8]中已有较详尽的介绍。问题的关键是在这个范围内屈曲的梁，部分截面已进入塑性，而热残余应力的存在又使部分截面提前进入塑性而部分截面则又延迟出现塑性。理论研究指出，欲解决钢梁的非弹性侧扭屈曲就必须研究热残余应力影响的一系列问题。在这方面特别是Galambos[9]、Nethercot[10][11]、Kitipornchai和Trahair[12][13][14]、Fukumoto[15][16]等都作了大量工作。他们指出热残余应力的存在将对非弹性屈曲时临界弯矩的大小产生较大的影响，特别是受压翼缘端部的残余压应力水平大小影响最大。但是由于残余应力的分布及其大小与制造工艺密切相关，轧制截面与焊接截面固然不同，焊接截面中又与钢板的切割方式及焊接尺寸和采用的焊接规范等有关，而且残余应力又不易测准，当前对残余应力的知识又大部来自轧制柱截面。因此近年来对此虽作了大量研究，有的也提出了估算非弹性侧扭屈曲临界应力的公式[9][11][16]，而目前世界各国对这些初步成果引入设计规范中的还为数不多。这些研究成果应该说是有价值的，它向我们指出了考虑热残余应力影响的重要性，考虑热残余应力后所引起的各种影响，如截面形心轴和剪切中心的移动、屈服区分布的变化等，以及如何考虑残余应力影响的方法等。至于引入规范问题，恐还需作进一步的研究，因此本文主要讨论实用的简化方面。

最近，我们对九个国外钢结构设计规范中关于钢梁整体稳定验算的有关规定作了比较研究，从目前各国钢结构设计规范关于钢梁整体稳定验算中的一些共同点和基本趋势看，归结为：

1.钢梁弹性阶段整体稳定验算公式大都以理论侧扭屈曲临界应力公式，即前述公式（1）为依据；在非弹性阶段，多数国家的规范仍然利用柱子曲线来近似求出钢梁的临界应力。

2.各国规范都选用一定的典型截面形式、典型荷载情况和典型支承情况作为推导计算公式的根据。

3.实际钢梁中存在各种缺陷，如钢梁的初弯曲、初扭转、荷载的偏心作用和加工时必然存在的残余应力等，它们对钢梁的屈曲有一定的影响。尽管目前已开始对这些缺陷进行了广泛和深入的研究，且取得了一定的成果，但各国规范还是采用安全系数或其他系数来综合考虑其影响。

4.对钢梁的极限承载能力，目前多数国家的规范虽然还是以边缘纤维屈服为准则，但总的趋势将是考虑截面中塑性变形的发展，使设计更合理和获得经济效果。

5.弹性侧屈临界弯矩的理论公式中包含了各种截面特性，计算极为繁复，多数国家规范对此作了不同程度的简化，当然由此也必然带来一定的误差。从各国规范的演变看，随着研究的深入和计算工具的完善，将趋向于保证计算精度而不采用简化公式。这些共同点对我们还是有参考价值的。

考虑到我国的具体情况及历史原因，本文对上述前三点完全采用。对截面是否考虑塑性因牵涉面较广，因此还保留了原规范中以边缘纤维到达屈服作为承载能力的极限。关于弹性临界应力则仍采用简化公式，问题是设法提高简化公式的精度。

关于对弹性临界应力公式的简化，过去和目前许多学者都曾作了各种努力，方法甚多，有的已为各国规范所采用。

前已述及，弹性工作阶段工字形钢梁的临界应力已有弹性稳定理论解：

$$\sigma_{cr}=\frac{C_1\pi^2EI_y}{W_x(kl)^2}\Big[(C_2\alpha+C_3\beta_y)+\sqrt{(C_2\alpha+C_3\beta_y)^2+\frac{I_\omega}{I_y}\Big(1+\frac{GJ(kl)^2}{\pi^2EI_\omega}\Big)}\Big]\quad（1）$$

当简支钢梁受纯弯曲荷载时，公式（1）中的 $C_1=C_3=1$、$C_2=0$、$k=1$，于是可改写为：

$$\sigma_{cr}=\frac{\pi^2EI_y}{W_xl^2}\Big[\beta_y+\sqrt{\beta_y^2+\frac{I_\omega}{I_y}\Big(1+\frac{GJl^2}{\pi^2EI_\omega}\Big)}\Big]\quad（3）$$

式中 $\quad\beta_y=y_0+\frac{1}{2I_x}\int_A(y^3+xy^2)dA\quad（2）$

Hill[3]认为公式（2）中的第二项与第一项相比其值较小，建议略去第二项。于是公式（3）简化为：

$$\sigma_{cr}=\frac{\pi^2EI_y}{W_xl^2}\Big[y_0+\sqrt{y_0^2+\frac{I_\omega}{I_y}\Big(1+\frac{GJl^2}{\pi^2EI_\omega}\Big)}\Big]\quad（4）$$

Hill 的简化方法，对于受压翼缘大于受拉翼缘的工字形截面，由于公式（2）中两项皆为正值，现去掉第二项，β_y 值减小，因而得到一较小的 σ_{cr} 值。反之，对受拉翼缘大于受压翼缘的工字形截面，由于公式（2）中两项均为负值，去掉第二项后 β_y 值增大，故公式（4）的计算结果比公式（3）大。

Winter[3]也对公式（3）作了简化，他用 $I_\omega\approx\frac{I_1I_2}{I_y}D^2$ 和 $\beta_y\approx\frac{D}{2I_y}(I_1-I_2)$ 代入公式（3），整理后得：

$$\sigma_{cr}=\frac{\pi^2ED}{2W_xl^2}\Big[I_1-I_2+I_y\sqrt{1+\frac{4GJl^2}{\pi^2ED^2I_y}}\Big]\quad（5）$$

式中 $\quad I_1$、I_2——分别为受压翼缘和受拉翼缘对截面弱轴的惯性矩；

$\qquad D$——工字形截面的总高度。

Winter 取 $\beta_y\approx\frac{D}{2I_y}(I_1-I_2)$ 是从下述近似得到的，即取 $\beta_y\approx y_0=\frac{I_1h_2-I_2h_2}{I_y}$ 和 $h_1\approx h_2=\frac{D}{2}$。

这一简化对受压翼缘大于受拉翼缘的工字截面，由于截面形心至受压翼缘形心的距离 h_1 取值的增大和截面形心至受拉翼缘形心的距离 h_2 取值的减小，使 β_y 的取值偏大，因而公式（5）的计算结果将比公式（3）大。反之，对受拉翼缘大于受压翼缘的工字截面，公式（5）的计算结果将比公式（3）小。为了形象的看出上述两个近似公式的结果，特引用文献[2]中的图 7 作为说明，示于图 2。

图 2 表示当上翼缘和下翼缘沿厚度和宽度变化时分别由公式（3）、（4）和（5）计算出的梁的 $\sigma_{cr}\sim\frac{A_1}{A_1+A_2}$ 曲线 1、2、3。A_1 是受压翼缘的面积，A_2 是受拉翼缘的面积。从图中可见，曲线 1 位于曲线 2 和曲线 3 的中间。鉴于此，文献[3]认为更好的近似解是取公式（4）和（5）的平均值。

于是得：

$$\sigma_{cr}=\frac{1}{2}\Big\{\frac{\pi^2EI_y}{W_xl^2}\Big[y_0+\sqrt{y_0^2+\frac{I_\omega}{I_y}\Big(1+\frac{GJl^2}{\pi^2EI_\omega}\Big)}\Big]+\frac{\pi^2ED}{2W_xl^2}\Big[I_1-I_2$$

$$+I_y\sqrt{1+\frac{4GJl^2}{\pi^2ED^2I_y}}\Big]\Big\}\quad（6）$$

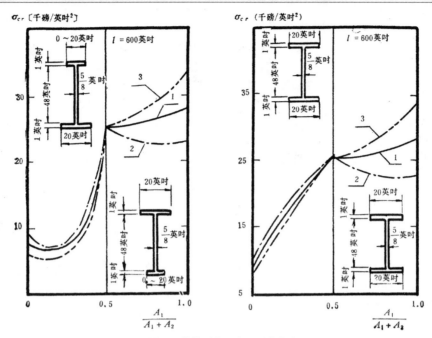

图 2　单轴对称工字梁屈曲曲线

取
$$\frac{I_\omega}{I_y D^2} \approx \frac{1}{4};$$

和
$$\frac{1}{2}\sqrt{1+\frac{4GJl^2}{\pi^2 ED^2 I_y}} + \frac{1}{2}\sqrt{1+4\left(\frac{y_0}{D}\right)^2+\frac{4GJl^2}{\pi^2 ED^2 I_y}}$$
$$\approx \sqrt{1+2\left(\frac{y_0}{D}\right)^2+\frac{4GJl^2}{\pi^2 ED^2 I_y}}$$

代入公式（6）整理后得：
$$\sigma_{cr}=\frac{\pi^2 EI_y D}{2W_x l^2}\left[\frac{y_0}{D}+\frac{I_1-I_2}{2I_y}+\sqrt{1+2\left(\frac{y_0}{D}\right)^2+\frac{4GJl^2}{\pi^2 ED^2 I_y}}\right] \qquad （7）$$

这就是文献［3］中第六章的公式（6-24）

　　上面是单轴对称工字截面简支梁在纯弯曲时求临界应力的三个简化公式。当用于双轴对称工字截面时公式还可简化。由于此时 $I_1=I_2$、$y_0=0$，故公式（7）可写成：
$$\sigma_{cr}=\frac{\pi^2 EI_y D}{2W_x l^2}\sqrt{1+\frac{4GJl^2}{\pi^2 EI_y D}} \qquad （8）$$

一般说来简化公式（7）、（8）的精度相当高，是其优点，但仍嫌失之过繁，不便于应用。

　　1971年Nethercot和Rockey[6]提出了一个临界弯矩的简单公式：
$$M_{cr}=\alpha(EI_y GJ)\cdot\gamma \qquad （9）$$

式中　α——与荷载和端部约束条件有关的系数；

$$\gamma=\frac{\pi}{l}\left[1+\frac{\pi^2}{R^2}\right];$$

$$R^2 = \frac{l^2 GJ}{EI_\omega}.$$

对不同支承和荷载情况，文中提出了41个计算 α 值的表格。他们介绍的方法仅适用于各种荷载作用的双轴对称工字形截面梁和纯弯曲荷载下单轴对称工字截面梁及悬臂梁。计算公式（9）形式似乎简单，实际使用时由于表格多，仍较繁琐。

1980年澳大利亚的Kitipornchai和Trahair[7]对纯弯曲荷载下的单轴对称工字截面梁的临界应力公式作了简化研究。他们从扭转常数 J 和 β_y 的简化着手，近似取：

$$J = 0.3085 A t_1^2 \left(\frac{h}{D}\right)^2 \tag{10}$$

$$\beta_y = 0.9 \times (2m-1)\left[1 - \left(\frac{I_y}{I_x}\right)^2\right] \tag{11}$$

导得：

$$\sigma_{cr} = \frac{K_4}{(l/r_y)^2}\left[K_2 + \sqrt{K_3 + \frac{1}{20}\left(\frac{lt_1}{r_y D}\right)^2}\right] \tag{12}$$

以上几式中　$r_y = \sqrt{\dfrac{I_y}{A}}$ 为截面绕弱轴的回转半径；

$$m = \frac{I_1}{I_1 + I_2};$$

t_1——受压翼缘的厚度；

A——全截面面积；

$$h = h_1 + h_2;$$

$$K_2 = 0.9 \times (2m-1)\left[1 - \left(\frac{I_y}{I_x}\right)^2\right];$$

$$K_3 = 4m(1-m) + K_2^2;$$

$$K_4 = \frac{\pi^2 E}{2W_x} \cdot A \cdot h_\circ$$

用公式（12）计算了许多截面，一般说来精度较高，但对截面的 $D/b_1 < 1.5$ 的翼缘受压的T型截面梁很不适用，另外，与前面提到的几个简化公式相同，也是式子过繁。

国内近年来也有讨论简化公式的论文。武汉水利电力学院方山峰于1978年分析了我国现行设计规范（TJ17—74）中关于单轴对称加强受压翼缘工字截面钢梁整体稳定系数 φ_w 值，提出了改进意见。他通过电算证明现行规范中的有关数值基本上是可行的，少数应予以修正。

重庆建筑工程学院魏明钟也提出了 φ_w 的近似计算公式，其适用范围是各种荷载情况下的双轴对称截面和纯弯曲荷载作用下的单轴对称工字截面和T形截面。

关于非弹性侧扭屈曲临界应力的计算，前已叙及，是当前研究的中心问题。目前设计规范中采用的主要还是近似法。

Bleich[17]指出将相应于梁内最大压应力的切线模量 E_t、G_t 来代替弹性稳定理论公式中的 E 和 G，可以求得非弹性屈曲临界应力的下限。

Bleich的方法用梁内最大压应力的切线模量 E_t、G_t 来代表整根梁的 E、G，由于 E_t 和

G_t 随着应力的大小而变化，其值难以确定，因此 Bleich 建议的方法实际上难以应用。

目前多数国家钢结构规范所采用的方法是以："梁的弹性临界荷载与非弹性临界荷载之间的关系和轴心受压柱相同"的假定为依据，从而利用轴心受压柱子曲线去求梁非弹性屈曲临界应力。当然，这种借用也只是一种近似方法，与 Bleich 的建议相比，有便于应用的优点。

随着试验研究的深入，求解非弹性屈曲临界应力的一种趋势是用试验方法来建立计算公式。以试验结果为依据来确定非弹性临界应力的方法，能体现梁的实际工作状况，反映梁自身存在的初弯曲、初扭转、残余应力等对非弹性侧扭屈曲的影响，避免理论上碰到的一系列困难，是一种解决钢梁非弹性侧屈问题的较好方法。但是必须做许多昂贵的试验，同时试验的条件如加载情况、约束条件等必须仔细处理，使符合梁的实际工作情况。

欧洲钢结构协会（ECCS）的《钢结构建议》中就是采用了一条半经验半理论曲线来求解侧扭屈曲极限应力的，其式为：

$$\sigma_D = \frac{\eta \sigma_s}{\sqrt[n]{1+\bar{\lambda}^{2n}}} \tag{13}$$

式中　　$\bar{\lambda} = \sqrt{\dfrac{\eta \sigma_s}{\sigma_{cr}}}$，修正长细比；

$\quad\quad\eta$ ——对强轴弯曲的截面形状系数；

$\quad\quad n = 2.5$，体系系数。

体系系数 n 是一经验系数，取 $n = 2.5$ 是为了使该曲线取值相当于试验值的平均值，而不是取试验值的下限。其理由是式中已略去了某些有利因素，如实际屈服点的可能提高、梁的非均匀弯曲和可能存在的支座约束等。

日本 Fukumoto 等人[16]用统计的观点去研究试验梁的材性（包括 σ_s、E 和极限应力 σ_u）、截面尺寸、初弯曲、初扭转和残余应力的变异及它们对屈曲的影响，对试验的结果作了统计分析，提出了计算非弹性屈曲极限弯矩的直线式：

$$\frac{M_u}{M_p} = 1 - 0.412(\bar{\lambda} - 0.2) \tag{14}$$

式中　M_u ——极限弯矩；

$\quad\quad M_p$ ——截面的全塑性弯矩；

$\quad\quad\bar{\lambda}$ ——修正长细比，$\bar{\lambda} = \sqrt{\dfrac{M_p}{M_{cr}}}$。

公式（14）是取试验值的下限。

此外，Nethercot 和 Trahair[18]取 Dibley[19]，Kitipornchai 和 Trahair[13]的试验结果的下限得出一组计算公式

$$\left.\begin{array}{ll} M_u = M_p & 0 \leqslant \sqrt{\dfrac{M_p}{M_{cr}}} \leqslant 1.0 \\[3mm] M_u = \left(1.57\dfrac{M_{cr}}{M_p} - 0.57\right)\dfrac{M_{cr}}{M_p} & 1.0 \leqslant \sqrt{\dfrac{M_p}{M_{cr}}} \leqslant 1.1 \\[3mm] M_u = \left(0.95 - 0.27\dfrac{M_{cr}}{M_p}\right)M_{cr} & 1.1 \leqslant \sqrt{\dfrac{M_p}{M_{cr}}} \end{array}\right\} \tag{15}$$

三、对钢梁整体稳定验算的简化方法的建议

（一）典型情况的选用

1.典型截面

我国现行钢结构设计规范（TJ17—74）对两端支承梁选用了双轴对称工字形、加强受压翼缘的单轴对称工字形和槽形等三种截面作为典型截面。考虑到今后修订规范时，对压-弯杆件的验算可能采用两项式形式的相关公式，这样钢梁整体稳定系数φ_w就不单是用于梁的设计计算，而且还将用于压-弯杆件弯矩作用平面外的稳定性验算。为此，建议今后的规范中还应增加加强受拉翼缘的单轴对称工字形和T形截面。前者主要用于厂房框架柱的验算，后者主要用于承受节间荷载的桁架弦杆的验算。

2.典型荷载

我国现行钢结构设计规范对两端支承的工字形钢梁采用了纯弯曲、满跨均布荷载作用于梁的上、下翼缘和跨度中点一个集中荷载作用于梁的上、下翼缘等五种典型荷载情况。与建议增加典型截面的理由相同，为方便压-弯杆件的计算，建议增加梁段两端承受不相等弯矩的情况，如图3示，作为典型荷载。该荷载情况的临界弯矩可直接利用Salvadori[20]建议的修正系数公式C_m，由纯弯曲情况下的临界荷载乘以C_m得出。

图 3　两端受不相等弯矩作用梁示意图

$$C_m = 1.75 - 1.05\frac{M_1}{M_2} + 0.3\left(\frac{M_1}{M_2}\right)^2 \leqslant 2.3 \qquad (16)$$

式中M_1、M_2是按绝对值计的较小和较大端弯矩，当梁段产生单向曲率时，$\frac{M_1}{M_2}$取正值；产生反向曲率时，取负值。

公式（16）在美国、日本和罗马尼亚等国的钢结构设计规范中均已采用。

我国现行设计规范中对所列五种典型荷载分别根据各自的临界应力σ_{cr}求得整体稳定系数$\varphi_w = \frac{\sigma_{cr}}{\sigma_s}$。本文建议的方法则将纯弯曲一种荷载作为基本荷载情况，导出其简化的σ_w表达式；对$m \geqslant 0.5$的单轴对称工字截面的其他荷载情况下的φ_w值，则采用将纯弯曲时的φ_w乘以一修正系数C_m来求出。这就与梁段两端承受不等弯矩时的φ_w的计算方法一致。

3.典型支承情况

与文献[1]相同，仍采用两端简支作为唯一的典型情况。虽然理想的简支是不存在的，实际钢梁端部或多或少存在一定约束，这个有利条件可作为安全储备。特别是对钢梁整体稳定，我国设计规范采用的安全系数较小的情况下更有必要。

（二）纯弯曲下简支钢梁稳定系数φ_w的简化公式

作者研究和比较了多种简化计算方案，认为本文第二部分叙述到的取 Hill 和 Winter 简化公式的平均值的简化方案即公式（7）是合理和可行的。另外通过电算，对大量工字形截面计算表明：对双轴对称和单轴对称加强受压翼缘的工字形截面，公式（7）的计算结果和公式（1）的计算结果相比误差大多在5％以内；对加强受拉翼缘的单轴对称工字形截面；其误差随m值的减少而稍有增加；对T形截面（$m=1$和$m=0$），该误差虽有

时可达10%左右，但也仍不算过大。鉴于上述理由，决定采用公式（7）作为本文进一步简化的依据。

在以下的简化公式推导中作如下近似假定：

取
$$J = \frac{1.3}{3}(b_1 t_1^3 + b_2 t_2^3 + b_3 t_3^3) \approx \frac{1}{3}At_1^2;$$

和
$$y_0 = \frac{I_1 h_1 - I_2 h_2}{I_y} \approx \frac{D}{2}(2m-1);$$

式中符号除见图4外，其余为：

A——截面的面积；

$$m = \frac{I_1}{I_1 + I_2};$$

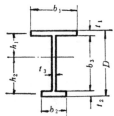

图 4 单轴对称工字截面

再取
$$\frac{E}{G} = 2.6;$$

$$E = 2.1 \times 10^6 公斤/厘米^2$$

$$\sigma_s = 2400公斤/厘米^2;$$

$$I_y = A \cdot r_y^2;$$

$$l/r_y = \lambda_y; \quad (杆件对y轴的长细比)$$

$$\varphi_w = \frac{\sigma_{cr}}{\sigma_s};$$

把上面各式代入公式（7）得：

$$\varphi_w = \frac{4318}{\lambda_y^2}\left[\frac{Ay_0}{w_x} + 0.5(2m-1)\frac{AD}{w_x} + \sqrt{\left(\frac{AD}{w_x}\right)^2 + 2\left(\frac{Ay_0}{w_x}\right)^2 + \left(\frac{\lambda_y A t_1}{4.4 w_x}\right)^2}\right]$$

$$\approx \frac{4320}{\lambda_y^2} \cdot \frac{AD}{w_x}\left[(2m-1) + \sqrt{1 + \left(\frac{\lambda_y t_1}{4.4D}\right)^2}\right] \tag{17}$$

公式（17）就是建议采用的φ_w简化公式。同时对不同的截面，根据计算结果必要时作了一些修正：

1.双轴对称工字形截面

双轴对称工字形截面的$m = 0.5$，故公式（17）可改写成：

$$\varphi_w = \frac{4320}{\lambda_y^2} \cdot \frac{AD}{w_x}\sqrt{1 + \left(\frac{\lambda_y t_1}{4.4D}\right)^2} \tag{18}$$

2.加强受压翼缘的单轴对称工字形截面

由于加强受压翼缘的单轴对称工字形截面的$h_2 > \frac{h}{2}$，而在公式（17）的推导过程中近似取$h_2 = \frac{h}{2}$，引起φ_w值的增大，故具体应用时对公式(17)方括弧中第一项$(2m-1)$

引进系数0.8，公式（17）改写为：

$$\varphi_w = \frac{4320}{\lambda_y^2} \cdot \frac{AD}{w_x}\left[\, 0.8(2m-1) + \sqrt{1+\left(\frac{\lambda_y t_1}{4.4D}\right)^2}\,\right] \qquad (19)$$

3. 翼缘受压的T形截面

T形截面的剪切中心在腹板和翼缘的交接处，其扇性惯性矩$I_w = 0$，$m=1$，同时截面的h_2较大，故对公式（17）方括弧中的$(2m-1)$一项引进系数0.6，把公式（17）改写为：

$$\varphi_w = \frac{4320}{\lambda_y^2} \cdot \frac{AD}{w_x}\left[\, 0.6 + \sqrt{1+\left(\frac{\lambda_y t_1}{4.4D}\right)^2}\,\right] \qquad (20)$$

4. 加强受拉翼缘的单轴对称工字形截面

加强受拉翼缘的单轴对称工字形截面仍采用公式（17），不作修正。

5. 翼缘受拉的T形截面，经分析和计算，取一系数0.9引入公式（17）方括号中的第一项，此时$m=0$，因此公式（17）改写成：

$$\varphi_w = \frac{4320}{\lambda_y^2} \cdot \frac{AD}{w_x}\left[\, -0.9 + \sqrt{1+\left(\frac{\lambda_y t_1}{4.4D}\right)^2}\,\right] \qquad (21)$$

综上所述，纯弯曲加载的钢梁，其整体稳定系数φ_w的计算公式可归纳如下形式：

$$\varphi_w = \frac{4320}{\lambda_y^2} \cdot \frac{AD}{w_x}\left[\, K(2m-1) + \sqrt{1+\left(\frac{\lambda_y t_1}{4.4D}\right)^2}\,\right] \qquad (22)$$

各种形式截面的K值列于表1。

各 类 截 面 K 值 　　　　　　　 表 1

序　号	截　面　形　式	截　面	K
1	双轴对称工字形	I	0
2	加强受压翼缘的单轴对称工字形	T	0.8
3	加强受拉翼缘的单轴对称工字形	I	1.0
4	翼缘受压的T形	T	0.6
5	翼缘受拉的T形	⊥	0.9

图5～9是几种截面分别用我国现行规范公式[1]，澳大利亚Kitipornchai和Trahair[7]建议的公式，本文建议的公式（22）计算的φ_w值和精确理论值（本文公式（1））的比较。图中可见本文公式具有足够的精度，虽然在翼缘受拉的T形截面中，计算误差偏大，但比文献[7]等建议的公式的误差稳定，不象它们的误差忽大忽小。

本文公式（22）适用于双轴对称、单轴对称工字形截面和T形截面，物理概念清楚，形式统一，且较简单，公式（22）中t_1和D两物理量可直接引进，其余各量m、A、λ_y和w_x都易于求得，其中有些量在其他公式中就曾计算，不是单为求φ_w而计算。在计算φ_w时，对w_x不进行简化可克服因对w_x进行简化而带来的误差。

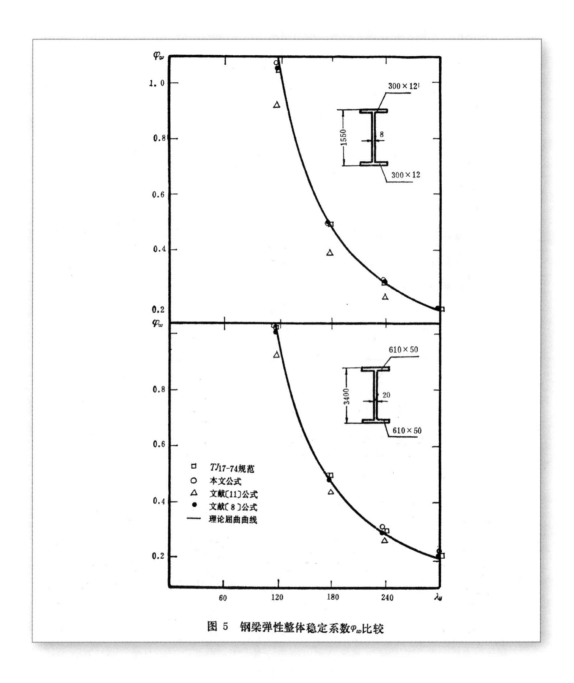

图 5　钢梁弹性整体稳定系数φ_w比较

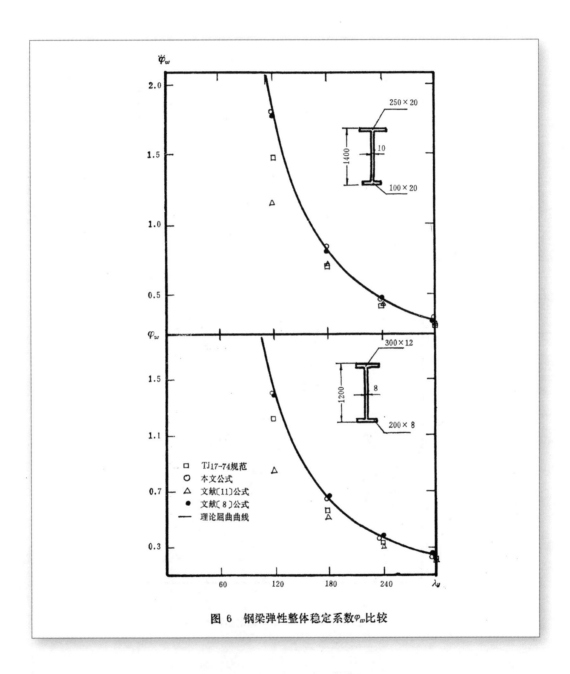

图 6　钢梁弹性整体稳定系数φ_w比较

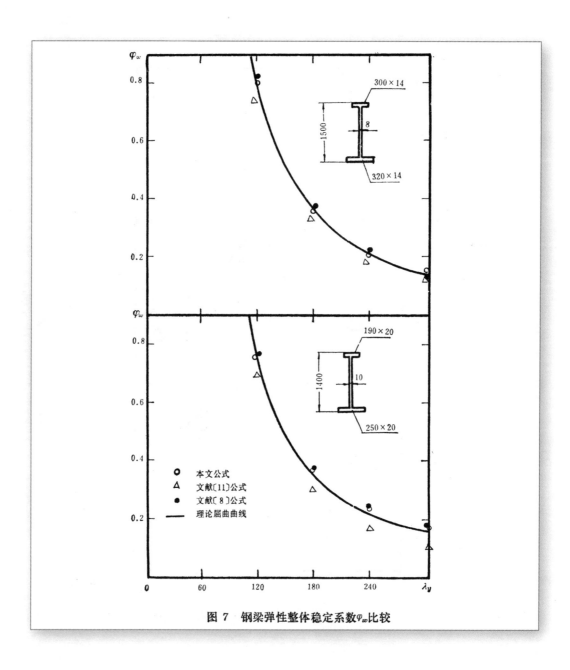

图 7　钢梁弹性整体稳定系数φ_w比较

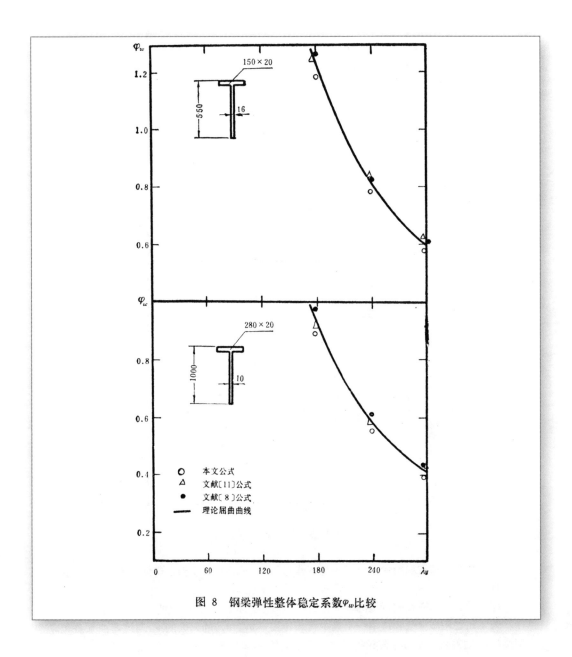

图 8　钢梁弹性整体稳定系数φ_w比较

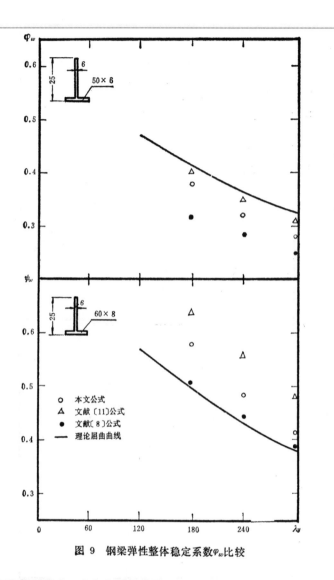

图 9　钢梁弹性整体稳定系数φ_w比较

（三）均布荷载和跨中一个集中荷载作用下$m \geqslant 0.5$的工字钢梁整体稳定系数 φ_w的简化计算

　　跨中受有横向荷载的钢梁的临界应力与荷载形式和荷载作用点的高度有关，情况复杂。为了建立均布荷载和跨中一个集中荷载作用下$m \geqslant 0.5$的钢梁的φ_w与纯弯曲加载相应钢梁的φ_w的关系，令均布荷载和集中荷载下梁的φ_w和纯弯曲加载梁的φ_w的比值为：

$$C_{m_1} = \frac{\varphi_{w_1}（均布荷载上翼缘加载）}{\varphi_w（纯弯曲加载）}$$

$$C_{m_2} = \frac{\varphi_{w_2}（均布荷载下翼缘加载）}{\varphi_w（纯弯曲加载）}$$

$$C_{m_3} = \frac{\varphi_{w_3}（跨中一个集中荷载上翼缘加载）}{\varphi_w（纯弯曲加载）}$$

$$C_{m_4} = \frac{\varphi_{w_4}（跨中一个集中荷载下翼缘加载）}{\varphi_w（纯弯曲加载）}$$

（23）

公式（23）中的φ_{wi}（$i=1\sim4$）和φ_w均可由公式（1）选用相应的参数算得。由于钢梁的φ_{wi}值与$\frac{lt_1}{b_1h}$值有关[9]，今通过电算，算出若干截面的C_{mi}（$i=1\sim4$）和$\frac{lt_1}{bD}$的对应值，以C_{mi}为纵座标，以$\frac{lt_1}{b_1D}$为横座标，绘出各点，发现这些点的分布有一定的规律，图10和图11所示为其中二例。统计各实用截面，若取$\frac{t_1}{b_1}=\frac{1}{30}\sim\frac{1}{10}$，$\frac{l}{D}=5\sim20$，则

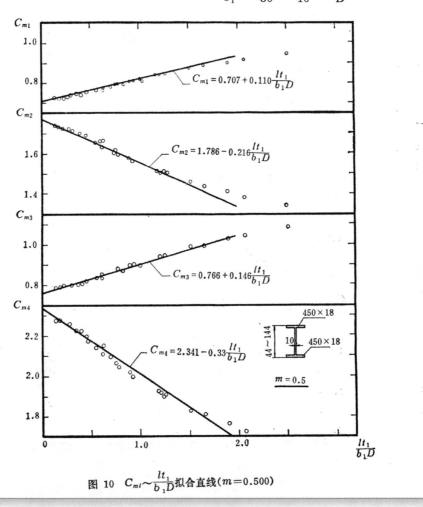

图 10　$C_{mi}\sim\frac{lt_1}{b_1D}$拟合直线（$m=0.500$）

截面的 $\dfrac{lt_1}{b_1 D} = \dfrac{1}{6} \sim 2.0$。可见一般实用梁截面的 $\dfrac{lt_1}{b_1 D}$ 常小于 2.0，而当 $\dfrac{lt_1}{b_1 D} \leqslant 2.0$ 时，

上述二图中的点子几乎分布于一直线上；当 $\dfrac{lt_1}{b_1 D} > 2.0$ 时，C_{mi} 值变化不大。鉴于上述理

由，近似地把 $\dfrac{lt_1}{b_1 D} \leqslant 2.0$ 时的 $C_{mi} \sim \dfrac{lt_1}{b_1 D}$ 关系用一直线来表达：

$$C_{mi} = \alpha + \beta \dfrac{lt_1}{b_1 D} \tag{24}$$

式中 α 为直线的截距；β 为其斜率，其值采用回归，用最小二乘法求出；$\dfrac{lt_1}{b_1 D} > 2.0$ 时，C_{mi} 值近似取作常数。

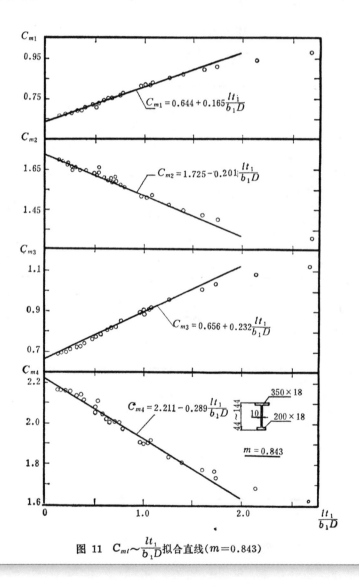

图 11 $C_{mi} \sim \dfrac{lt_1}{b_1 D}$ 拟合直线 $(m = 0.843)$

对不同截面，$m = \dfrac{I_1}{I_1 + I_2}$ 值可能不同，随着 m 值的变化，直线式（24）的 α 和 β 也不相同，图12～15分别画出了 $\dfrac{lt_1}{b_1 D} \leqslant 2.0$ 时 $m = 0.5 \sim 1.0$ 四种 $C_{mi} \sim \dfrac{lt_1}{b_1 D}$ 拟合曲线。

当 m 从0.5逐渐增加到1.0时，可以看到：C_{m1}、$C_{m3} \sim \dfrac{lt_1}{b_1 D}$ 直线的斜率逐渐增加；C_{m2}、$C_{m4} \sim \dfrac{lt_1}{b_1 D}$ 直线的斜率逐渐减小。今以 $m = 0.8$ 为分界将直线分为二组，即 $0.5 \leqslant m \leqslant 0.8$ 为一组，$0.8 < m \leqslant 1.0$ 为另一组，各自取平均的斜率和截距，如图12～15示。其结果见表2，因此当需要计算其他荷载作用下的 φ_w 时，只需用纯弯曲下的 φ_w 乘以相应的 C_{mi} 便可。

C_{mi} 系数一览表 表2

序 号	系 数	$0.5 \leqslant m \leqslant 0.8$		$m > 0.8$	
		$\dfrac{lt_1}{b_1 D} \leqslant 2.0$	$\dfrac{lt_1}{b_1 D} > 2.0$	$\dfrac{lt_1}{b_1 D} \leqslant 2.0$	$\dfrac{lt_1}{b_1 D} > 2.0$
1	C_{m1}	$0.69 + 0.13\dfrac{lt_1}{b_1 D}$	0.95	$0.64 + 0.15\dfrac{lt_1}{b_1 D}$	0.94
2	C_{m2}	$1.75 - 0.21\dfrac{lt_1}{b_1 D}$	1.33	$1.72 - 0.19\dfrac{lt_1}{b_1 D}$	1.34
3	C_{m3}	$0.73 + 0.18\dfrac{lt_1}{b_1 D}$	1.09	$0.64 + 0.25\dfrac{lt_1}{b_1 D}$	1.14
4	C_{m4}	$2.26 - 0.31\dfrac{lt_1}{b_1 D}$	1.64	$2.20 - 0.26\dfrac{lt_1}{b_1 D}$	1.68
5	C_m*	$1.75 - 1.05\dfrac{M_1}{M_2} + 0.3\left(\dfrac{M_1}{M_2}\right)^2 \leqslant 2.3$			（任何 m 值）

* 为梁段两端承受不相等弯矩的情况。

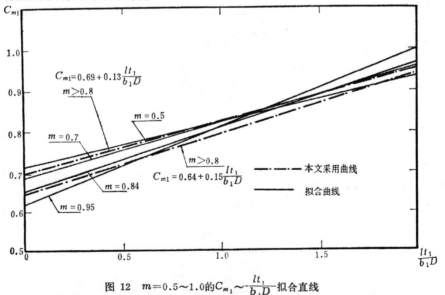

图12 $m = 0.5 \sim 1.0$ 的 $C_{m1} \sim \dfrac{lt_1}{b_1 D}$ 拟合直线

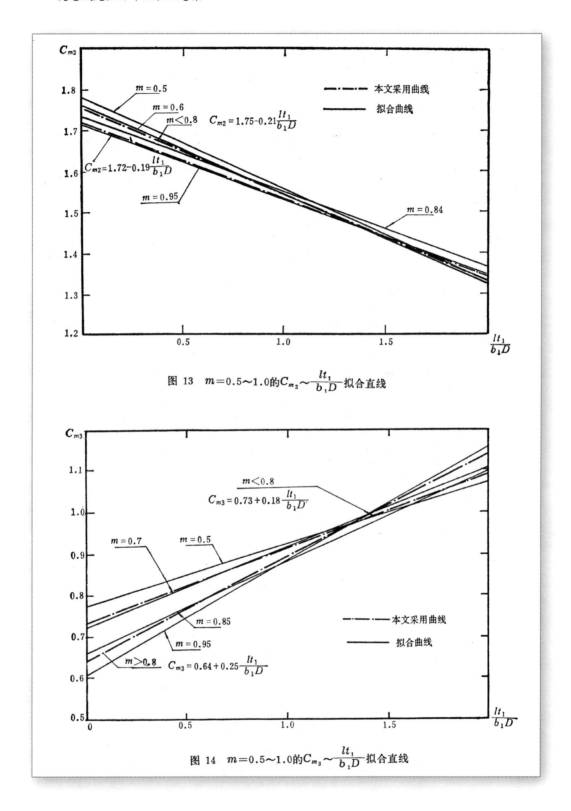

图 13 $m=0.5\sim1.0$的$C_{m2}\sim\dfrac{lt_1}{b_1D}$拟合直线

图 14 $m=0.5\sim1.0$的$C_{m3}\sim\dfrac{lt_1}{b_1D}$拟合直线

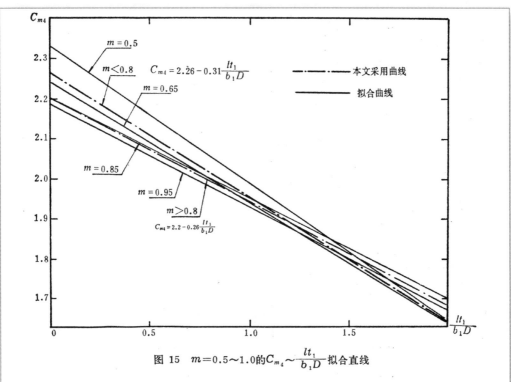

图 15　$m=0.5\sim1.0$ 的 $C_{m_4}\sim\dfrac{lt_1}{b_1D}$ 拟合直线

（四）本文建议公式与其他简化公式精度比较

为了验证本文推荐的 φ_w 近似公式（22）、（23）的精度，作者利用电算对1694条梁进行了计算，其截面的 $\dfrac{b_1}{t_1}$、$\dfrac{t_1}{t_3}$、$\dfrac{D}{t_1}$ 和公式（22）、（23）与精确公式（1）的标准误差、平均误差[21]、最大相对误差等均列于表3。

对每种截面的梁，除求出上述公式的误差外，还用我国现行钢结构规范公式、澳大利亚Kitiporhchai和Trahair建议的公式与理论公式（1）进行比较，求出上述误差。

从表3可看出，本文公式用于双轴对称和加强受压翼缘的单轴对称截面的 φ_w 计算时，具有足够的精度，其误差均小于0.05；对加强受拉翼缘的单轴对称工字形和T形截面，误差偏大，但是误差比较平稳，不象其他公式的误差，对有的截面很小，而另一些截面则很大，波动较大。总的说本文建议的公式具有较高的精度。

（五）钢梁非弹性阶段整体稳定系数 φ_w'

进入非弹性屈曲的钢梁，梁内部分纤维的应力已超过了钢材的比例极限 σ_p 或已到达屈服强度 σ_s。前已述及，对于这一类钢梁的 σ_w 的计算，主要有三种近似方法：

1.Bleich建议的以相应梁内最大应力的切线模量 E_t、G_t 代替弹性理论公式中的 E 和 G，求得临界应力。

2.如大多数国家规范采用的，利用柱子曲线来换算，求出临界应力。

3.用试验的方法，经验性的得出计算公式来决定临界应力。

第一种方法难以应用于设计，第三种方法虽能反映钢梁非弹性屈曲的工作性能和梁内存在的"缺陷"对屈曲的影响，但需进行大量的试验工作、一时难以做到，且试验条件与

表3

1694 条梁误差一览表

误差	差	395 (截面特征 b₁/t₁:30~10, t₁/t₃:4.8~1, D/b₁:9.2~1.2, l/D:13~5)			602 (b₁/t₁:31~13, t₁/t₃:4~1, D/b₁:7.2~1, l/D:13~5)			62 (b₁/t₁:30~9, t₁/t₃:3~1.3, D/b₁:3.7~1.1, l/D:13~5.2)			452 (b₁/t₁:31~11, t₁/t₃:2~0.8, D/b₁:28~1.5, l/D:14~5)			183 (b₁/t₁:14~9, t₁/t₃:2.5~0.8, l/D:13~5)		
		均方误差	平均误差	最大误差	均方误差	平均误差	最大误差	均方误差	平均误差	最大误差	均方误差	平均误差	最大误差	均方误差	平均误差	最大误差
1 纯弯曲	本文公式	0.033	0.026	−0.122	0.026	0.020	−0.108	0.050	0.041	−0.113	0.104	0.071	0.437	0.171	0.139	
	TJ17-74公式	0.040	0.032	−0.112	0.129	0.121	0.271	0.053	0.029	0.262	0.105	0.072	−0.421	0.192	0.150	
	文献[7]公式	0.029	0.023	−0.112	0.026	0.017	−0.115	0.094	0.083	0.148						
2 均布荷载上翼加载	本文公式	0.040	0.029	−0.151	0.031	0.024	0.101									
	TJ17-74公式	0.126	0.111	−0.299	0.053	0.041	0.204									
3 均布荷载下翼加载	本文公式	0.022	0.013	0.114	0.027	0.019	−0.140	0.060	0.056	0.086						
	TJ17-74公式	0.305	0.302	−0.377	0.186	0.179	−0.355									
4 跨中集中荷载上翼加载	本文公式	0.045	0.036	−0.156	0.028	0.029	−0.136	0.126	0.112	−0.205						
	TJ17-74公式	0.106	0.096	−0.233	0.156	0.150	0.369									
5 跨中集中荷载下翼加载	本文公式	0.024	0.019	−0.092	0.029	0.020	−0.154	0.066	0.062	0.09						
	TJ17-74公式	0.225	0.224	0.286												

实际梁的使用条件也难以一致。所以直到目前，多数国家的设计规范还是利用第二种方法来求梁非弹性临界应力。

我国现行钢结构规范[11]就是在假定钢梁非弹性屈曲时，材料的弹性模量E降到E_t，而剪切模量G仍保持弹性值的前提下，利用我国规范采用的抛物线的柱子曲线导出φ'_w计算式。

在当前还没有更好的方法来确定φ'_w时，仍然采用现行规范中的办法，还是可行的。但现行规范采用$\sigma_p=0.8\sigma_s$，似嫌过高。虽然目前苏联规范采用$\sigma_p=0.85\sigma_s$、德国规范采用$\sigma_p=0.8\sigma_s$，但美国AISC规范则采用$\sigma_p=0.5\sigma_s$，日本则采用$\sigma_p=0.6\sigma_s$。作者认为，我国钢结构规范改用$\sigma_p=0.7\sigma_s$是较合适的。如是，则φ'_w公式应改为

$$\varphi'_w=\frac{\varphi_w^2}{\varphi_w^2+0.21} \tag{25}$$

为了与各国规范的φ'_w相比较，绘制了图16。此外图中还示出Dible[19]、Hechtman[22]

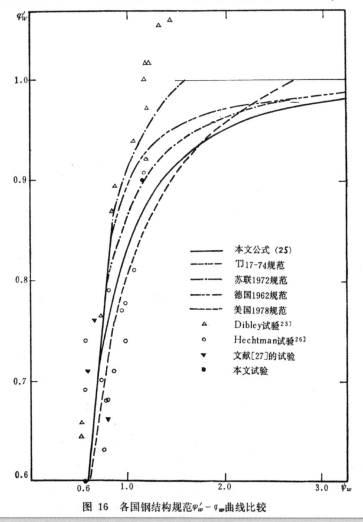

图 16　各国钢结构规范$\varphi'_w-\varphi_w$曲线比较

和浙江大学土木系建筑结构教研组及本文作者的试验结果。

从图16可见，苏联规范公式取值最高，美国规范最低，我国TJ17-74规范和德国规范大致相同，公式（25）比美国规范略高，但比其余规范低。

从试验结果看，Dibley的55级硬钢钢梁试验都是偏高的，而Hechtman的普通钢钢梁试验却偏低。

由于试验条件不尽相同，结果较离散，图16中所绘的试验数据还不多，不能够充分说明问题。但是可以说明公式（25）还是较合理的，建议我国修订的钢结构规范可采用公式（25）、且建议当$\varphi_w \geqslant 2.5$或$\lambda_y \leqslant 50$时，可直接取$\varphi_w' = 1.0$。

结　束　语

1.本文提出的计算钢梁整体稳定系数φ_w的简化方法，以纯弯曲荷载下的φ_w为基础，其他荷载情况时乘以一修正系数C_m。公式形式统一，精度较高，与理论解相比，常用截面的误差一般在5%以内，适用范围较广，公式物理概念明确。修正系数C_m与$\dfrac{lt_1}{b_1 D}$相关（表2），计算简便。

2.与我国现行钢结构规范相比，增加了加强受拉翼缘的单轴对称工字截面和T形截面，适用情况有所扩大。

3.对有侧向支承的梁、许多国家规范都采用纯弯曲时的φ_w，我国现行规范考虑此值偏保守而在双轴对称工字形截面中予以提高20%。本文中对此未曾涉及。如有必要，可进而推导相应系数予以考虑。

4.当压-弯杆件的验算采用二项式时，在无横向荷载时，可采用纯弯曲的φ_w乘以Salvadori公式C_m进行修正，用于考虑杆件平面外的稳定。

5.当梁为非弹性屈曲时，亦即算得的$\varphi_w > 0.7$时，其整体稳定系数φ_w'为：

$$\varphi_w' = \frac{\varphi_w^2}{\varphi_w^2 + 0.21}$$

保留了现行规范的推导方法及习惯形式，只是比例极限已由原来的$0.8\sigma_s$降为$0.7\sigma_s$。

参　考　文　献

［1］《钢结构设计规范》(TJ17-74)，1975.

［2］J.W. Clark and H.N.Hill "Lateral Buckling of Beams"，《Trans.,ASCE》Vol. 127, Part II, 1962.

［3］B.G. Johnston，《Guide to Stability Design Criteria for Metal Structures》，3rd edi.，John Wiley and Sons, 1976.

［4］J.A. Yura, T.V., Galambos, M.K.Ravindra；"The Bending Resistance of Steel Beams," 《J.Struct. Div.,ASCE》Vol. 104, ST9, 1978.

［5］《European Convention for Constructional Steelwork》，Introductory Report, Second International Colloquium on Stability of Steel Structures, Liege Belqium, Apr. 1977.

［6］D.A.Nethercot and K.C.Rockey；"A Unified Approach to the Elastic Lateral Buckling of Beams"，《The Structural Engineer》Vol.49, No. 7, July 1971.

［7］S. Kitipornchai and N.S.Trahair "Buckling Properties of Monosymmtric I-Beams",

《J.Struct. Div.,ASCE》Vol. 106, No. ST5, May 1980.

[8] W.F.Chen and T.Atsuta, 《Theory of Beam-Columns》Vol.2, Mc Graw-Hill, 1977.

[9] T.V.Galambos: "Inelastic Lateral Buckling of Beams", 《J.Struct. Div.,ASCE》Vol. 89, ST10, 1963.

[10] D.A.Nethercot: "Residual Stress and Their Influence upon the Lateral Buckling of Rolled Steel Beams, " 《The structural Engineer》Vol.52, No.3, March 1974.

[11] D.A. Nethercot: "Factors Affecting the Buckling Stability of Partially Plastic Beams", 《Proceedings I.C.E.》Vol. 53, Sept. 1972.

[12] S.Kitipornchai and N.S.Trahair: "Buckling of Inelastic I-Beams under Uniform Momemt", 《J. Struct. Div.,ASCE》Vol.98, No.ST11, Nov.1972.

[13] S.Kitipornchai and N.S.Trahair, "Buckling of Inelastic I-Beams under Momemt Gradient, " 《J.Struct. Div., ASCE》Vol.101, No.ST5, May 1975.

[14] S.Kitipornchai and N.S.Trahair "Inelastic Buckling of Simply Supported Steel I-Beams, " 《J.Struct. Div.,ASCE》Vol. 101, No. STT, July 1975.

[15] 福本唀士，藤原稔，渡道倍夫："溶接Ｉ形部材の横倒扎座屈に関する実験的研究, " 《土木学会論文報告集》第189号，1971年5月。

[16] Y.Fukumoto, Y.Itoh, M.Kubo: "Strength Variation of Lateral Unsupported Beams," 《J.Struct. Div.,ASCE》Vol. 106, No. ST1, 1980.

[17] F.Bleich: 《Buckling Strength of Metal Structures》, Mc Graw-Hill Book Co., Inc., 1952.

[18] D.A.Nethercot and N.S.Trahair, "Inelastic Lateral Buckling of Deteminate Beams", 《J. struct. Div.,ASCE》Vol.102, April 1976.

[19] J.E.Dibley ; "Lateral-Torsional Buckling of I-Sections in Grade 55 Steel", 《proceedings I.C.E.》Vol.43, Aug. 1969.

[20] M.G.Salvadori, "Lateral Buckling of Eccentrically Loaded I-Columns", 《Trans., ASCE》Vol. 121, 1956.

[21] 数学手册编写组：《教学手册》人民教育出版社，1979年。

[22] R.C.Hechtman, J.S.Hattrup, E.F.Styer and J.L. Tiedemann "Lateral Buckling of Rolled Steel Beams", 《Trans.,ASCE》Vol. 122, 1957.

钢梁侧扭屈曲的理论、试验研究及其验算方法

$$\delta_{fmax} = C_1 C_2 C_3 \frac{\sigma_g}{E_g}\left(90 + 0.09\frac{d}{\mu}\right), \text{（毫米）}$$
$$(2a)$$

此外，也可采用其他公式。

适当地考虑受拉翼缘的影响也许安全些，虽然大多数试验表明这一影响对加大可能最大裂缝展开影响并不显著，但也有的试验表现了这一影响[14]。

设计时可不一定计算 σ_g，一般可按 R_g/K 考虑。因此，譬如从公式（2a），当考虑长期影响时，则对受弯构件可得：

$$\left[\frac{d}{\mu}\right] = \frac{K[\delta_{cfmax}]E_g}{0.135 R_g C_2} - 1000 \quad (4)$$

当容许 $[\delta_{cfmax}] = 0.2$ 毫米时，对于 I 级钢筋，$[d/\mu] = 220$；对于 II 级钢筋，$[d/\mu] = 90$。

当 $\sigma_g \ll R_g/K$ 时，对 $[d/\mu]$ 应按 $R_g/K\sigma_g$ 予以修正。也可考虑不同情况，根据几种 σ_g，直接给出容许的 $[d/\mu]$ 的表，并可根据使用经验和参考有关资料和建议，对表中的 $[d/\mu]$ 值进行某些调整。

参 考 资 料

[1] 丁大钧、蒋永生，《钢筋混凝土连续梁弯矩重分布全过程的计算》，《冶金建筑》，1982. 2。

[2] 丁大钧，《关于钢筋混凝土受弯构件及大偏心受压构件挠度全过程计算的建议》，《冶金建筑》，1982. 4。

[3] 丁大钧，《对钢筋混凝土结构设计规范第三次修订稿中关于变形计算的商榷》，南京工学院资料，1966. 2。

[4] 丁大钧，《钢筋混凝土受弯构件容许跨高比的近似计算》，《江苏建筑》，1981. 1。

[5] 钢筋混凝土偏心受压构件刚度研究组，《钢筋混凝土偏心受压构件刚度的试验研究》（综合报告），《建筑技术通讯》，№3. 1982。

[6] 程文瀼《钢筋混凝土矩形截面偏心受拉构件抗裂度、刚度和裂缝的试验研究》，《南京工学院学报》，№3. 1981。

[7] 丁大钧、黄德富、金芷生、蓝宗建、蒋永生、程文瀼、袁必琳，《钢筋混凝土构件刚度和裂缝的试验研究和计算建议》，南京工学院。

[8] 工民建专业刚度裂缝科研小组，钢筋混凝土构件刚度和裂缝的计算，《南京工学院学报》，№2. 1978。

[9] J. Pera, et al, Prévision de la charge et de la fléche ultimes dans une poutre hyperstatique en béton armé, materiaux et construction (RILEM), Mai, 1976.

[10] 钢筋混凝土与预应力混凝土裂缝宽度限值专题研究组，《混凝土裂缝与钢筋锈蚀之关系调查研究报告》，国家建工总局四局建筑科研所资料第81—07号，1981.4。

[11] RILEM-CRC，项汉译，《混凝土中钢筋的锈蚀》，国家建委四局科研所资料，1978. 6。

[12] 钢筋混凝土和预应力混凝土构件变形和裂缝计算方法专题研究组，《钢筋混凝土构件抗裂度和裂缝试验研究》，1981。

[13] С. В. Александровский, О Влиянии Длительного действия Внешней нагрузки на режим высыхания и усадку бетон, 《Исследование свойств бетона и железобетонных конструкций》, Выпуск 4, 1959.

[14] 丁大钧、金芷生、黄德富，《T形和倒T形截面配筋粉煤灰陶粒混凝土梁的试验研究》，《南京工学院学报》，№1. 1981。

钢梁侧扭屈曲的理论、试验研究及其验算方法（上）

浙江大学 夏志斌

主要用于房屋结构的我国通用规范《钢结构设计规范》（TJ17-74），将于今年开始进行修订。本文就钢梁侧扭屈曲问题简单介绍当前国内外的理论和试验研究概况，评述各国现行设计规范中采用的验算方法，供我国修订有关条文时参考。

钢梁最常用的截面是工字形，其绕截面两主惯性轴的惯性矩往往相差极大，即 $I_x \gg I_y$。跨度中间无侧向支承的梁在最大刚度平面内承受横向荷载或力矩作用时，当荷载到达一定数值，常迅速产生较大的侧向位移 u 和扭转角 θ，使梁丧失承载能力。这一现象叫做侧扭屈曲或丧失整体稳定。研究钢梁的侧扭屈曲，就是要求得产生侧扭屈曲时的临

界荷载或临界弯矩，以及研究影响临界荷载的各种因素。设计钢梁时，应保证在使用荷载下梁中的最大弯矩，以一定的安全度低于此临界弯矩，确保梁的安全使用，也就是普通所说的必须验算梁的整体稳定性。

图1示出钢梁侧扭屈曲时的荷载-位移曲线。在理想情况下，当小于临界弯矩 M_{cr} 时，梁只产生竖向位移 v，不产生侧向位移 u 和转角 θ；到达临界弯矩后，u 和 θ 迅速增加。但实际钢梁上必然存在初始缺陷（如初弯曲、初偏心等），因此一经加载，就会

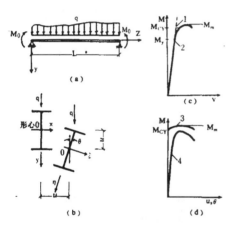

图1　钢梁侧扭屈曲时的荷载-位移曲线
1—弹性理论；2—边缘纤维屈服；3—
理想情况；4—有初始缺陷的梁

立即产生 u 和 θ，但其值甚小。只当到达临界荷载时，u 和 θ 才迅速加大而使梁丧失承载能力。在到达临界弯矩以后，荷载还可稍微增加至 M_m，但通常都以开始侧扭屈曲的临界弯矩 M_{cr} 作为梁所能承受的最大弯矩。

当到达临界弯矩 M_{cr} 时，若梁截面全部尚未屈服，处在弹性工作阶段，则叫做弹性侧扭屈曲；若部分截面已经屈服，就叫做非弹性侧扭屈曲。也有以梁侧屈瞬时最大纤维应力已超过比例极限为非弹性侧屈的，否则为弹性侧屈。这主要是因为所采用的钢材应力-应变曲线的假设不同所致。

一、钢梁的弹性侧扭屈曲

对侧向无支承梁的弹性侧扭屈曲，首先进行理论研究的是普朗特尔(L.Prandel)和米歇尔(A.G.M.Michell)(1899年)。其后，很多学者对此进行了理论和试验研究。特别是铁摩辛柯，对钢梁侧扭屈曲的研究奠定了理论基础。钢梁弹性侧扭屈曲问题的研究，目前已认为基本成熟。临界弯矩的理论解已为多数试验所证实。已进行的试验包括钢梁和铝合金梁，截面有工字形、槽形和 Z 形，荷载有纯弯曲、集中荷载及不等端弯矩等[1]。

弹性侧屈临界荷载可利用开口薄壁杆件的弹性理论[2][3]求其理论解。当等截面梁在其最大刚度平面内受弯曲，横向荷载作用在最大刚度平面内，其作用线通过截面的形心和剪力中心，求 M_{cr} 的中性平衡微分方程式为：

$$EI_y u^{IV} + (M_x\theta)'' = 0 \qquad (1)$$
$$EI_\omega \theta^{IV} - GK_T\theta'' - 2\beta_x(M_x\theta')' + M_xu'' + qa\theta = 0 \qquad (2)$$

式中 EI_y、EI_ω 和 GK_T 分别为截面的侧向抗弯刚度、翘曲刚度和抗扭刚度。u^{IV} 及 θ^{IV} 为 u 和 θ 对 z 的四阶偏导数，两撇及一撇各为对 z 的两阶和一阶偏导数。u 为剪力中心在 x 轴向的线位移，θ 为截面绕剪力中心的扭转角。

$$\beta_x = \frac{1}{2I_x}\int_A y(x^2+y^2)dA - y_0 \qquad (3)$$

式中　y_0——剪力中心的座标，位于截面形心以上时为负值；
　　　a——横向荷载作用点座标和剪力中心座标之差。当荷载作用在剪力中心以上时，a 为负值。反之为正。

微分方程（1）是对截面弱轴 y 的弯矩平衡方程，方程（2）是扭矩平衡方程。当荷载为纯弯曲时，$M_x = M_0 =$ 常量，方程组可化为一常系数四阶线性齐次方程，有闭合

解。在横向荷载作用下，M_x为z的函数，方程组只能有数值解或近似解。

葛拉克等[4]利用能量法得到了临界弯矩的普遍式：

$$M_{cr}=C_1\frac{\pi^2EI_y}{(KL)^2}\Big\{C_2a+C_3\beta_x$$
$$+\sqrt{(C_2a+C_3\beta_x)^2+\frac{I_\omega}{I_y}\Big(\frac{GK_T(KL)^2}{\pi^2EI_\omega}+1\Big)}\Big\}$$

（4）

此公式适用于单轴对称工字形截面或双轴对称工字形截面。当为双轴对称截面时，$\beta_x=0$。公式（4）是目前各国钢结构设计规范验算钢梁整体稳定的理论依据。式中系数C_1、C_2、C_3是随梁的支承形式及所受荷载类型而定的常数；K是随梁端位移约束情况而定的系数。两端为简支端时$K=1.0$，两端为固定端时$K=0.5$。系数C除在纯弯曲时$C_1=C_3=1$和$C_2=0$是精确值外，其他荷载及支承情况时仍是需用数值解或近似解得出的。文献〔4〕中已给出了各种荷载及支承情况下的C值，可供查用。

由公式（4）可以看出影响钢梁弹性侧扭屈曲临界弯矩M_{cr}的因素极多，主要有：

1. 截面的形状和尺寸。例如受压翼缘加强的工字形截面，$\beta_x>0$；而受拉翼缘加强的工字形截面，$\beta_x<0$。后者较前者易侧屈。高而窄的截面的梁也较矮而宽的梁易于侧屈。

2. 荷载的类型及其作用点的高度。当为纯弯曲时，弯矩图为矩形，梁段上所有截面的弯矩都相同，最为不利，此时$C_1=1.0$，C_1为最小。简支梁满跨均布荷载时，弯矩图为抛物线，$C_1=1.13$。跨度中点承受一个集中荷载时，弯矩图为山形，$C_1=1.35$。总之，弯矩图愈接近于矩形时，则C_1值愈接近于1.0。此外，荷载在截面上的作用点高度不同，临界弯矩也随之而异。当荷载作用在上翼缘时，公式（4）中的a值为负值，临界弯矩将减小，易侧屈。这从图1（b）中荷载

q将使截面加速扭转的倾向也可看出梁易侧屈。

3. 支承对位移约束的大小。约束大时，梁不易侧屈。

4. 梁段侧向支承点间距。侧向支承点间距愈小，愈不易侧屈。

因此，规范中给出的临界弯矩或类似临界弯矩的公式，都应有其适用的截面形状、荷载情况及支承形式等条件。

公式（4）是从梁的理想情况由平衡分枝理论导出的，相当于轴压柱中的欧拉公式。实际梁中必然存在缺陷，将对梁的侧扭屈曲产生影响。尼色柯特[5]研究总结了初始缺陷对侧扭屈曲的影响。他把缺陷分成三类：第一类是几何缺陷，包括梁的初弯曲、初扭转等；第二类是荷载缺陷，包括荷载的初偏心和初倾斜等；第三类是材料缺陷，包括残余应力和屈服点的变化等。缺陷的存在将降低梁抵抗侧扭屈曲的能力。对弹性侧屈，第三类缺陷的影响不是最大的，应考虑的是前面两类缺陷。但是至今还缺少考虑各种不同缺陷影响的统一理论方法。目前常用的方法是只考虑其中的一种缺陷，例如初弯曲或初偏心，利用一个等效的缺陷参数来考虑其他缺陷的影响。在这个等效缺陷下，求出横向弯曲、侧向弯曲和翘曲所产生的总应力，使其等于钢材的屈服点，从而求得钢梁所能承受的绕强轴弯曲的极限应力，得到考虑缺陷影响的梁的设计曲线。所用等效缺陷参数应利用梁的试验数据进行校正，其处理方法实质上与柱子中采用泮雷-罗伯逊（Perry-Robertson）公式相类似。尼色柯特在文献〔5〕中即建议在钢梁中也采用泮雷-罗伯逊型公式来获得梁的设计曲线，并根据已有试验资料探讨了可以采用的缺陷参数。但到目前为止，在各国现行规范中除英国外，大都把缺陷的影响用一个安全系数或设计系数来笼统地考虑。

上面提到的钢梁的弹性侧屈问题已经基

本解决，主要是利用已有的理论可以基本上解决设计的需要，并不是说在这方面已没有可以再深入研究的问题了。上述开口薄壁杆件弹性理论中假定杆件沿轴线为等截面，又假定杆件在屈曲时截面的周边形状保持不变，犹如刚体一样发生侧向位移和扭转，从而简化了方程及其解。假如放弃这些假定，又当如何呢？凯蒂旁查等[6]于1974年研究了楔形等高度单轴对称工字形梁的弹性侧扭屈曲，建立了这种非均匀截面梁的平衡微分方程式，用有限积分法[7]得到了微分方程的数值解，与小比例铝合金梁的侧屈试验相比较，得到了满意的结果。约翰逊等[8]于1973年用有限单元法研究了工字梁的弹性侧扭屈曲，考虑了截面形状的畸变影响，采用矩形单元，适用于任意荷载及任意边界条件。亨柯克[9]于1978年用有限条法研究了工字梁的局部屈曲、畸变屈曲及侧扭屈曲。关于考虑工字梁截面形状畸变对侧扭屈曲临界荷载的影响，结论是当腹板不很薄，梁的长度不很短时，影响一般不是太大的。文中对腹板高厚比为68的一根梁进行了分析，考虑畸变的侧屈荷载较不考虑畸变时降低了约10%。赖萨克等[10][11]于1978年研究了开口薄壁截面梁在无扭转荷载和有扭转荷载下的双向弯曲，梁端抗弯边界条件为不确定，采用小变形理论和一般的假设（例如刚周边假设，不考虑剪切变形影响等），列出了三个平衡微分方程，给出了近似的弹性和非弹性解，对非主惯性轴的双向纯弯曲给出了弹性时的闭合解。除理论分析外，还进行了试验研究，理论解与试验结果符合较好。重要的结论有：梁在双向受弯时，绕强轴的承载能力对于绕弱轴弯曲的荷载是很敏感的，扭矩的存在将降低双向受弯梁的承载能力，有扭转荷载的双向受弯梁常会由于板件的局部失稳而破坏；在此情况下，其承载能力就不可能由整体稳定分析得到结果等。上面列举了一些研究课题，主要是说明当前在梁的弹性侧扭屈曲方面的主要研究动向。

二、钢梁的非弹性侧扭屈曲

钢梁发生非弹性侧屈时，截面上的部分纤维已屈服，整个截面分成了弹性区和塑性区。塑性区材料的变形模量较弹性区为小，降低了截面的各种有效刚度，从而使侧屈的临界弯矩较按弹性侧屈时有较大的降低。通常细长的梁易弹性侧屈，中等长度的梁则易非弹性侧屈。工程实用上的梁常是后者，因而研究非弹性侧屈更有其重要意义。

过去，由于数学上的困难，对非弹性侧屈的解常采用简化假定[4]。柏拉希[12]曾建议，当梁屈曲瞬间梁的弯曲应力已超过比例极限时，则可采用相应于梁最大应力时的切线模量E_t代替弹性侧屈理论公式中的弹性模量E，从而得出非弹性侧扭屈曲临界应力的下限。在这个建议中，未考虑残余应力的影响，同时又与试验数据不尽符合，更由于E_t不易得到而较难实际应用。采用的另一简化方法是，假定梁的弹性和非弹性侧屈应力间的关系与柱的相同，从而利用柱子曲线可估算出梁的非弹性侧屈临界应力。这个方法虽是近似的和无严格的理论证明，但由于简单，直到现在许多国家包括我国的现行设计规范都还在采用。第三种方法是采用大量试验来确定非弹性屈曲的临界应力曲线，这个方法的优点是所建立的关系中自然包含了在试验中必然存在的各种缺陷的影响（包括初弯曲、初偏心以及残余应力等），可更准确地反映实际情况。但采用这个方法需进行大量符合实际情况的试验研究，并非易事。

近二十余年来，由于对残余应力研究的逐渐深入和电子计算机被广泛采用，对钢梁非弹性侧屈的研究有了较大的进展。

研究非弹性侧屈问题关键之一，在于确定屈曲瞬间由于截面形成弹性区和塑性区后截面各种有效刚度的大小。杆件由于热轧、切割及焊接等高温加工后的不均匀冷却，使截面上存在不同的残余应力，早冷却的部位产生残余压应力，后冷却的部位产生残余拉应力。其在截面上的分布和大小，使梁受荷载后由于弯曲应力和残余应力相叠加，截面各部位有的提前进入塑性，有的则延迟进入塑性，从而使原先为双轴对称截面上的弹性区也呈单轴对称分布，截面的中和轴和剪切中心位置沿对称轴有所移动。这些影响的大小与截面上塑性开展的深度和范围密切相关。此外，当梁承受非均匀弯曲时，由于外加弯矩沿杆轴的变化，沿杆轴各个截面上弹、塑性区的分布也就不同，剪切中心线与梁的几何轴线间形成倾角，原为等刚度的杆件改变成沿杆轴为变刚度的杆件。这些都增加了求解非弹性侧扭屈曲临界弯矩的复杂性。

1963年，美国迦伦布斯[13]首先考虑残余应力的影响，研究了热轧宽翼缘工字钢梁在纯弯曲下的非弹性侧扭屈曲。采用切线模量理论，假定材料为"弹性-完全塑性"，在截面部分进入塑性后假定抗扭刚度仍保持不变。但他在文中未考虑由于有效截面变成单轴对称后所引起的华格纳效应（Wagner effect）。1966年他在另文[14]中随即给予修正。

以后，对梁的非弹性侧扭屈曲，国外发表了较多的研究成果，绝大部分已为迦伦布斯的《侧向无支承的梁》[15]和林德诺等的《侧向有支承和无支承的梁》[16]等文中所引用。国内，我们已于1979年开始对此问题进行了探索性的研究[17][18]。

有关梁的非弹性侧扭屈曲问题的研究，可主要归纳如下：

1. 梁的非弹性侧扭屈曲，没有简单的闭合解，只有数值解和近似解。在解法方面，除过去常被采用的有限差分法外，近一、二十年又出现了许多有效的解法，例如有限单元法[19][20]，变换矩阵法[21]及有限积分法[7][22]等。因此迦伦布斯认为任何侧屈稳定问题都可以用分析方法来求解，并认为目前的问题不是如何来求解，而是要研究解决什么问题和如何来建立基本假设问题[15]。

2. 在确定梁的非弹性侧屈强度时，必须考虑残余应力的影响。

残余应力对钢梁侧扭屈曲的影响主要有二点。由于残余应力的存在，使截面上提前出现塑性区，从而提前出现非弹性侧屈，加大了出现非弹性侧屈的范围；另一方面则是降低了非弹性侧屈的临界荷载。

日本名古屋大学1971年发表了他们的试验研究结果[23]，根据十二对焊接工字梁的侧屈试验，每对梁中的一根经退火消除残余应力影响，另一根不经退火，经退火的梁的临界力平均提高11%。

残余应力的影响取决于梁截面上残余应力的分布和大小。对此，国外曾做过大量的残余应力测定工作，见参考文献〔19〕中的引文。清华大学王国周教授对国外钢结构常用截面的残余应力分布曾进行综合介绍[24]。在钢梁非弹性侧屈的研究中，过去国外引用的热轧截面残余应力模式有如图2所示三种[25]。图2(a)由美国里海（Lehigh）大学针对美国热轧宽翼缘工字钢截面提出，文献〔15〕中首先引用。图2（b）为新西兰麦赛（Massy）所引用，是根据澳大利亚热轧工字钢截面提出的。图2（c）为李（Lee）所提出，为文献〔22〕中所引用，图2(a)中文献〔15〕取翼缘尖端的 $\sigma_{rf}=0.3\sigma_y$，图2(c)中文献〔22〕取 $\dfrac{\sigma_r}{\sigma_y}=-0.003225x^4+0.118931x^2-0.3$，和 $\dfrac{\sigma_r}{\sigma_y}=0.001610y^4-0.062575y^2+0.3$。$\sigma_y$ 为钢材的屈服点，均适用于大致相当于我国3号钢的钢材。张显杰论文[17]中，为了研究我国热轧工字钢梁在纯弯曲下的非弹性侧屈，曾建议两种残余应力模式作为分析研究的依据。两种模式腹板上的残余应力都采用如图2（c）中所示的

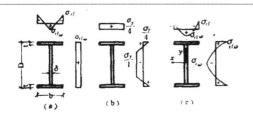

图 2　热轧工字钢的残余应力模式（＋为拉应力，
一为压应力，σ_y 为屈服点）

(a)—里海型；　(b)—麦赛型；　(c)—多 项式型

四次抛物线，但翼缘上的则分别采用图2(a)
中的三角形和二次抛物线。采用这种模式，
模式中两个系数C_3和C_4可根据$\int_A \sigma_r \, dA = 0$
和翼缘腹板交界处残余应力为连续这两个条
件唯一确定。根据梁侧屈试验的计算机模
拟，发现二次抛物线变化比三角形变化更符
合实际。可惜文献〔17〕对试验梁截面上的残
余应力分布未作实际测定。

　　对焊接工字截面的残余应力模式，影响
的因素甚多。诸如钢板边缘的加工方式（轧
制边或焰割边）、焊接热量大小和截面各部分
尺寸比例等，因此难于得到适用于各种截面
的统一模式。翼缘板为焰割边的焊接工字截
面的残余应力模式大致如图3所示。与热轧
截面相比较，焊接的有两个特点：翼缘端部
的 σ_{rf} 往往为拉应力，使受压翼缘的端部受
荷后延迟进入塑性；翼缘和腹板交接处存在
较大的残余拉应力 σ_{rfw}，其值可达到屈服点
σ_y，使一经受荷，下翼缘该部分截面便立即
进入塑性。翼缘板为轧制边的焊接工字截
面，其残余应力模式大致如图4所示，可见
其与图3有较大的差别。

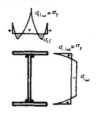

图 3　焰割边焊接工字形截面残余应力模式

图 4　轧制边焊接工字形截面残余应力模式

　　对残余应力虽然已有较多的测定，但大
都是针对柱截面进行的。梁截面上的分布同
柱截面上的分布究竟有多大区别呢？同时，
残余应力的测定又较难于进行，影响的因素
又多，用统计方法得来的理想模式与每个截
面上的实际分布是有较大区别的。这样，就给
研究工作带来一定的困难，即针对每条梁的
侧屈试验，还必须实测这条梁截面上的残余
应力具体分布情况，否则很难精确地进行理
论和试验比较，以说明残余应力的影响究竟
有多大。从经退火的和不经退火的梁侧屈试
验对比中，可以看出残余应力的影响，但无
法作精密的理论分析比较。此外，由于两对
比梁的其他缺陷（如几何缺陷）不同，因此
两对比梁的侧屈临界荷载即使不同，也不能
断定其差别完全来自残余应力。凯蒂旁查
等〔26〕1974 年进行两组对比梁非弹性侧屈试
验中，一组的结果（试件 S3-12）是未经退
火处理的梁的侧屈荷载反而高于经退火的。
原作者认为其原因是该经退火的梁存在较大
的初弯曲。以上述情况来看，精确地研究残
余应力的影响并非易事。

　　尼色柯特〔19〕〔25〕研究了影响轧制工字钢
梁在纯弯曲下非弹性侧扭屈曲的主要因素，
认为残余应力的模式不同对临界荷载有一定
影响，但不是主要的。主要的则是截面翼缘
上残余应力（拉或压）的峰值大小，因为这些
峰值控制了截面出现塑性区的弯矩大小，尤
以开始出现受压屈服使临界弯矩降低更为明
显。轧制工字钢翼缘端部的残余压应力水平
σ_{rf}/σ_f 大致在0.5～0.1 的范围内变化。残余
压应力水平愈高，则产生初始屈服的弯矩也

愈低，促使提前出现非弹性侧屈。文献〔17〕中通过数值分析，也大致得到上述结论。在文献〔17〕中还通过对国产热轧工字钢纯弯曲侧屈试验的计算机模拟，发现当 σ_{rf}/σ_y 相差0.2时，临界弯矩的相对值相差约5%。因此，认为从实际应用来看，为了确定非弹性侧扭屈曲临界弯矩，尽管考虑残余应力的影响是一个重要因素，但并不一定要求得出精确的残余应力模式和水平。采用少量试验结合计算机模拟的方法，可以提供设计使用的临界弯矩公式。

3. 考虑残余应力影响的钢梁非弹性侧屈的计算模型，目前主要采用切线模量理论。在截面的弹性区，采用弹性模量E和G，这是肯定的，但在屈服区的变形模量取法问题上则有不同意见。文献〔27〕对此作了探讨并在文献〔22〕中继续引用，即考虑了钢材的应变硬化，在塑性区采用了应变硬化模量 E_{st} 和 G_{st}。文献〔17〕中根据数值分析，证明不同的变形模量取法对临界弯矩的影响不是最显著的。显然以取 $E_t=G_t=0$ 时所得的临界弯矩为最低，以取 $E_t=E_{st}$，$G_t=G$ 时为最高，取 $E_t=E_{st}$，$G_t=G_{st}$ 时介乎两者之间。

参 考 文 献

〔1〕Johnston, B. G., Guide to Stability Design Criteria for Metal Structures, 3rd edition, John Wiley, 1976.

〔2〕Власов, В. З., Тонкостенные Упругие Стержен, 1940.

〔3〕坂井藤一,《薄肉開断面部材の弾性安定基礎方程式の統一的誘導》,日本土木学会論文報告集，第221号，1974年1月。

〔4〕Clark, J. W. and Hill, H. N., Lateral Buckling of Beams, Trans . ASCE, Vol. 127, Part II, 1962.

〔5〕Nethercot, D. A., Imperfections and the Design of Steel Beams, Proc. ICE, Vol. 51, June 1974.

〔6〕Kitipornchai, S. and Trahair, N. S., Elastic Behavior of Tapered Monosymmetric I-Beams, Journal of the Structural Division, Proc. ASCE, Vol.101. № ST8, Aug. 1975.

〔7〕Brown, P. T. and Trahair, N. S., Finite Integral Solution of Differential Equations, Civil Engineering Transactions, Institute of Engineers, Australia, Vol. CE10, №2, Oct. 1968.

〔8〕Johnson, C. P. and Will, K. M., Beam Buckling by Finite Element Procedure, Journal of the Structural Division, Proc. ASCE, Vol. 100, №ST3, March 1974.

〔9〕Hancock, G.J., Local, Distortional and Lateral Bucking of I-Beams, Journal of the Structural Division, Proc. ASCE, Vol.104, №. ST11, Nov. 1978.

〔10〕Razzaq, Z. and Galambos, T. V., Biaxial Bending of Beams with or without Torsion, Journal of the Structural Division, Proc. ASCE, Vol. 105, №ST11, Nov. 1979.

〔11〕Razzaq, Z. and Galambos, T. V., Biaxial Bending Tests with or without Torsion, Journal of the Structural Division, Proc. ASCE, Vol. 105, № ST11, Nov. 1979.

〔12〕柏拉希,《金属结构的屈曲强度》,同济大学钢木结构教研室译，科学出版社，1965年。

〔13〕Galambos, T. V., Inelastic Lateral Buckling of Beams, Journal of the Structural Division, Proc. ASCE, Vol.89, №ST5, Oct. 1963.

〔14〕Fukumoto, Y. and Galambos, T. V., Inelastic Lateral-torsional Buckling of Beam-columns, Journal of the Structural Division, Proc. ASCE, Vol.92, №ST2, April 1966.

〔15〕Galambos, T. V., Lateral Unsupported Beams, ECCS, Introductory Report, Second International Colloquim of Stability of Steel Structures-Liege, Belgium, Apr. 1977, pp.365—373.

〔16〕Lindner, J. et al., Lateral Supported and Unsupported Beams, ECCS, Introductory Report, Second International Colloquim of Steel Structures, Liege, Belgium, Apr. 1977. pp.127—143.

〔17〕张显杰,《热轧工字钢梁的弹塑性侧扭屈曲》,浙江大学土木工程学系研究生毕业论文，1981年6月。

〔18〕李士英,《双轴对称焊接工字钢梁的纯弯曲非弹性侧扭屈曲及其计算简化》,浙江大学土木工程学系研究生毕业论文，1981年10月。

〔19〕Nethercot, D. A., Factors Affecting the Buckling Stability of Partial plastic Beams, Proc. ICE, Vol. 53, Sept. 1972.

〔20〕Nethercot, D.A., The Solution of Inelastic Lateral Stability Problems by the Finite Element Method, Proceedings, 4th Australian Conference on the Mechanics of Structures and Materials, Aug· 1973.

〔21〕Yoshida, H. and Imoto, Y., Inelastic Lateral Buckling of Restrained Beams, Journal of the Engineering Mechanics Division, ASCE, Vol.99, № EM2, Apr. 1973.

〔22〕Kitipornchai, S. and Trahair, N. S., Buckling of Inelastic I-Beams Under Moment Gradient. Journal of the Structural Division, Proc. ASCE, Vol.101, №ST5, May 1975.

（待续）

有初缺陷工字形钢梁的整体
稳定极限荷载

第5期第20卷	浙 江 大 学 学 报	№ 5 , Vol.20
1986年9月	Journal of Zhejiang University	September,1986

有初缺陷工字形钢梁的整体
稳定极限荷载

陈其石　　潘有昌　　夏志斌

提　　要

　　钢梁整体稳定的屈曲理论不能直接地反映几何初缺陷的不利影响。本文提出了正交配置分析几何非线性的弹塑性开口薄壁梁的方法，以此计算有初缺陷工字形钢梁的整体稳定极限荷载。本文方法有益于提高精度和简化计算。文中将极限荷载曲线与国内外的规范设计曲线作了比较。

一、引　　言

　　实际使用中的钢梁总是存在着各种初始缺陷，它们对钢梁的承载能力有不利影响。钢梁的初始缺陷包括材料初缺陷（如残余应力）和几何初缺陷（如梁的初弯曲、初扭转和荷载的初偏心）。

　　长期以来，主要是用屈曲理论分析钢梁的整体稳定的（图1，折线 a ）。屈曲理论略去了梁在屈曲前的侧向弯曲和扭转，以临界荷载确定梁的承载能力。屈曲理论虽然能反映梁整体稳定的主要特征，但是所描述的变形过程要较实际的简单得多。国内外各现行钢结构设计规范对侧向无支承钢梁的计算基本上是以屈曲理论为基础的[1]。

　　对钢梁整体稳定的极限荷载分析(图1，曲线 b ）旨在用几何非线性理论分析梁的弹塑性变形全过程，由荷载—位移曲线确定钢梁所能承受的最大荷载，即极限荷载（Ultimate Load）。极限荷载分析考虑了几何

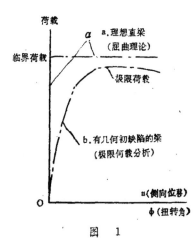

图　1

本文于1986年3月28日收稿

初缺陷，认为侧向弯曲和扭转是随着荷载而变化的，它所描述的变形过程比较接近实际情况。

S.Vinnakota 曾用差分法分析了开口薄壁梁的非线性变形[2]。之后，Z.Razzaq 和 T.V.Galambos 以半解析法分析了双向受弯并受扭的工字形钢梁[3]；Y.Fukumoto 和 S.Nishida 以传递矩阵法分析了工字形曲梁的稳定极限荷载[4]；H.Yoshida 和 K.Meagawa 以传递矩阵法分析了某些初缺陷对工字形钢梁的稳定极限荷载的影响[5]。此外，S.Rajasekaran[6] 和沈祖炎等[7]曾对双向压弯杆件进行了有限元分析。

由于极限荷载分析更能正确评价侧向无支承钢梁的整体稳定承载能力，因此这方面的研究具有理论和实际意义。本文根据弹塑性开口薄壁梁的几何非线性理论，用正交配置法（Orthogonal Collocation Method）分析考虑初缺陷影响的简支工字形钢梁的整体稳定极限荷载，为极限荷载的计算提供一种有效的数值计算方法。

二、计　算　方　法

本文假设钢材为理想弹塑性体，不计剪应力对屈服条件的影响及屈服后的应力卸载注。取弹塑性剪切模量[4]

$$\overline{G} = \frac{G}{1 + 3G\left(\dfrac{1}{E_s} - \dfrac{1}{E}\right)} , \qquad (1)$$

其中 E 和 G 分别为拉伸和剪切的弹性模量，$E_s = \sigma/\varepsilon$ 为瞬时割线模量。

为了描述开口薄壁梁的变形，引入如图 2 所示的二组坐标系。$OXYZ$ 为整体坐标系，是根据未变形的梁设置的，且不因梁的变形而移动。$P\xi\eta\zeta$ 为局部坐标系，固定于某个横截面上，梁未变形时与 $OXYZ$ 重合，变形后随所在的横截面移动。对于双轴对称的工字形截面，取其形心为 P。P 点沿 X 和 Y 方向的位移分别记为 u 和 v，横截面的扭转角记为 ϕ。

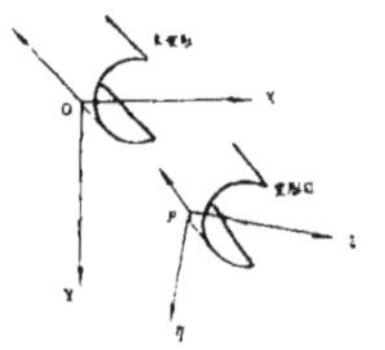

图　　2

考虑残余应力 σ_r 和微小初变形 u_0、ϕ_0，弹塑性开口薄壁梁的几何非线性平衡方程为[3]

$$\left.\begin{array}{l} M_\xi = M_x + \phi M_y - u' M_z \\ M_\eta = -\phi M_x + M_y - v' M_z \\ M_\zeta = u' M_x + v' M_y + M_z \end{array}\right\} \qquad (2)$$

式中的导数记号 "," 表示对坐标 Z 求导。M_x、M_y 和 M_z 分别是由荷载产生的弯矩和扭矩，对于跨度中点作用平行于 Y 轴的偏心集中力 Q 的简支梁，

注：作者曾另编程序对比分析了屈服后应力卸载的影响，计算结果表明仅当初缺陷十分微小时才会发生屈服后的应力卸载，它对极限荷载影响甚微。

有初缺陷工字形钢梁的整体稳定极限荷载　43

$$M_x = \begin{cases} \dfrac{Q}{2} Z & 0 \leqslant Z \leqslant \dfrac{L}{2} \\[3mm] \dfrac{Q}{2}(L-Z) & \dfrac{L}{2} < Z \leqslant L \end{cases}$$

$$M_v = 0 \qquad\qquad 0 \leqslant Z \leqslant L \qquad\qquad (3)$$

$$M_z = \begin{cases} \dfrac{Q}{2}(e + u_c + a\phi_c - u) & 0 \leqslant Z \leqslant \dfrac{L}{2} \\[3mm] -\dfrac{Q}{2}(e + u_c + a\phi_c - u) & \dfrac{L}{2} < Z \leqslant L \end{cases}$$

L 为梁的跨度，e 为荷载偏心距，a 为荷载作用点的高度，u_c 和 ϕ_c 为跨度中点的相应位移。

式（2）中的 M_ξ 和 M_η 是由截面上应力合成的弯矩：

$$\begin{aligned} M_\xi &= \int_A \sigma \eta \, dA \\ &= ES_{\xi e}\varepsilon_0 - EI_{\xi e}v'' - EI_{\xi \eta e}(u'' - u_0'') - EI_{\omega \xi e}(\phi'' - \phi_0'') \\ &\quad + \int_{Ae} \sigma_r \eta \, dA + \int_{Ap} \sigma_y \eta \, \mathrm{sign}(\varepsilon) \, dA \\ M_\eta &= -\int_A \sigma \xi \, dA \\ &= -ES_{\eta e}\varepsilon_0 + EI_{\xi \eta e}v'' + EI_{\eta e}(u'' - u_0'') + EI_{\omega \eta e}(\phi'' - \phi_0'') \\ &\quad - \int_{Ae} \sigma_r \xi \, dA - \int_{Ap} \sigma_y \xi \, \mathrm{sign}(\varepsilon) \, dA \quad ; \end{aligned} \qquad (4)$$

M_ζ 是由应力合成的扭矩，由圣维南扭矩、翘曲扭矩（$-B'$）及附加扭矩（$Wagner$ 效应）三部分组成：

$$\begin{aligned} M_\zeta &= (\phi' - \phi_0')\int_A \overline{G}\,\frac{t^3}{3}\,ds - B' + \overline{K}\phi' - \overline{R}\phi_0' \\[2mm] &= (GJ)_A(\phi' - \phi_0') + E(S_{\omega e}\varepsilon_0)' - E(I_{\omega \xi e}v'')' \\[2mm] &\quad - E\left[I_{\omega \eta e}(u'' - u_0'')\right]' - E\left[I_{\omega e}(\phi'' - \phi_0'')\right]' + \left[\int_{Ae} \sigma_\gamma \omega \, dA\right]' \\[2mm] &\quad + \left[\int_{Ap} \sigma_y \omega \, \mathrm{sign}(\varepsilon)\, dA\right]' + \overline{K}\phi' - \overline{R}\phi_0' \qquad 。 \end{aligned} \qquad (5)$$

在式（4）、（5）中，A 指整个横截面的面积，包括弹性区面积 A_e 和塑性区面积 A_p；ω 为翘曲坐标；t 为壁厚；ε_0 为 P 点处的纵向应变；σ_y 为屈服应力。此外

$$S_{\xi e} = \int_{Ae} \eta dA \qquad S_{\eta e} = \int_{Ae} \xi da \qquad S_{\omega e} = \int_{Ae} \omega dA$$

$$I_{\xi e} = \int_{Ae} \eta^2 dA \qquad I_{\eta e} = \int_{Ae} \xi^2 dA \qquad I_{\xi \eta e} = \int_{Ae} \xi \eta dA$$

$$I_{\omega \xi} = \int_{Ae} \omega \eta dA \qquad I_{\omega \eta e} = \int_{Ae} \omega \xi dA \qquad I_{\omega e} = \int_{Ae} \omega^2 dA \qquad (6)$$

$$(GJ)_A = \int \overline{G} \frac{t^3}{3} ds \qquad \overline{K} = \int \sigma [(\xi - \xi_0)^2 + (\eta - \eta_0)^2] dA$$

$$\overline{R} = \int_A \sigma_r [(\xi - \xi_0)^2 + (\eta - \eta_0)^2] dA$$

$$\text{sign}(\varepsilon) = \begin{cases} 1 & \varepsilon > 0 \\ -1 & \varepsilon < 0 \end{cases}$$

$\overline{K}$ 和 $\overline{R}$ 中的 ξ_0、η_0 为扭转中心的坐标，对于双轴对称的工字形截面，本文假设扭转中心与形心重合，因而 $\xi_0 = \eta_0 = 0$。

为了便于作数值计算，将式（2）写成矩阵形式

$$[K]_e(D) - [\widetilde{M}](\widetilde{D}) = (M) + [K^0]_e(D^0) + (F) \quad , \qquad (7)$$

其中
$$(D) = (v'' v''' u'' u''' \phi' \phi'' \phi''')^T$$

$$(D^0) = (u_0'' u_0''' \phi_0' \phi_0'' \phi_0'')^T$$

$$(\widetilde{D}) = (v' u' \phi)^T \qquad (M) = (-M_x \quad M_y \quad M_z)^T$$

$$[\widetilde{M}] = \begin{pmatrix} 0 & M_z & -M_y \\ -M_z & 0 & -M_x \\ M_y & M_x & 0 \end{pmatrix}$$

$$(F) = \begin{cases} ES_{\xi e}\varepsilon_0 + \int_{Ae} \sigma_r \eta dA + \int_{Ap} \sigma_y \eta \text{sign}(\varepsilon) dA \\ ES_{\eta e}\varepsilon_0 + \int_{Ae} \sigma_r \xi dA + \int_{Ap} \sigma_y \xi \text{sign}(\varepsilon) dA \\ \left[-ES_{\omega e}\varepsilon_0 - \int_{Ae} \sigma_r \omega dA - \int_{Ap} \sigma_y \omega \text{sign}(\varepsilon) dA \right]' \end{cases} \qquad (8)$$

$$[K]_e = E \begin{cases} I_{\xi e} & 0 & I_{\xi \eta c} & 0 & 0 & I_{\omega \xi e} & 0 \\ I_{\xi \eta e} & 0 & I_{\eta e} & 0 & 0 & I_{\omega \eta e} & 0 \\ -I'_{\omega \xi e} & -I_{\omega \xi e} & -I'_{\omega \eta e} & -I_{\omega \eta e} & \dfrac{(GJ)_A + \overline{K}}{E} & -I'_{\omega e} & -I_{\omega e} \end{cases}$$

有初缺陷工字形钢梁的整体稳定极限荷载　　45

$$[K^0]_e = E \begin{vmatrix} I_{\xi\eta e} & 0 & 0 & I_{\omega\xi e} & 0 \\ I_{\eta e} & 0 & 0 & I_{\omega\eta e} & 0 \\ -I'_{\omega\eta e} & -I_{\omega\eta e} & \dfrac{(GJ)_A + \overline{R}}{E} & -I'_{\omega e} & -I_{\omega e} \end{vmatrix}$$

本文采用正交配置法[9]作为求解方程(7)的数值方法。正交配置法解题的主要过程是将假设的近似解代入微分方程，并令近似解在若干个正交多项式的零点上满足微分方程，由此确定近似解中的待定常数。对于开口薄壁梁的非线性分析，正交配置法的精度与采用高斯数值积分的有限单元法非常接近[8]。

本文的计算方法中将梁均匀地分作 m 段，每一段上选择二次勒让德(Legendre)多项式的两个零点

$$Z_{i1} = Z_{i-1} + h\left(\frac{1}{2} - \frac{1}{2\sqrt{3}}\right) \qquad Z_{i2} = Z_{i-1} + h\left(\frac{1}{2} + \frac{1}{2\sqrt{3}}\right) \qquad (9)$$

$(h = Z_i - Z_{i-1}$，为区段(Z_{i-1}, Z_i)的长度。$i = 1, 2, \cdots, m$)

作为配置点。取位移函数为

$$\left.\begin{aligned} u &= \sum_{i=0}^{m} u_i \psi_{1i}(Z) + \sum_{i=0}^{m} u'_i \psi_{2i}(Z) \\ v &= \sum_{i=0}^{m} v_i \psi_{1i}(Z) + \sum_{i=0}^{m} v'_i \psi_{2i}(Z) \\ \phi &= \sum_{i=1}^{m}\left[\phi_{i-1}\psi_{3i}(Z) + \phi'_{i-1}\psi_{4i}(Z) + \phi''_{i-1}\psi_{5i}(Z)\right. \\ &\quad \left. + \phi_i\psi_{6i}(Z) + \phi'_i\psi_{7i}(Z) + \phi''_i\psi_{8i}(Z)\right] \qquad (0 \leqslant Z \leqslant L) \end{aligned}\right\} \quad (10)$$

其中的 u_i、u'_i、v_i、v'_i、ϕ_i、ϕ'_i、ϕ''_i 是节点 Z_i 处的未知位移；$\psi_{1i}(Z)$ 和 $\psi_{2i}(Z)$ 为分段三次埃尔米特(Hermite)样条函数

$$\psi_{1i}(Z) = \begin{cases} -\dfrac{2(Z-Z_{i-1})^3}{h^3} + \dfrac{3(Z-Z_{i-1})^2}{h^2} & Z_{i-1} \leqslant Z \leqslant Z_i \\ \dfrac{2(Z-Z_{i+1})^3}{h^3} + \dfrac{3(Z-Z_{i+1})^2}{h^2} & Z_i \leqslant Z \leqslant Z_{i+1} \\ 0 & Z < Z_{i-1} \text{ 或 } Z > Z_{i+1} \end{cases}$$

$$\psi_{2i}(Z) = \begin{cases} (Z-Z_{i-1})^2(Z-Z_i)/h^2 & Z_{i-1} \leqslant Z \leqslant Z_i \\ (Z-Z_i)(Z_{i+1}-Z)^2/h^2 & Z_i \leqslant Z \leqslant Z_{i+1} \\ 0 & Z < Z_{i-1} \text{ 或 } Z > Z_{i+1} \end{cases}$$

$\psi_{3i}(Z) \sim \psi_{8i}(Z)$ 是下述分段五次多项式

$$\psi_{3i}(Z) = \begin{cases} 1 - 10\lambda^3 + 15\lambda^4 - 6\lambda^5 & Z_{i-1} \leqslant Z \leqslant Z_i \\ 0 & Z < Z_{i-1} 或 Z > Z_i \end{cases}$$

$$\psi_{4i}(Z) = \begin{cases} (\lambda - 6\lambda^3 + 8\lambda^4 - 3\lambda^5)h & Z_{i-1} \leqslant Z \leqslant Z_i \\ 0 & Z < Z_{i-1} 或 Z > Z_i \end{cases}$$

$$\psi_{5i}(Z) = \begin{cases} (\frac{1}{2}\lambda^2 - \frac{3}{2}\lambda^2 + \frac{3}{2}\lambda^4 - \frac{1}{2}\lambda^5)h^2 & Z_{i-1} \leqslant Z \leqslant Z_i \\ 0 & Z < Z_{i-1} 或 Z > Z_i \end{cases}$$

$$\psi_{6i}(Z) = \begin{cases} 10\lambda^3 - 15\lambda^4 + 6\lambda^5 & Z_{i-1} \leqslant Z \leqslant Z_i \\ 0 & Z < Z_{i-1} 或 Z > Z_i \end{cases}$$

$$\psi_{7i}(Z) = \begin{cases} (-4\lambda^3 + 7\lambda^4 - 3\lambda^5)h & Z_{i-1} \leqslant Z \leqslant Z_i \\ 0 & Z < Z_{i-1} 或 Z > Z_i \end{cases}$$

$$\psi_{8i}(Z) = \begin{cases} (\frac{1}{2}\lambda^3 - \lambda^4 + \frac{1}{2}\lambda^5)h^2 & Z_{i-1} \leqslant Z \leqslant Z_i \\ 0 & Z < Z_{i-1} 或 Z > Z_i \end{cases}$$

$$\left(\lambda = \frac{Z - Z_{i-1}}{h}, \quad i = 1, 2, 3, \cdots, m\right).$$

由式(10)知共有 $7(m+1)$ 个未知节点位移。由于每个配置点上有三个平衡方程（式（2）或式（7）），$2m$ 个配置点上共有 $6m$ 个方程；加上梁两端的 8 个边界条件（关于两端的 u、v、ϕ 和 ϕ''）以及在 $(m-1)$ 个中间节点（Z_1，Z_2，$\cdots$，Z_{m-1}）上的 ϕ'' 连续条件；正好以 $7m+7$ 个代数方程求解 $7m+7$ 个未知量。

这些代数方程可以写成矩阵形式

$$[A](\delta) = (R) \tag{11}$$

其中的 (δ) 为节点位移向量。由于几何非线性和材料非线性的影响，$[A]$ 和 (R) 都与 (δ) 有关，式（11）为非线性代数方程组。

本文以简单迭代法求解式（11）。在某一级荷载下，先给定位移 (δ)，再计算横截面上弹性区的几何参数（式（6））和塑性区的内力（式（8）中的 (F)）。为此，需将工字形截面划分成如图 3 所示的小格，据给定的位移计算各小格中心的应变

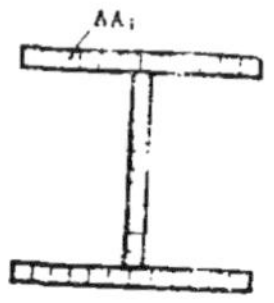

图 3

$$\varepsilon = \varepsilon_0 - (u'' - u_0'')\xi - v''\eta - (\phi - \phi_0'')\omega + \sigma_r/E \tag{12}$$

并判别其弹塑性状态。具体的计算步骤是：

（1）假设 ε_0；

（2）由式(12)计算各小格中心的 ε，并按 $|\varepsilon|$ 是否大于 ε_y（屈服应变）判定各小格的弹塑性状态；

（3）由 $N = \Sigma\sigma_i \cdot \Delta A_i$ 计算轴力，检查 $|N| < u_N$（允许误差）是否满足；若不满足，则修正 ε_0 并返回（2）；

（4）若$|N|<\mu_N$已满足则可按各小格的弹塑性状态由式（6）和（8）计算$[K]_e$和(F)。横截面几何参数的导数（ 如$I'_{\omega e}$）则可通过对几何参数（$I_{\omega e}$）插值求导得到。

　　计算好各配置点的$[K]_e$和(F)后，便可形成$[A]$和(R)，然后由求解式（11）得到一个新的节点位移向量$(\delta*)$。对比$(\delta*)$和(δ)，如果满足收敛条件

$$\frac{|\delta^*_K - \delta_K|}{|\delta_K|} < \mu_1 \quad （允许相对误差），\quad (K = 1, 2, 3, \cdots, 7m+7) \quad (13)$$

或　　　　$$|\delta^*_K - \delta_K| < \mu_2 \quad （允许绝对误差），\quad\quad\quad\quad\quad\quad (14)$$

则取$(\delta*)$作为这一级荷载下的位移，然后增加荷载，继续计算；若不满足收敛条件则给定新的(δ)重新迭代。

　　由于方程组（11）收敛的力学意义就是在给定荷载下钢梁的静力平衡，到达极限荷载后，即使再给荷载以微小增量，迭代也不会收敛。因此，在按照上述计算过程逐渐增加荷载时，如果到达某一级荷载后，即使荷载增量很小，迭代到规定次数时也仍不收敛，则认为这时钢梁的承载能力已达到极限，取这一级荷载作为极限荷载。

　　如上所述，本文考虑的初缺陷包括残余应力、初弯曲、初扭转和荷载的初偏心。初弯曲和初扭转可以根据实测值进行分段插值。

三、计 算 结 果

　　应用以本文计算方法编制的计算机程序，可以计算有初缺陷工字形钢梁的极限荷载。本文除了将计算结果与作者及国外学者的试验结果作了对比，以验证计算方法外；还将计算得到极限荷载曲线与国外的规范设计曲线加以比较，以分析初缺陷的不利影响。

1. 计算结果与试验结果比较

　　1981年，*Y.Fukumoto*和*S.Nishida*曾发表了六根工字形曲梁的极限荷载试验结果[4]。

试验方法为两端简支，梁的跨度中点作用一集中荷载。试验梁中两根曲率接近$\frac{L}{1000}$的可以看作是有初弯曲的直梁，图4和图5给出了用本文方法计算这两根梁得到的荷载—位移曲线和文献[4]中的试验曲线，二者符合较好。图中的Q为集中荷载，ϕ_0为跨中截面的扭转角。所采用的残余应力模式如图6所示。

　　此外，本文还进行了三根焊接工字形钢梁的极限荷载试验。试验方法是将梁两端简支，在跨度中点的受压翼缘上作用一偏心集中荷载。参考文献[8]曾对试验的装置和方

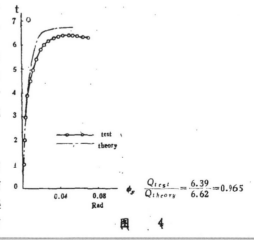

$$\phi_s \quad \frac{Q_{test}}{Q_{theory}} = \frac{6.39}{6.62} = 0.965$$

图　4

48　　　　　浙　江　大　学　学　报

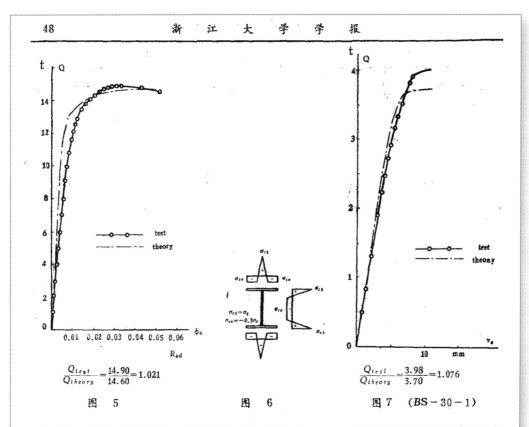

$$\frac{Q_{test}}{Q_{theory}} = \frac{14.90}{14.60} = 1.021$$

$$\frac{Q_{test}}{Q_{theory}} = \frac{3.98}{3.70} = 1.076$$

图　5　　　　　　　　图　6　　　　　图　7　（BS－30－1）

法作了详细介绍。试验梁的几何尺寸及几何初缺陷分别如表1和表2所示。经对钢材进行力学性能试验，测得弹性模量 $E = 2.12 \times 10^5 \mathrm{N/mm^2}(2.16 \times 10^6 \mathrm{kg/cm^2})$，腹板的屈服应力 $\sigma_{YW} = 311 \mathrm{N/mm^2}(3170 \mathrm{kg/cm^2})$，翼缘的屈服应力 $\sigma_{Yf} = 259 \mathrm{N/mm^2}(2640 \mathrm{kg/cm^2})$。图7至图15给出了这三根钢梁的计算结果与试验结果的比较，图中的 v_c、u_c 和 ϕ_c 分别为跨度中点的竖向挠度、水平挠度和转角，Q 为集中荷载。残余应力未作实测，计算中采用的残余应力模式如图6所示。由于加载装置对梁的变形有微弱的约束作用，使试验结果中 u_c 和 ϕ_c 略偏小而极限荷载略偏高。

表1　试验梁的几何尺寸　　　　　　　单位：mm

试 验 梁 编 号	H	B	D	T	L
实测尺寸　BS－30－1	190	102			3000
BS－40－1	193	102	6.0	7.7	4000
BS－40－2	196	102			4000
设 计 尺 寸	200	100	6.0	8.0	

表1附注：H－截面高度，B－翼缘宽度，D－腹板厚度，T－翼缘厚度，L－梁的跨度。

有初缺陷工字形钢梁的整体稳定极限荷载　　**49**

表2　试验梁的几何初缺陷

试验梁编号	e_0	$(u_0)_{\frac{L}{4}}$	$(u_0)_{\frac{L}{2}}$	$(u_0)_{\frac{3L}{4}}$	$(\phi_0)_{\frac{L}{4}}$	$(\phi_0)_{\frac{L}{2}}$	$(\phi_0)_{\frac{3L}{4}}$	$(\phi_0)_L$
	(mm)	(mm)			$(10^{-2}Rad)$			
$BS-30-1$	10.0	-0.5	0.3	0.9	0.17	1.03	-1.90	-2.02
$BS-40-1$	10.0	1.8	5.1	1.6	1.38	0.35	1.21	0
$BS-40-2$	5.0	-2.8	-1.5	-1.3	2.07	0.86	-1.03	0

表2 附注：e_0—荷载的初始偏心距，$(u_0)_{\frac{L}{4}}$、$(u_0)_{\frac{L}{2}}$、$(u_0)_{\frac{3L}{4}}$——$Z=\frac{L}{4}$、$\frac{L}{2}$、$\frac{3L}{4}$处的初始水平位移。

$(\phi_0)_{\frac{L}{4}}$、$(\phi_0)_{\frac{L}{2}}$、$(\phi_0)_{\frac{3L}{4}}$、$(\phi_0)_L$——$Z=\frac{L}{4}$、$\frac{L}{2}$、$\frac{3L}{4}$、L处的初始扭转角。

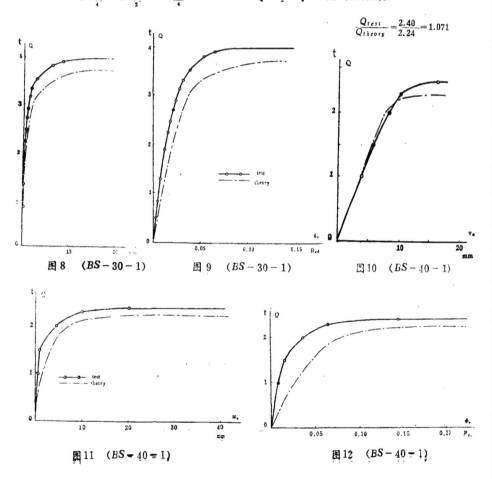

$$\frac{Q_{test}}{Q_{theory}}=\frac{2.40}{2.24}=1.071$$

图8　$(BS-30-1)$　　　　图9　$(BS-30-1)$　　　　图10　$(BS-40-1)$

图11　$(BS-40-1)$　　　　　　　图12　$(BS-40-1)$

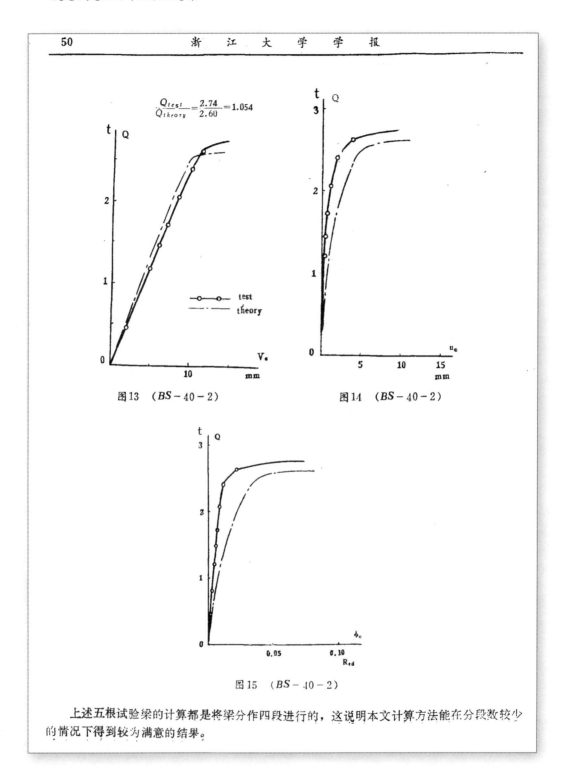

图 13　($BS-40-2$)

图 14　($BS-40-2$)

图 15　($BS-40-2$)

上述五根试验梁的计算都是将梁分作四段进行的，这说明本文计算方法能在分段数较少的情况下得到较为满意的结果。

2.极限荷载曲线与规范设计曲线比较

极限荷载曲线与规范设计曲线的比较是对图16中的特定截面进行的，这是一个焊接工字形截面。梁的跨度不等，两端简支，跨度中点的受压翼缘上作用一集中荷载。取钢材的屈服应力 $\sigma_y = 235\text{N/mm}^2$（$2400\text{kg/cm}^2$），弹性模量 $E = 2.06 \times 10^5\text{N/mm}^2$（$2.1 \times 10^6\text{kg/cm}^2$）。残余应力模式如图7所示，其取法参考了文献[13]。几何初缺陷则分别采用下述两组不同的情况：

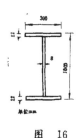

图　16

（1） $(u_0)_{\frac{L}{2}} = \dfrac{L}{1000}$ ，$e_0 = \phi_0 = 0$ 。即只有初弯曲而没有初偏心和初扭转。

（2） $(u_0)_{\frac{L}{2}} = \dfrac{L}{3000}$ 且 $(u_0)_{\frac{L}{2}} \leqslant 6\text{ mm}$，$(\phi_0)_{\frac{L}{2}} = \dfrac{5}{500}$，$e_0 = 4\text{ mm}$。即同时存在初弯曲、初扭转和初偏心。这一组几何初缺陷是根据我国《钢结构工程施工及验收规范》[10]的规定，取允许最大偏差的最不利组合。

图18和19将极限荷载曲线与规范设计曲线作了比较。图中的曲线 Ⅰ 和 Ⅱ 分别是就上述两组几何初缺陷计算得到的极限荷载。曲线 Ⅲ 为按我国即将审定的《钢结构设计规范（送审稿）》[11]（以下简称新规范）中计算钢梁稳定的方法确定的设计曲线。曲线 IV 是按国际标准化组织（ISO）的钢结构设计标准（草案）[12]中关于第三类钢梁的稳定计算公式得到的设计曲线。两条设计曲线均未考虑安全系数。

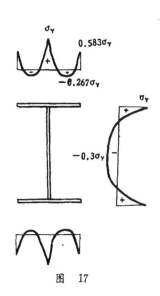

图　17

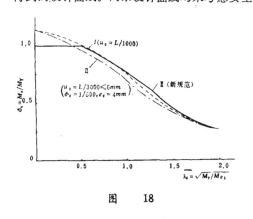

图　18

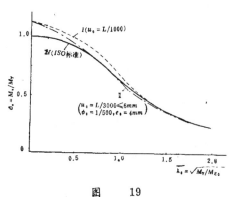

图　19

在图18和19中，M_y 为截面边缘屈服时的弯矩；M_u 表示按设计规范规定的最大承载力或

52　　　　　　　　　　浙　江　大　学　学　报

有初缺陷时的极限荷载（$M_u = \dfrac{Q_u L}{4}$）；

$$M_{EO} = \frac{\pi}{L}\sqrt{EI_y GJ}\ \sqrt{1 + \frac{\pi^2 EI_w}{L^2 GJ}} \tag{15}$$

$$M_{E1} = 1.35\frac{\pi^2 EI_y}{L^2}\left[-0.55\frac{H}{2} + \sqrt{\left(-0.55\frac{H}{2}\right)^2 + \frac{I_w}{I_y}\left(1 + \frac{GJL^2}{EI_w\pi^2}\right)}\right] \tag{16}$$

分别为简支梁在均匀弯曲时（式（15））和跨中受压翼缘上受集中荷载作用时（式（16））的弹性临界弯矩。M_{E1} 的确定方法是与新规范相一致的。

我国新规范计算钢梁整体稳定的公式为

$$\left.\begin{array}{ll}当\ \phi_b \leqslant 0.6\ 时，& \delta_u = \phi_b = 1/\overline{\lambda}_1^2\ ；\\[4pt] 当\ 4.0 \geqslant \phi_b > 0.6\ 时，& \delta_u = \phi_b' = 1.1 - 0.4646\overline{\lambda}_1^2 + 0.1269\overline{\lambda}_1^3\ ；\\[4pt] 当\ \phi_b > 4.0\ 时，& \delta_u = 1.0\ 。\end{array}\right\} \tag{17}$$

而 *ISO* 的计算公式则较简单

$$\delta_u = (1 + \overline{\lambda}_0^{2n})^{-\frac{1}{n}}\ , \tag{18}$$

对第三类截面的钢梁，$\delta_u = \dfrac{M_u}{M_Y}$。上式中的 n 是反映钢梁种类的参数，对于普遍通焊接梁，$n = 1.5$。

由图18和19中极限荷载曲线与规范设计曲线的比较可知：

（1）几何初缺陷使得稳定极限荷载低于临界荷载，尤其是对弹塑性屈曲（$\overline{\lambda} = 0.4 \sim 1.3$），这一差别更为明显。这也说明新规范中关于适当降低现行规范（*TJ* 17—74）的设计曲线（主要对弹塑性屈曲）的修正是必要的。

（2）由于有初偏心的梁所受的扭矩要较仅有初弯曲的梁大，因而初偏心要比同样大小的初弯曲更严重地降低钢梁的极限荷载。其他研究者的计算结果也证明了这一点[5]。

（3）对于非常细长的梁（$\overline{\lambda} > 1.6$），极限荷载曲线与弹性临界荷载曲线（$\delta_u = 1/\overline{\lambda}^2$）比较接近。原因是弹性屈曲分析中通常未考虑的主平面内弯曲变形和屈曲后强度能使细长梁的临界弯矩有所提高，而极限荷载分析中则已经包括了这两个因素（参见式（2））。

此外，对图17和18还应作以下说明：

a) 第（2）组几何初缺陷是施工验收规范规定的各种极限偏差的最不利组合，实际上发的概率很小；

b) 本文的计算结果是由一个特定截面得到的，不同的截面形状和尺寸会影响梁的极限荷载；

c) 实际上钢梁除了有初始缺陷这种不利因素外，还存在一些计算中难以考虑的有利因素，如实际钢材的屈服点一般高于规范的规定值，梁端支承常受到一定的约束等。

有初缺陷工字形钢梁的整体稳定极限荷载　　53

因此，本文中特定截面的极限荷载曲线是在极端不利的情况下得到的，它略低于新规范设计曲线是可以预料的，也是符合结构安全度的概念的，并不影响新规范的可行性。

四、结　　语

（1）由本文分析开口薄壁梁的弹塑性稳定极限荷载的方法，可以计算有残余应力，初弯曲，初扭转和初偏心等初缺陷的钢梁的稳定极限荷载。本文的计算结果与试验结果符合较好。

（2）本文的弹塑性开口薄壁梁几何非线性平衡方程组（式（7））具有便于进行数值计算的特点。

（3）以样条函数作为位移函数的正交配置法，精度较好而应用简便，是计算钢梁的稳定极限荷载的理想数值方法之一。

（4）本文根据特定的截面和几何初缺陷计算得到的极限荷载曲线低于根据屈曲理论得到的规范设计曲线。计算结果说明了新规范对现行规范的钢梁弹塑性整体稳定系数所作的修正是必要的。同时，本文工作对于今后如何在设计规范中考虑初缺陷的不利影响有一定的帮助。

致谢　本文曾得到唐锦春教授的帮助，试验工作是在周萍，项勇和孙凤刚等老师的帮助下完成的，作者谨在此深表谢意。

参 考 文 献

[1] 夏志斌，"钢梁侧扭屈曲的理论，试验研究及其验算方法"，工业建筑，1983，1，2

[2] Vinnakota, S., "Inelastic stability of laterallyo unsupported I-beamms" ,Computer and Structures, 1977, 7, （3）.

[3] Razzaq, Z., and Galambs, T.V., "Biaxial banding of beams with or without torsion" , Journal of fo Struuctual Divission, ASCE, 1979, 105, (11).

[4] Fukumoto, Y., and Nishida, S., "Ultimate load behavior of curved I-beams" , Jonrnal of Engineering Mehanics Divission, ASCE, 1981, 1C7, （2）.

[5] Yoshida, H., and Maegawa, K., "Lateral instability of I-beams with impefections", Journal of Struatural Engineering, ASCE, 1984.110, （8）.

[6] Chen, W.F., and Atsuta, T., Theoy of Beam-Columns, Vol. 2: Space Behavior and Design , McGraw -Hill, New York, 1977.

[7] 吕烈武，沈士钊，沈祖炎，胡学仁，钢结构构件稳定理论，中国建筑工业出版社，1983.

[8] 陈其石，有初缺陷工字形钢梁的弯扭极限荷载，硕士学位论文，浙江大学土木系，1985.

[9] Prenter, P.M., 样条函数与变分方法，上海科学技术出版社，1980.

[10] 中华人民共和国国家标准(GBJ205-83)，《钢结构工程施工及验收规范》，1983.

[11] 钢结构设计规范（送审稿），1985.

[12] ISO, Steel Structures, Materials and Design(working draft), ISO/Tc 167/SC1 N 114, 1985.

[13] 夏志斌，潘有昌，张显杰，"焊接工字形钢梁在纯弯曲时的非弹性侧扭屈曲，"浙江大学学报增刊，1985.

Ultimate Load Analysis of Steel I-Beams with Initial Imperfections

Chen Chishi　Pan Youchang　Xia Zhibin

ABSTRACT

Steel beams used in practice are always initially imperfect. It is found that these imperfections, including residual stresses, initial deformation and etc. are unfavorable to the load-carrying capacity of the beams. For a practical imperfect beam, the ultimate load analysis, which can predict the nonlinear load-displacement behavior, is more realistic than the buckling analysis.

In the presented paper, the equilibrium equations for geometrically nonlinear thin walled beams with open sections are introduced. The stress-strain relation is assumed to be ideal elastic-plastic. The imperfections of residual stresses, load eccentricity, initial deflections and twist are considered. The equilibrium equations are solved by the orthogonal collocation method which is almost as accurate as the finite element method and more convenient for application. To improve the numerical results, spline functions are employed as displacement expressions.

Based on the method of this paper, a computer program is developed for imperfect I-beams. Good agreement is found between the test and numerical results. The comparison with the practical design formulae of Specifications has confirmed that the new improvement in the Chinese design rule is proper.

吊车动荷载对山形门式钢刚架
塑性内力重分布和变形的影响

第1期第22卷　　　　　浙 江 大 学 学 报　　　　№ 1，Vol.22
1988年1月　　　Journal of Zhejiang University　　　January, 1988

吊车动荷载对山形门式钢刚架
塑性内力重分布和变形的影响*

潘有昌　许钧陶　夏志斌　王光煜**

提　　要

本文研究悬挂吊车动荷载对焊接工字形等截面山形门式钢刚架塑性内力重分布和变形的影响。采用简单塑性理论和二阶弹塑性分析的两种方法进行了理论分析，并对三榀刚架进行了静荷载破坏、静荷载反复作用和400万次动荷载试验。研究表明：在使用条件的吊车动荷载作用下，即使在已出现一个塑性铰转动后，对刚架内力重力分布和塑性铰的形成均无明显影响，动应变和动挠度基本稳定，不会影响吊车的正常运行，按塑性设计的刚架，具有足够的安全度和刚度。本研究为在中、轻级工作制的吊车厂房刚架结构中应用塑性设计，提供了研究成果。

关键词：刚架，塑性设计，动荷载

一、引　　言

钢刚架塑性设计，在国外的低层刚架设计中，早已大量应用，其中以山形门式刚架应用最多[1]。在国内，曾在六十年代中期对轻型钢刚架的塑性设计方法进行了理论分析和试验研究[2,3]。塑性设计方法已首次列入即将颁布的我国《钢结构设计规范》修订本[4]中。但是，吊车动荷载对厂房刚架塑性设计的影响问题国内尚无研究，而国内外有关设计规范中也大多明确规定作用于塑性设计结构的荷载必须主要是静荷载[4-12]，因此本研究有利于在有吊车的厂房设计中应用塑性设计，促进钢结构塑性设计在国内的发展。

本文研究山形门式刚架横梁中点直接承受悬挂吊车长期连续重复作用的动荷载对刚架内力重分布及弹塑性变形的影响。根据实际使用情况，厂房中悬挂吊车的动荷载绝大部分时间是通过吊车梁传到刚架的，即绝大部分时间中，刚架是间接承受动荷载作用。同时，除吊车动荷载外，刚架中还必然存在由其他荷载（恒荷载、风荷载和雪荷载等）产生的内力，因此本文在分析研究中采用动荷载的变化范围是参考刚架实际受力情况而确定，使最大应力幅 $\Delta\sigma$ 在容许应力幅 $[\Delta\sigma]$ 范围内，不使刚架因疲劳而破坏。

本文于1986年收到。
* 参加试验研究的有：芮晓玲、蒋成化、朱国元、周萍、张宝石、陈锋、王伯勤、焦彬如、何和生、全报庭、项勇、孙凤钢、杨晓峰和黄一华等同志。
** 机械工业部第二设计研究院高级工程师。

26　　　　　　浙 江 大 学 学 报

在实际刚架中，随着荷载的增加，塑性变形不仅沿截面深度发展，而且沿杆件长度方向扩展。在常用的焊接和轧制工字形截面中，还存在相当大的残余应力，尤其是焊接工字形截面，翼缘和腹板连接处的残余拉应力常达到屈服强度，因此刚开始加荷载，整个刚架就进入弹塑性工作，杆件刚度减小，变形增大，轴力的影响也随之加大。轴压力不仅降低了截面的极限弯矩，而且还产生附加弯矩，即 $P-\Delta$ 效应。因此，在研究刚架的受力性能时，除按简单塑性理论分析外，同时采用增量变刚度法编制了计算机程序，对刚架进行二阶弹塑性全过程分析[13]，既考虑了残余应力影响，又考虑材料非线性和几何非线性性能。

为了探索动荷载对刚架内力重分布和变形的影响，进行了三榀刚架试验。试验研究和理论分析表明：按塑性设计的焊接工字形截面山形门式刚架具有足够的安全度和刚度，刚架内力重分布性能正常，与理论分析基本一致，考虑残余应力影响的刚架二阶弹塑性分析方法更符合刚架的实际受力性能；在使用荷载下，动荷载的应变、挠度与静荷载的应变、挠度相比，虽有波动，但变化不大，且不发散，200万次动荷载试验不会影响塑性铰的形成和内力重分布过程；即使偶尔因过大超载而出现一个塑性铰截面转动后，仍能安全通过第二个200万次动荷载试验，继续加载，刚架仍能内力重分布和形成新的塑性铰，与考虑卸载影响的理论分析相一致，说明刚架经过400万次的动荷载试验，对内力重分布过程和塑性铰的形成没有明显的影响。建议塑性设计可在间接承受吊车动荷载作用的中、轻型厂房刚架设计中应用。

二、刚 架 试 验

试验目的是为了测定吊车动荷载作用时刚架的实际工作性能和安全度，验证塑性设计方法的可靠性。为了便于分析对比，共进行了静荷载破坏试验、静荷载反复作用试验和动荷载试验等三榀刚架试验。试件均采用几何尺寸相同的焊接工字形等截面山形门式刚架，钢材为3号钢，截面用自动电焊焊成，其他连接采用手工焊，焊条为 T_{42} 型。

试验时将两榀刚架用支撑连成空间体系，其中一榀为试验刚架，另一榀为辅助刚架，柱脚用螺栓固定在试验台座槽内。试验时的竖向集中荷载用千斤顶施加，水平集中荷载用滑轮组铸铁块施加。在刚架节点附近的八个截面上布置倾角仪和电阻应变片，在节点处布置百分表，以测量倾角、应变和位移（图1）。

钢材拉伸试验结果，材料具有明显的屈服台阶，极限抗拉强度和屈服强度之比为1.51～1.56，均大于1.2，开始强化时的应变和屈服时的应变之比为6.34～15.47，均大于6，延伸率均大于15%，都能满足塑性设计对材性的要求。冷弯试验和常温冲击韧性试验也满足设计要求。

试验时，先将水平荷载一次加足保持不变，再分级施加竖向荷载。在静荷载反复作用试验时，对每一规定的竖向荷载值进行数

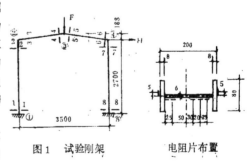

图1　试验刚架　　　　电阻片布置

吊车动荷载对山形门式钢刚架塑性内力重分布和变形的影响　27

次加、卸载循环，待变形稳定后再增加竖向荷载，直到结构丧失承载能力，实际试验的加、卸载过程见表 1（水平压力 $H = 21.48kN$）。

表 1　静荷载反复作用试验的加、卸载过程

竖向荷载 F(kN)	98	107.9	117.7	127.5	137.3	144.2
循环次数	4	3	3	4	10	4

动荷载试验时，首先测定刚架的自振频率，再进行使用荷载下的200万次动荷载试验。水平拉力 $H = 21.58kN$，一次加足保持不变，竖向动荷载 $F_{max} = 63.74kN$，$F_{min} = 29.42kN$。试验结束，刚架未出现疲劳损伤情况，卸载后，再进行静荷载试验。一次加足水平荷载 $H = 21.58kN$，竖向荷载逐级加到 $F = 112.78kN$，此时已形成一个塑性铰，截面并有一定的转动。卸载后再进行第二个200万次动荷载试验，仍取 $F_{max} = 63.74kN$，$F_{min} = 29.42kN$，而水平拉力 $H = 21.58kN$ 保持不变。刚架经过400万次动荷载试验而未出现疲劳损伤情况，全部卸载后进行静荷载破坏试验。

试验结果分析见图 2～10和表 2～4。

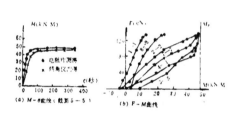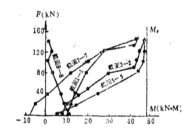

图 2　静荷载破坏试验曲线　　　　图 3　静荷载反复作用试验F-M曲线

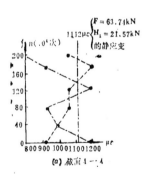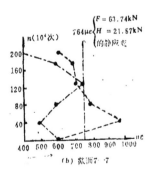

图 4　截面边缘纤维的动应变

201

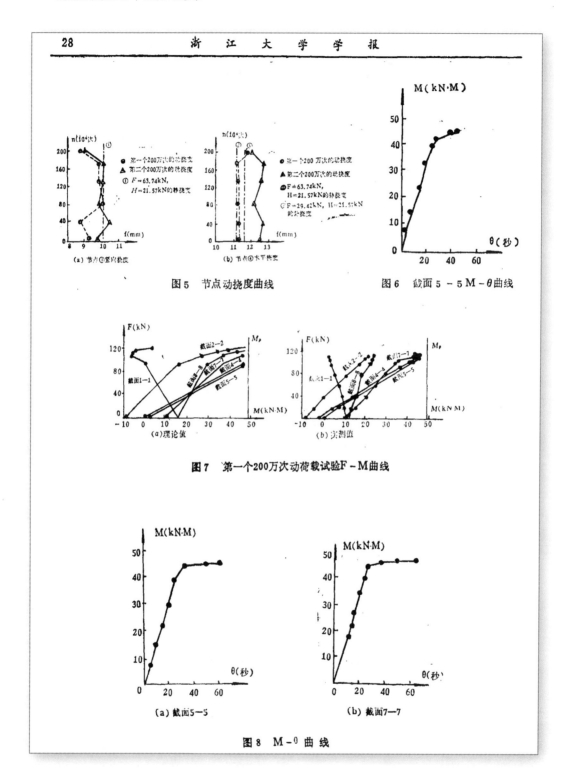

图5　节点动挠度曲线

图6　截面 5－5 M－θ 曲线

图7　第一个200万次动荷载试验 F－M 曲线

图8　M－θ 曲线

吊车动荷载对山形门式钢刚架塑性内力重分布和变形的影响　　29

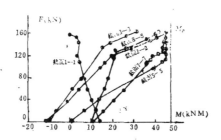

图 9　第二个200万次动荷载试验F－M曲线实测值

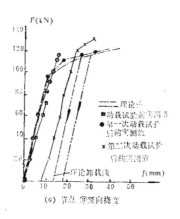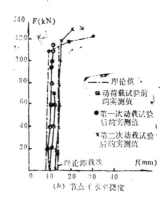

图 10　节点挠度曲线

三、试验刚架的理论计算和实测数据分析

1.刚架的动应变和动挠度

刚架实测动应变和动挠度变化曲线见图4、5，图中点划线表示动荷载试验前同级静荷载的实测值。可见，与静应变和静挠度相比，动应变和动挠度变化不大，虽有波动，但没有发散性。即使发生偶然的较大超载情况而在刚架中形成一个塑性铰，且有较大的截面转动，只要在设计荷载下，动应变和动挠度波动不大，基本稳定，动应变仍小于屈服应变 ε_y。第二个塑性铰所在截面的动应变值（图4b）均小于第一个塑性铰所在截面的相应动应变值（图4a），说明该截面不会因动荷载影响而提前形成塑性铰，从而改变塑性铰出现的次序。

2.刚架内力重分布过程

图2、3为静荷载试验的实测曲线（图中水平荷载保持不变）。可见内力重分布现象明显，即使刚架经过若干次加、卸载循环试验，内力重分布现象依然存在。刚架中出现塑性铰

30　　　　　　　　　浙　江　大　学　学　报

的次序和内力重分布过程基本上与理论分析一致。

　　图6～9为每个200万次动荷载试验后的静荷载试验实测曲线。由图6、7可见，当$H=21.58\text{kN}$，$F=112.78\text{kN}$时，截面5—5的弯矩已达极限弯矩的95%，截面已有转动，说明该截面已形成塑性铰，此时截面7—7的塑性变形也有较明显的发展，截面弯矩达到极限弯矩的93%，即将形成第二个塑性铰。由图8、9可见，在$F\leqslant112.78\text{kN}$时，曲线呈线性变化，符合卸载后再加载的规律。继续加载，刚架又重新进入弹塑性工作，随着第一个塑性铰截面的转动，各截面弯矩均有变化，其中以截面7—7的弯矩增长率最大，很快就形成第二个塑性铰。当$H=21.58\text{kN}$和$F=147.1\text{kN}$刚架局部失稳丧失承载能力时，第一个塑性铰截面弯矩已达极限弯矩的97%，而第二个塑性铰截面弯矩也到达极限弯矩的95.7%。上述分析表明，刚架在动荷载试验后，塑性铰仍可形成，结构中有明显的内力重分布现象，说明400万次动荷载试验对刚架内力重分布和塑性铰的形成没有明显的影响。

3.刚架的承载能力

　　在实际结构中，由于杆件节点处截面较强，刚度较大，塑性铰出现的位置并不在节点上，而是在节点附近的截面上，因此刚架试验时，电阻应变片布置在节点附近的八个截面上（图1），同时在节点上布置少量电阻应变片来验证。根据电阻片布置的八个截面位置和试件实测截面特性及材性，动荷载试验的疲劳强度理论分析见表2，三榀刚架试验的承载能力汇总见表3。由表可见，刚架具有足够的安全度。

4.刚架的挠度

　　由图10和表4可见，在第一个200万次动荷载试验后的静荷载实测值均大于理论值，主要是因为柱脚并非完全固定，柱脚的微小转动对水平挠度影响较大，而对竖向挠度影响较小。同时，按简单塑性理论分析挠度时，在塑性铰形成前，不考虑塑性变形，因此挠度偏小（图中以点划线表示）。图中以—··—表示的理论值，是考虑残余应力影响和塑性变形沿杆长发展的理论分析结果，与实测值比较接近。在第二个200万次动荷载试验后的静荷载实测值均小于理论值，最大水平挠度实测值与理论值比较接近。主要原因有：①荷载较大时，刚架的挠度会受到空间体系的固定装置的约束（此时能测出辅助刚架有微小的变形）；②由图6和图2a可见，在200万次动荷载试验后，材性有些硬化，不仅屈服强度有所提高，而且塑性铰截面的转动也有减小，这种现象在400万次动荷载试验后更为明显（图8）。因此推迟了塑性铰的形成，从而减小了挠度。

　　由表4可见，在使用荷载下，三榀刚架的挠度实测值与理论值没有显著的变化，仍能符合设计要求。但在设计时，应充分注意荷载的变化情况，防止因偶然的过大超载而在刚架中出现塑性铰和产生截面转动，导致结构刚度的下降。

吊车动荷载对山形门式钢刚架塑性内力重分布和变形的影响 　　31

四、结　论

通过三榀刚架不同性质的荷载试验研究和理论分析，可以得到以下几点结论：

1. 按简单塑性理论设计的山形门式刚架具有足够的安全度和刚度，但在设计时要防止过大超载而导致刚度下降。

2. 400万次使用荷载下的动荷载试验后，材质有些硬化，塑性铰截面转动有些减小，但对刚架中塑性铰的形成和内力重分布过程没有明显的影响。

3. 在使用荷载下，动挠度和静挠度相比，虽有波动，但偏差不大，且不发散。即使出现一个塑性铰转动后，使用荷载下的最大动挠度仍小于静挠度，说明不会影响吊车的正常运行。

4. 按常规施焊的塑性设计刚架（3号低炭钢、自动电焊焊成的工字形截面）可在设有中、轻级工作制吊车的厂房中应用。

表 2　动荷载试验刚架疲劳强度理论分析

弯矩(kN·m) 截面编号 荷载(kN) 节点编号	①	②		③		④		⑤
	1—1	2—2	3—3	4—4	5—5	6—6	7—7	8—8
第一个二百万次动荷载试验　H=21.58, F_{max}=63.74	5.82 (38.2)	8.56 (5.62)	5.02 (—30.6)	—33.50 (210.00)	—32.95 (203.70)	27.29 (167.90)	29.03 (175.20)	—26.35 (159.20)
H=21.58, F_{min}=29.42	11.15 (70.60)	1.21 (—4.70)	—3.28 (—17.60)	—16.29 (104.60)	—15.65 (98.90)	18.83 (118.20)	19.27 (115.3)	—21.02 (126.40)
应力幅$\Delta\sigma$ (N/mm²)	32.4	60.8	48.2	105.4	104.8	49.7	59.9	32.8
应力比$\rho=\dfrac{\sigma_{min}}{\sigma_{max}}$	0.541	—0.083	—0.577	0.498	0.486	0.704	0.658	0.794
第二个二百万次动荷载试验　H=21.58, F_{max}=63.74	3.55 (24.50)	21.09 (134.40)	18.30 (109.30)	—23.39 (143.40)	—22.35 (135.40)	33.39 (203.10)	34.19 (206.70)	—36.42 (221.00)
H=21.58, F_{min}=29.42	8.89 (5.70)	11.33 (73.60)	10.00 (61.10)	—6.08 (38.00)	—5.05 (30.60)	24.93 (153.40)	24.42 (146.80)	—31.09 (188.20)
应力幅$\Delta\sigma$ (N/mm²)	32.4	60.8	48.2	105.4	104.8	49.7	59.9	32.8
应力比$\rho=\dfrac{\sigma_{min}}{\sigma_{max}}$	0.431	0.547	0.559	0.265	0.261	0.755	0.710	0.852

注：1. 园括孤内数字为轴力和弯矩同时作用下产生的翼缘和腹板连接处焊缝的应力以拉应力为正，单位N/mm²
　　2. 常幅疲劳的容许应力幅[$\Delta\sigma$]=144N/mm²（自动电焊，循环次数为200万次）

32　　　　　　　　浙　江　大　学　学　报

表 3　三榀试验刚架的承载能力汇总

试验内容	使用荷载(kN)	理论值				试验值		备注
		按设计尺寸		按实测截面		极限荷载(kN)	竖向荷载系数	
		极限荷载(kN)	竖向荷载系数	极限荷载	竖向荷载系数			
静荷载破坏试验	H=4.90(拉) F=68.65	H=4.90 F=98.85	1.44	H=4.90 F=122.77	1.79	H=4.90 F=133.37	1.94	H=4.90kN, F=133.37 kN横梁中央侧向失稳
静荷载反复作用试验	H=21.48(压) F=68.65	H=21.48 F=99.93	1.46	H=21.48 F=122.10	1.80	H=21.48 F 144.16	2.10	H=21.48kN, F=144.16 kN柱顶截面局部失稳
400万次动荷载试验后静荷载破坏试验	H=21.58(拉) F=63.74 F_{max}=63.74 F_{min}=29.42 $\frac{F_{min}}{F_{max}}$=0.462	H=21.58 F=95.29	1.50	H=21.58 F=120.80	1.90	H=21.58 F=147.10	2.14	H=21.58kN, F=147.10kN 柱顶截面局部失稳

表 4　使用荷载时的刚架最大竖向、水平挠度的理论值和实测值

刚架试验内容	使用荷载(kN)	屋脊处的最大竖向挠度				柱顶的最大水平挠度			
		理论值		实测值		理论值		实测值	
		f(mm)	f/l	f(mm)	f/l	f(mm)	f/h	f(mm)	f/h
静荷载破坏试验	H=4.90(拉) F=68.65	8.46	$\frac{1}{413.9}$	9.64	$\frac{1}{363}$	2.89	$\frac{1}{934.4}$	4.32	$\frac{1}{625}$
静荷载反复作用试验	H=21.48(压) F=68.65	8.05	$\frac{1}{434.8}$	9.38	$\frac{1}{373.1}$	9.48	$\frac{1}{284.8}$	10.12	$\frac{1}{266.8}$
动荷载试验前的静荷载试验	H=21.58(拉) F=63.74	7.80 (8.00)	$\frac{1}{448.7}$ ($\frac{1}{437.5}$)	10.03	$\frac{1}{349}$	9.26	$\frac{1}{291.6}$	11.63	$\frac{1}{232.2}$
第一个200万次动荷载试验后的静荷载试验	F_{max}=63.74 F_{min}=29.42 $\frac{F_{min}}{F_{max}}$=0.462	7.80 (8.00)	$\frac{1}{443.7}$ ($\frac{1}{437.5}$)	9.81	$\frac{1}{356.8}$	9.26	$\frac{1}{291.6}$	11.26	$\frac{1}{239.8}$
400万次动荷载试验后的静荷载破坏试验		21.60 (25.20)	$\frac{1}{162}$ ($\frac{1}{134.9}$)	17.55	$\frac{1}{199.4}$	15.15	$\frac{1}{178.2}$	15.11	$\frac{1}{178.7}$

注：（1）括弧内数值为弹塑性全过程分析的挠度值；

　　（2）l为刚架跨度，h为柱顶高度。

吊车动荷载对山形门式钢刚架塑性内力重分布和变形的影响　33

参 考 文 献

〔1〕阿部一孝等：H形截面山形刚架的弹塑性极限承载能力研究（一）、（二）、（三）、（四），日本建筑学会论文报告集，1981年6月、1982年9月、1983年3月和6月，许钧陶译。

〔2〕北京工业建筑设计院、太原工学院：实腹钢框架塑性设计的试验研究，1965年。

〔3〕华南工学院：轻型厂房实腹框架的塑性设计，1965年。

〔4〕中华人民共和国国家标准，钢结构设计规范，报批稿，1986。

〔5〕日本建筑学会，钢结构设计规范，1970年。

〔6〕李和华等译：日本建筑学会，钢结构塑性设计指南，1976年，中国建筑工程出版社，1981年11月。

〔7〕AISC, Specification for the Design, Fabrication and Erection of Structural Steel for Building 1978。

〔8〕CSA Standard S16.1—1974, Steel Structures for Buildings—Limit State Design, 中译本，李继华译，1978年。

〔9〕BSI, Specification for the use of structural Steel in Buildings, BS449 Part2, 1969, London。

〔10〕冶金建筑研究院编译：1966年法国钢结构设计规范补充规定及说明，1983年7月。

〔11〕European Convention for Constructional Steelwork (ECCS): European Recommendation for Steel Construction, 1978。

〔12〕ISO/TC167/SCI, Steel Structures: Material and Design, Working Draft, N50E, June 1981.

〔13〕潘有昌、朱云夫、史广喜、夏志斌：考虑残余应力影响的山形门式钢刚架的二阶弹塑性分析，1987年。

Effects of Dynamic Crane Load on the Redistribution of Moment and Deformation of Steel Gabled Portal Rigid Frames

Pan youchang　Xu Juntao　Xia Zhibin　Wang Guanyu

ABSTRACT

The effects of dynamic crane load on the redistribution of moment and deformation of steel gabled portal frames with I-section members are studied in this paper. Both the simple plastic theory and the second order elasto-plastic analysis are used in the theorectical analysis. Tnree frames are tested in tne laboratory, the one is tested under static load, the other is under static repeated loading, and the third is subjected to a dynamic repeated load with 4 million cycles under working conditions. It is shown that there is no obvious effect on the redistribution of moment and the formation of plastic hinges in tested frame under dynamic working load, even a plastic hinge rotation has been happened during the test. It is also shown that the strains and deflections under dynamic loading remain stable during the test, and so we may say the tested frame designed by plastic metheod has enough factor of safety and rigidity. A study is provided here for the application of plastic design to the industry building frame with medium or light crane loading.

Key words: Rigid frame, Plastic design, Dynamic load

纯弯曲工字形钢梁的腹板局部
稳定及其与整体稳定的相关性

第3期第22卷　　　　　　　浙　江　大　学　学　报　　　　　　№3，Vol.22
1988年5月　　　　　　Journal of Zhejiang University　　　　May，1988

纯弯曲工字形钢梁的腹板局部稳定
及其与整体稳定的相关性

陈其石　　夏志斌　　潘有昌

提　　要

本文对均匀弯曲的弹性工字形钢梁进行了以下研究：
（1）腹板的局部稳定以及受压翼缘对腹板屈曲的嵌固作用；
（2）局部稳定与整体稳定临界应力接近的简支梁中，腹板局部稳定与梁整体稳定的相关性。

关键词： 弹性稳定性　工形梁　腹板　纯弯曲　钢结构

一、引　　言

常见的薄壁杆件大多是由若干薄板组合而成，因而除了杆件的整体稳定性之外，还有各块薄板的局部稳定性问题，这些薄板之间的相互约束（嵌固作用）使得其边界条件与理想情况（简支或固定）有所不同。以往对局部稳定与整体稳定一般都是分别加以研究的[1]，但近年来二者的相关性（interaction）引起了研究者的广泛注意[2~5]；M.A.Bradford 和 G.J. Hancock 用有限条法和"有效截面（effective section）"的概念分析了工字梁翼缘的局部稳定与梁整体稳定的相关性[2]；H.A.El-Ghazaly 等用有限单元法分析了宽翼缘工字形钢梁的非弹性相关屈曲（interactive buckling）[3]；S.Sridharan 等在薄板有限条分析的基础上，采用"模式相关理论（the theory of mode interaction）"研究了薄壁柱的相关屈曲[4][5]。

在薄壁杆件结构的设计中，按局部稳定临界荷载与整体稳定临界荷载相等的原则（等稳定性）设计的结构通常被认为是最优的，其稳定承载能力一般也是由不考虑相关性的局部稳定分析或整体稳定分析决定的。但是，文献[4][5]以及更早些的W.T.Koiter和A.van der. Neut等对均匀受压的薄壁柱和加劲板的相关屈曲研究表明按"等稳定性"设计的这类结构对于初始缺陷较为敏感，初始缺陷会显著降低其稳定承载能力。T形梁的情形也与柱相近[4]，但工字梁则有较大区别。Hancock等的研究和El-Ghazaly的算例都说明对于常用的腹板较薄（$\frac{t_w}{t}<1$，即腹板与翼缘厚度之比小于1）的工字形钢梁，受压翼缘局部稳定与梁整体

本文于1987年2月23日收到。

2　　　　　浙　江　大　学　学　报

稳定的相关性较弱[2][3]。然而，对工字形钢梁中腹板局部稳定与梁整体稳定的相关性，以及对初始缺陷的敏感性等，目前尚缺少研究。

　　本文用简化的位移函数和能量法（Rayleigh—Ritz法）研究了纯弯曲弹性工字形钢梁的腹板局部稳定，分析了受压翼缘对腹板屈曲的嵌固作用以及影响嵌固作用的主要参数，并在此基础上研究了局部稳定与整体稳定临界应力接近的简支工字形钢梁中腹板局部稳定与梁整体稳定的相关性。本文采用了薄板稳定理论与一维薄壁杆件理论相结合的计算模型，以简化推导和计算。

二、腹板的纯弯屈曲及受压翼缘的嵌固作用

　　边界条件为简支或固定的弹性薄板的稳定性曾由许多研究者加以研究，S.P.Timoshenko 等给出了弹性矩形板纯弯屈曲的三角级数解[6]。

　　在均匀弯曲的工字形钢梁中，腹板的上下两条纵边分别与受压翼缘和受拉翼缘相连，翼缘对腹板的弯曲起约束作用。因此，工字梁中腹板的纯弯屈曲临界应力高于简支矩形板而略低于固定矩形板。在钢结构设计规范中，常以屈曲系数 k 与理想简支板的屈曲系数23.9之比作为嵌固系数（χ）来反映翼缘的约束作用，χ 当介于1.0（简支）和1.66(固定)之间。各国规范对嵌固系数有不同的考虑：我国修订后即将颁布的《钢结构设计规范》取 $\chi=1.61$[7]，美国现行 AISC 规范取 $\chi \doteqdot 1.52$[8]，而苏联1981年规范则规定 χ 随受压翼缘与腹板抗扭刚度比（$bt^3/h_0t_w^3$）而变化于 $1.39 \sim 1.64$ 间[9]。

　　受拉翼缘对腹板屈曲的嵌固作用比较明显，梁弯曲时受拉翼缘及腹板受拉侧因受拉而绷紧。腹板在这一侧的边界条件总是与固定边相似。即使腹板受拉侧为简支，边界上的实际约束也与固定边接近，其临界应力与固定边只相差 2%[6]。因此，本文在分析腹板纯弯屈曲时假定受拉侧为固定边。

　　受压翼缘的嵌固作用包括扭转约束和侧向弯曲约束。由于翼缘的侧弯刚度 EI_1 通常较大（E-弹性模量，I_1-翼缘对 y 轴的惯性矩），因而侧向弯曲约束比较有效，故可假设腹板与受压翼缘的连接边无侧移。这样，翼缘的嵌固作用分析就归结为受压翼缘对腹板的扭转约束分析。

　　本文所取的右手坐标系 $oxyz$ 如图1所示，图中虚线为腹板屈曲后的截面形状。又取腹板上各点沿 x 方向的位移为

$$u_w(y, z) = [u_{wm}\xi_1(y) - \theta_m\xi_2(y)]\sin\left(\frac{m\pi z}{l}\right) \qquad (1)$$

式中的 u_m 和 θ_m 为待定常数，l 指梁的跨度，m 指腹板屈曲时沿 z 方向的半波数。$\xi_1(y)$ 和 $\xi_2(y)$ 都是三次多项式，其图形示于图2，它们还满足

图　1

纯弯曲工字形钢梁的腹板局部稳定及其与整体稳定的相关性　　　3

$$\xi_1'\left(-\frac{h_o}{2}\right) = \xi_1'\left(\frac{h_o}{2}\right) = 0$$

$$\xi_2'\left(-\frac{h_o}{2}\right) = 1 \qquad \xi_2'\left(\frac{h_o}{2}\right) = 0 \qquad （2）$$

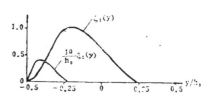

图　2

上述位移函数虽然也是一种分片连续函数，但自由度较少，因此计算过程要较有限单元法或有限条法简单。

作者曾将位移函数（1）用于分析矩形薄板的纯弯屈曲，表1列出了计算结果与Timoshenko 经典解的比较，此外，屈曲系数 k 随板高宽比的变化规律亦接近Timoshenko解。

表1　屈曲系数（k）比较

	受压边简支 受拉边固定	两边固定
Timoshenko解	24.48	39.6
本　文　解	25.42	42.0
误　　差	3.8%	6%

临界应力 $c_o = k\dfrac{\pi^2 E}{12(1-\mu^2)}\left(\dfrac{t_w}{h_o}\right)^2$。

由式（1）和（2）得到腹板屈曲时受压翼缘的扭转角为

$$\theta(z) = \frac{\partial u_w}{\partial y}\Big|_{y=-\frac{h_o}{2}} = -\theta_m \sin\left(\frac{m\pi z}{l}\right)$$

$$（3）$$

这时受压翼缘内的扭矩由St. Venant扭矩（ $GJ_F\theta'$ ）和Wagner效应（ $\overline{K}\theta'$ ）组成，其中**Wagner**效应是因翼缘扭转使纵向纤维倾斜而由翼缘中的正应力（ $-\sigma_F$ ）产生的附加扭矩。所以，受压翼缘因腹板屈曲而产生应变能

$$U_F = \frac{1}{2}\int_o^l (GJ_F + \overline{K})(\theta')^2 dz \qquad （4）$$

其中 G 为剪切模量，翼缘的抗扭刚度，$J_F = \dfrac{bt^3}{3}$，Wagner 系数 $\overline{K} = -\sigma_F I_1 = -\sigma_F\dfrac{b^3 t}{12}$。

由弹性薄板理论[6]和式（4）可知梁因腹板屈曲而有总势能

$$\Pi_m = \frac{1}{2}\int_o^l\int_{-\frac{h_o}{2}}^{\frac{h_o}{2}} D\left[\left(\frac{\partial^2 u_w}{\partial y^2}\right)^2 + \left(\frac{\partial^2 u_w}{\partial z^2}\right)^2 + 2\mu\frac{\partial^2 u_w}{\partial y^2}\frac{\partial^2 u_w}{\partial z^2}\right.$$

$$\left. + 2(1-\mu)\left(\frac{\partial^2 u_w}{\partial y\partial z}\right)^2\right]dydz + \frac{1}{2}\int_o^l (GJ_F - \sigma_F I_1)(\theta')^2 dz$$

$$+ \frac{1}{2}\int_o^l\int_{-\frac{h_o}{2}}^{\frac{h_o}{2}} \sigma_o\frac{2y}{h_o}\left(\frac{\partial u_w}{\partial z}\right)^2 t_w dydz \qquad （5）$$

式中 $D = \dfrac{Et_w^3}{12(1-\mu^2)}$，$\mu$ 为Poisson比，$\sigma_F = \sigma_o\dfrac{(h_o+t)}{h_o}$。考虑翼缘嵌固作用的腹板纯弯屈曲

临界应力σ_o可由式（1）、（5）和势能驻值原理（$\delta\Pi_{m_o} = 0$）得到。

这一方法也可用作分析有初始挠度u_{w_o}的腹板，这时式（5）的最后一项应改作

$$\frac{1}{2}\int_0^l\int_{-\frac{h_0}{2}}^{\frac{h_0}{2}}\sigma_o\frac{2y}{h_o}\left[\frac{\partial(u_w+u_{w_o})}{\partial z}\right]^2 t_w dydz \tag{5a}$$

本文按上述方法分析了图3所示工字形截面的翼缘对腹板纯弯屈曲的嵌固系数。图4为腹板与翼缘厚度比（t_w/t）不同时嵌固系数χ随受压翼缘宽度b的变化规律。图5则表示了嵌固系数χ和翼缘与腹板抗扭刚度比d的关系，当d趋于零时，因翼缘面积很小，腹板与受压翼缘连接边会明显侧移，这时计算结果与实际情况出入较大，故而这一段曲线以虚线示意。

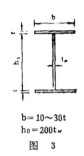

$b=10\sim30t$
$h_o=200t_w$

图 3

由图4和图5可知：

（1）嵌固系数随b的变化规律因t_w/t不同而有很大区别（图4）。当腹板与翼缘相比较薄时（$t_w/t\leqslant0.4$），χ趋于大于1.6的常值，如图4中$t_w/t=0.4$时$\chi=1.64$，χ的变化幅度只有1％；而当腹板与翼缘厚度接近时，χ虽随b增大而有所增加，但χ值总的偏低，如$t_w=t$时$\chi=1.20\sim1.36$，说明这时受压翼缘的嵌固作用较弱。

（2）受压翼缘与腹板的抗扭刚度比a是描述嵌固系数变化的理想参数（图5）。虽然由前面对受压翼缘中扭矩的分析可知嵌固系数与（$GJ_F-\sigma_FI_1$）及腹板尺寸有关，但图5中的曲线表明当受压翼缘宽度在常用范围（$b/t=10\sim30$）内变化时，χ主要与a有关。图中t_w/t不同的各条$\chi-a$曲线集中在某一条曲线附近，离散性很小。同时对比图4可知，图5中a若继续增大，则$\chi-a$曲线趋于水平。

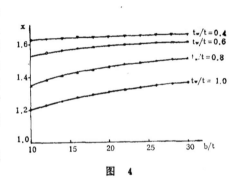

图 4

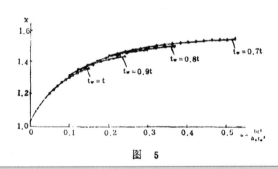

图 5

三、腹板局部稳定与梁整体稳定的相关性

局部稳定与整体稳定的相关性主要指局部稳定对整体稳定的影响，本文讨论均匀弯曲的简支工字形钢梁中腹板局部稳定与梁整体稳定的弹性相关性。

腹板纯弯屈曲后的工字形截面如图6（a）所示，由于

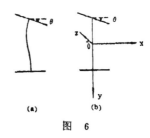

图　6

（1）本文仅研究局部稳定与整体稳定临界应力相近的梁中腹板的小挠度弯曲；

（2）腹板弯曲虽对梁截面在腹板平面内的弯曲刚度（EI_x）有一些影响，但梁整体稳定主要与梁截面的I_y、I_ω和J等几何参数有关，而腹板弯曲对这些几何参数影响较小。

因此，本文在分析整体稳定时略去腹板的弯曲而将腹板屈曲后的梁截面假设成腹板、翼缘均保持直线，反受压翼缘有一扭角θ（图6（b））。在这一假设中，因腹板的小挠度弯曲而在梁截面上引起的应力变化亦被略去。

图6（b）中的截面因θ较小而可假设剪力中心仍与形心重合，则截面各几何参数中

$$I_x = \int_A y^2 dA \qquad I_y = \int_A x^2 dA \qquad I_\omega = \int_A \omega^2 dA \qquad J = \frac{1}{3}(h_0 t_w^3 + 2bt^3)$$

$$（6）$$

均近似地保持不变而

$$I_{xy} = \int_A xy dA \doteq -\frac{b^3 t}{12}\theta \qquad I_{\omega x} = \int_A \omega y dA \doteq \frac{hb^3 t}{24}\theta \qquad I_{\omega y} = \int_A \omega x dA \doteq 0$$

其中的A指整个横截面，ω指翘曲坐标。上述各式的推导中均略去了关于θ的高阶项。

描述梁整体变形的位移有u、v和ϕ，它们都是z的函数，分别指截面形心沿x、y方向的位移以及整个截面绕形心的扭转角。由开口薄壁杆件理论[10]可得腹板屈曲的工字梁平衡方程组为

$$\left.\begin{array}{l} -EI_{xy}u'' - EI_x v'' - EI_{\omega x}\phi'' = M_0 \\ EI_y u'' + EI_{xy}v'' = -\phi M_0 \\ GJ\phi' - EI_\omega \phi''' - E(I_{\omega x}v'')' = u'M_0 \end{array}\right\} \qquad （7）$$

式中的M_0为简支梁梁端弯矩。与此平衡条件等价的势能泛函为

$$\Pi_n = \frac{1}{2}\int_0^l E\left[I_x(v'')^2 + I_y(u'')^2 + I_\omega(\phi'')^2 + 2I_{xy}u''v'' + 2I_{\omega x}v''\phi''\right]dz$$

$$+ \frac{1}{2}\int_0^l \left[GJ(\phi')^2 - 2M_0 u'\phi'\right]dz + M_0\left[v'(l) - v'(0)\right] \qquad （8）$$

据式（3）、（7）及假定 $u_m \ll u_n$、$v_m \ll v_n$ 和 $\phi_m \ll \phi_n$，本文取位移函数为

$$u(z) = u_n \sin\left(\frac{n\pi z}{l}\right) + u_m \sin\left(\frac{m\pi z}{l}\right)$$

$$v(z) = v_n \frac{z}{l}\left(1 - \frac{z}{l}\right) + v_m\left[\frac{1}{p^2}\cos\left(\frac{p\pi z}{l}\right) - \frac{1}{q^2}\cos\left(\frac{q\pi z}{l}\right) + \left(\frac{1}{q^2} - \frac{1}{p^2}\right)g(z)\right] \quad (9)$$

$$\phi(z) = \phi_n \sin\left(\frac{n\pi z}{l}\right) + \phi_m \sin\left(\frac{m\pi z}{l}\right)$$

其中：u_n、u_m、v_n、v_m、ϕ_n、ϕ_m——待定常数；

　　　　n——梁整体屈曲时的半波数，通常取1；

　　　　m——同式（1），由腹板局部稳定分析得到；

　　　　$p = m - n$，　$q = m + n$；

$$g(z) = \begin{cases} 1 & (\text{当} m、n \text{同为奇数或同为偶数时}) \\ 1 - \dfrac{2z}{l} & (\text{其他情形}) \end{cases}$$

将式（3）、（6）、（9）代入（8）并利用势能驻值原理（$\delta\Pi_n = 0$），可以得到两组线性代数方程：

$$\begin{bmatrix} 4I_x & -\pi^2 I_1 m^2 \theta_m & -\dfrac{\pi^2}{2}m^2 I_1 h\theta_m \\ -2m^2 I_1 \theta_m & \pi^2 m^4 I_y & -\dfrac{M_0}{E}m^2 l^2 \\ -m^2 I_1 \dfrac{h}{l}\theta_m & -\dfrac{M_0}{E}m^2 l & \dfrac{G}{E}m^2 Jl + \pi^2 m^4 \dfrac{I_\omega}{l} \end{bmatrix} \begin{bmatrix} v_n \\ u_m \\ \phi_m \end{bmatrix}$$

$$= \begin{bmatrix} \dfrac{2M_0}{E}l^2 \\ 0 \\ 0 \end{bmatrix} \quad (10)$$

$$\begin{bmatrix} I_x & -\dfrac{\pi^2}{2}n^2 I_1 \theta_m & -\dfrac{\pi^2}{4}n^2 I_1 h\theta_m \\ -\pi^2 n^2 I_1 \theta_m & \pi^2 n^4 I_y & -\dfrac{M_0}{E}n^2 l^2 \\ -\dfrac{\pi^2}{2}n^2 I_1 \dfrac{h}{l}\theta_m & -\dfrac{M_0}{E}n^2 l & \dfrac{G}{E}n^2 Jl + \pi^2 n^4 \dfrac{I_\omega}{l} \end{bmatrix} \begin{bmatrix} v_m \\ u_n \\ \phi_n \end{bmatrix} = 0 \quad (11)$$

其中第一组方程（10）表示梁在弯矩 M_0 及腹板局部失稳影响下的平衡条件；第二组方程（11）则反映了梁的整体稳定性，其系数行列式为零时的弯矩 M_0 就是梁在局部稳定影响下的整体稳定临界弯矩。

由式（11）可知，依据上述计算模型导出的腹板屈曲后梁整体稳定临界弯矩与受压翼缘的最大扭转角 θ_m 有关。表2给出了因腹板局部失稳而使梁整体稳定临界弯矩降低的比值。由于

用薄板小挠度理论无法获得屈曲后的荷载—位移关系，计算中设定$\theta_m = 0.5$rad。表中的简支梁跨度 l 也是按"等稳定性"选定的。从表2可知，据本文方法分析的结果，对于整体稳定临界弯矩略高于腹板局部稳定临界弯矩的梁，腹板局部失稳对梁的整体稳定影响较小，即使 $\theta_m = 0.5$rad.，M_n 的降低也不到 3 %。

表2　临界弯矩比较

	t_w/t	1.0	0.8	0.6	0.4
	l （×t）	625.5	656.7	698.5	750.7
Mn	(N/mm²×t³)	2150900	1562200	1041900	615430
Mmn	(N/mm²×t³)	2144900	1553900	1030200	597620
$\delta = \dfrac{Mn - Mmn}{Mn}$		0.28%	0.53%	1.12%	2.89%

说明：（1）截面尺寸：b/t=30，h_0/tw=180；

（2）Mn$=\dfrac{\pi}{l}\sqrt{EI_y(GJ + EI_\omega \pi^2/l^2)}$，无腹板屈曲时的整体稳定临界弯矩；

（3）　Mmn　腹板局部屈曲后θm=0.5rab时的整体稳定临界弯矩。

应用本文方法还可以分析"等稳定性"梁的腹板初始缺陷对梁整体稳定的影响。计算途径是先分析腹板的纯弯屈曲得到m，再由式（5）、（5a）和能量法得到各级荷载下的 θ_m，并按式（10）、（11）确定梁的荷载-位移曲线。作者曾计算过一些算例(b/t = 20～30，h_0/t_w = 180～200，t_w/t = 0.4～1.0），计算结果表明这类初始缺陷对整体稳定的影响也较小。图7为算例之一，计算时假设腹板的初挠曲波形与纯弯屈曲时相同，最大挠度为$0.5t_w$，图中的ϕ_{max}为梁中可能发生的最大扭转角（$\phi_{max} = \phi_m + \phi_n$），荷载-位移曲线表明腹板初挠曲仅使整体稳定承载能力降低了0.43%。上述算例说明在弹性范围内，即使

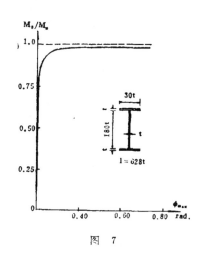

图　7

考虑稳定的相关性，按"等稳定性"设计的梁对于腹板初始缺陷也不敏感。因此，在弹性工字形钢梁的设计中使腹板局部稳定临界应力与梁整体稳定临界应力接近是合理的；这类梁的稳定分析可不考虑相关性。

四、结　　语

本文首先分析了工字形钢梁中腹板的纯弯屈曲和受压翼缘的嵌固作用。分析结果表明腹

板与翼缘的厚度之比t_w/t对嵌固系数有很大影响，翼缘与腹板的抗扭刚度比α是描述嵌固作用的重要参数。

在此基础上，本文还研究了纯弯曲的简支工字形钢梁中腹板局部稳定对梁整体稳定的影响。数值计算结果说明这二类稳定性的相关性较小，梁的整体稳定承载能力对于腹板初始缺陷并不敏感。本文的这一结论仅适用于腹板局部稳定临界应力与梁整体稳定临界应力接近的弹性梁。

参 考 文 献

[1] Hancock, G.J., "Local, distortional and lateral buckling of I-beams", J. Struct. Div., ASCE, 1978 104(ST11), pp1787—1798.

[2] Bradford, M.A., and Hancock, G.J., "Elastic interaction of local and lateral buckling in beams", Thin-Walled Structures, 1984, 2(1), pp1—25。

[3] El-Ghazaly, H.A., Sherbourne, A.N., and Dubey, R.N.; "Inelastic interactive distorsional buckling of W-shape steel beams", Computers Structures, 1984, 19(3), pp351—368.

[4] Benito, R., and Sridharan, S., "Mode interaction in thin-walled structural members", J. Struct. Mech., 1985, 12(4), pp517—542.

[5] Sridharan, S., and Ali, M.A., "An improved interactive buckling analysis of thin-walled columns having doubly symmetric sections", Int. J.Solids Structures, 1986, 22(4), pp429—443,

[6] Timoshenko, S.P., and Gere, J.M., Theory of Elastic Stability, McGraw-Hill, New York, 1961.

[7] 中华人民共和国国家标准《钢结构设计规范》（报批稿），1986.

[8] Salmon, C.G., ard Johnson, J.E., Steel Structures: Design and Behavior, Harper & Row, New York, 1980.

[9] СНиП Ⅰ-23-81 Строительные Нормы И Правила ——Стаальные Конструкции, МоскВА, 1982.

[10] Gjelsvik, A., The Theory of Thin Walled Bars, John Wiley & Sons, New York, 1981.

Web Instability and the Interaction with Lateral Instability in I-Beams under Pure Bending

Chen Chishi　Xia Zhibin　Pan Youchang

ABSTRACT

The following research on elastic steel I-beams by the energy method is reported in this paper,

(1) the web buckling in bending is studied along with the restraint of compression flange, and the influence of geometrical size on rotational restraint is also analysed,

(2) the effects of web local buckling on lateral-torsional buckling and of initial deformation on the load-carrying capacity are investigated for the beams in which local and overall buckling may occur near coincidently.

Key words: Elastic stability I-beam Pure bending Steel strcture

受弯钢构件整体稳定性的计算

受弯钢构件整体稳定性的计算

浙江大学　　夏志斌（教授）

提要　本文对新订《钢结构设计规范》（GB 17—88）中受弯构件(梁)的整体稳定性计算理论和方法，以及由能量法求得的侧扭屈曲的临界弯矩M_{cr}公式作了简要讲述。分析了影响整体稳定性的因素和对有关应用问题进一步作了说明。文中对一般焊接工字形截面简支梁的整体稳定系数φ_b计算式的简化和规范附表1.1中各整体稳定等效弯矩系数β_b值的确定，作了较为详细的论述，对非弹性整体稳定系数φ_b'与φ_b的关系进行了论证，并对其他截面如轧制普通工、槽钢简支梁，箱形截面简支梁和应用于压弯构件面外整体稳定性验算公式中的整体稳定系数和规定作了介绍。

关键词　受弯构件　整体稳定性　侧扭屈曲　临界弯矩　稳定系数

一、对受弯构件整体稳定性的基本认识

受弯构件(也称为梁)在钢结构中最常用的截面形式是工字形，其特点是对截面强轴的I_x远大于对截面弱轴的I_y。因此，跨间无侧向支承的梁在其最大刚度平面内受弯时，当荷载加大到某一数值后，构件将产生较大的侧向弯曲和扭转变形，以致使构件发生侧扭屈曲，最后失去继续承载的能力，出现这种现象时，就称为丧失整体稳定性。具有中等或较大侧向无支承跨度的梁，其丧失整体稳定性时的承载能力常低于其抗弯强度的承载能力。因此，整体稳定性的计算，也就成为控制梁截面的一个设计要素。

1. 计算理论

图1所示截面为双轴对称工字形的两端简支梁，其截面形心O和剪力中心C相重合。对于荷载无初偏心、构件无初弯曲和初转角等无缺陷的理想梁，其荷载-位移曲线为图1中所示的OAB线段。当荷载到达A时，发生平衡的分枝（或称分岔），相应于A点的弯矩即为临界弯矩M_{cr}；对实际上多少带有缺陷的受弯梁构件，其荷载-位移曲线则为图1中所示的OCD线段，虽一经加荷即出现侧向位移和截面转角，但荷载不大时其值较小，直到荷载接近于临界弯矩时其值才显著加大，此时并不出现平衡的分枝，荷

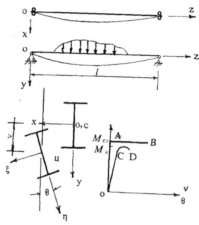

图1　双轴对称工字形截面简支梁受弯图
u—剪力中心C的侧向位移，v—剪力中心C的竖向位移；θ—截面对剪力中心的转动角

载-位移曲线的极大值即是极限弯矩M_u，它随着缺陷程度的不同而略有高低。M_u值始终略低于理想梁的临界弯矩M_{cr}值。

由于准确计算极限弯矩M_u较为困难，为此，包括我国在内的大多数国家制订的钢结构设计规范，仍都采用理想构件的弯扭屈曲临界弯矩，作为计算梁整体稳定性的依据，要求受弯构件中由荷载产生的最大弯矩，应低于临界弯矩并有一定的安全度。

2. 计算方法

我国新订（GBJ 17-88）规范采用极限状态设计法的整体稳定性计算式是：

$$\frac{M_{max}}{W_x} \le \frac{M_{cr}}{W_x \gamma_R} = \frac{\sigma_{cr}}{\gamma_R} = \frac{\sigma_{cr}}{f_y} \times \frac{f_y}{\gamma_R} = \varphi_b f$$

或写成：

$$M_{max}/\varphi_b W_x \le f \qquad (1)$$

$$\varphi_b = \sigma_{cr}/f_y = M_{cr}/M_y \qquad (2)$$

式中　　M_{max}——考虑荷载系数后，梁中绕强轴作用的最大弯矩；

　　　　W_x——按受压纤维确定的毛截面抵抗矩；

　　　　γ_R——钢材抗弯时的抗力分项系数；

　　　　f——钢材的抗弯强度设计值，$f = f_y/\gamma_R$；

　　　　φ_b——梁的整体稳定系数；

　　　　M_y——梁的边缘纤维屈服弯矩 $M_y = W_x f_{y\circ}$

由此可见，梁整体稳定性计算关键是确定临界弯矩M_{cr}，求出整体稳定系数φ_b。为此，新订GBJ17-88规范附录一中给出了φ_b的各种求法。

3. 侧扭屈曲临界弯矩公式

在梁构件发生微小弯扭变形的情况下，根据弹性稳定理论，可以列出处于中性平衡状态下对截面形心主轴的两个弯矩平衡微分方程式和一个对梁纵轴的扭矩平衡微分方程式，从而可解得临界弯矩。但在一般荷载条件下，可用较为简便的能量法求解。能量法求得的结果，除两端简支承受纯弯曲的梁，与精确解相同外，其它支承和荷载作用下的计算结果，都带有一定近似性，只是它便于分析，因此，国内外的设计规范大多以此作为求解手段。文献[1]、[2]采用能量法给出的临界弯矩近似解计算公式如下：

$$M_{cr} = \beta_1 \frac{\pi^2 E I_y}{l_0^2} \left\{ \beta_2 a + \beta_3 B_y \right.$$

$$\left. + \sqrt{(\beta_2 a + \beta_3 B_y)^2 + \frac{I_\omega}{I_y}\left(1 + \frac{l_0^2 GJ}{\pi^2 E I_\omega}\right)} \right\}$$

$$(3)$$

式中，$\beta_{1,2,3}$——系数，随荷载类型和支座情况而异，当（对x轴）梁两端为简支时，表1列出了3种荷载情况下的各种β值（由于所用的近似法不相同，不同文献中得出的系数值尾数略有不同）；

　　　　l_0——梁的侧向计算长度 $l_0 = \mu l$；l为梁的侧向无支承跨度，μ为侧向计算长度系数；

　　　　a——荷载在截面上的作用点与截面剪力中心间的距离，当荷载作用点位于剪力中心的上方时，a取负值，反之为正值（见图2）；

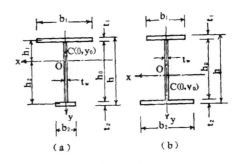

图 2　M_{cr} 值计算截面（O—形心）
（a）一加强受压翼缘的单轴对称工字形截面（B_y为正值）；（b）一加强受拉翼缘 的单轴对称工字形截面（B_y为负值）

　　　　B_y——单轴对称截面特性，

$$B_y = \frac{1}{2I_x} \int_A y(x^2 + y^2) dA - y_0 \qquad (4)$$

　　　　y_0——截面剪力中心C的纵坐标（带正负号），对单轴对称工字形截面，$y_0 = (I_2 h_2 - I_1 h_1)/I_y$，$I_1$；$I_2$分别为受压、受拉翼缘对$y$轴的惯性矩，$I_y = I_1 + I_2$；

　　　　EI_y，EI_ω——截面侧向弯曲刚度、翘曲刚

两端简支梁侧扭屈曲临界弯矩公式中的系数　　　　表 1

项次	荷载类别	梁端对y轴的侧向约束情况	μ	β_1	β_2	β_3
1	跨度中点一个集中荷载	两端简支	1.0	1.35	0.55	0.41
		两端固定	0.5	1.07	0.42	—
2	满跨均布荷载	两端简支	1.0	1.13	0.45	0.53
		两端固定	0.5	0.97	0.29	—
3	纯弯曲	两端简支	1.0	1.0	0	1.0
		两端固定	0.5	1.0	0	1.0

度；

GJ——截面自由扭转刚度

4．对影响整体稳定性因素的分析

从临界弯矩公式（3）可以看到，影响整体稳定性的因素极多，如：

（1）梁的侧向无支跨度或受压翼缘侧向支承点间距离 l 愈小，则整体稳定性愈好。

（2）受压翼缘加强的工字形截面，较受拉翼缘加强的工字形截面的整体稳定性强，梁截面的 I_y、I_ω、J 较大，其整体稳定性较强。

（3）梁支承所受约束大者，稳定性能较好。

（4）稳定性与所受荷载的类型和其沿跨度方向的分布有关。

（5）荷载作用点位置在上翼缘时将降低梁的整体稳定性；在下翼缘时将提高梁的整体稳定性。

此外，梁的各种缺陷也将降低临界弯矩，分析和了解这些因素，这有利于梁的设计，以便作出较好的选择。

5．几点说明

（1）实际工程中的梁有各式各样，GBJ 17—88规范中采用的典型梁主要是工字形截面、简支、跨中作用一个集中荷载或满跨均布荷载。对于其它截面形式和支承条件的梁，在应用规范规定时，必须选用规范中与所设计的梁最相近的类型，以免有过大的误差。如遇到所设计的梁与规范中规定类型差别较大时，就有必要根据弹性稳定理论，自行求出适用的临界弯矩公式。

（2）规范中之所以只采用简支情况作为典型，未考虑实际多少存在对 x 轴的转动约束作用，这是因为这种约束作用究竟有多大，其估计很难确切，采用简支情况能便于设计人员应用且偏于安全，还可用以多少补偿因采用临界弯矩代替极限弯矩作为计算依据时所产生的不利影响。文献〔3〕统计了包括本规范在内的28个国家的规范，发现其中考虑支承约束对整体稳定影响的只有 5 个国家。

（3）临界弯矩公式（3）中，包含了一些计算较繁的几何量（如 I_ω、J 和 B_γ 等），因此，规范中的公式考虑了一些简化计算的假定，可使公式获得简化。经过大量试算，简化了的 φ_b 公式，其计算误差都能保持在 5% 以内，且大部分在 2% 以内。公式的精度也较原TJ 17—74 规范大为提高。特别是当截面为单轴对称工字形时，显得更为突出。

（4）理论上临界弯矩公式（3）只适用于梁处在弹性工作阶段，实际上，钢梁在弯扭屈曲时则常处于非弹性工作阶段，特别是焊接工字形梁中的残余应力影响，一经施加荷载，梁的某些部位即处于非弹性状态。经大量计算，对较细长的梁（$\varphi_b < 0.6$ 时），由弹性阶段算得的 φ_b 仍基本适用，此时，非弹性工作所引起的影响不大。但对中等跨度的

梁（$\varphi_b > 0.6$时），用弹性理论算得的φ_b就明显偏大。新订规范中规定，此时需用φ_b'代替原来的φ_b予以降低。其关系式为：

$$\varphi_b' = 1.1 - 0.4646/\varphi_b + 0.1269/\varphi_b^{3/2}$$
（5）

二、焊接工字形截面简支梁的φ_b

1. φ_b计算式

焊接工字形截面的简支梁，其弹性阶段整体稳定系数φ_b的计算式，可由公式（3）代入公式（2）求得。当梁为纯弯曲时，由于$\beta_1 = \beta_3 = 1$和$\beta_2 = 0$，φ_b为：

$$\varphi_b = \frac{\pi^2 EI_y}{f_y W_x l^2}\left[B_y + \sqrt{B_y^2 + \frac{I_\omega}{I_y}\left(1 + \frac{l^2 GJ}{\pi^2 EI_\omega}\right)}\right]$$
（6）

为了简化，作如下两点假设：

（1）B_y的简化

经计算分析发现，公式（4）中对单轴对称工字截面B_y等号后的积分项，其绝对值远较第二项y_0为小。

因此，加强受拉翼缘的工字形截面可取为：

$$B_y \approx -y_0 = \frac{h_1 I_1 - h_2 I_2}{I_y} \approx \frac{h}{2}\cdot\frac{I_1 - I_2}{I_y}$$

加强受压翼缘的工字形截面可取为：

$$B_y \approx -y_0 = \frac{h_1 I_1 - h_2 I_2}{I_y} \approx 0.4h\frac{I_1 - I_2}{I_y}$$

令

$$\alpha_b = \frac{I_1}{I_1 + I_2} = \frac{I_1}{I_y} \text{和} \eta_b = \frac{I_1 - I_2}{I_y} = 2\alpha_b - 1$$

或　　　$$\alpha_b = 0.8(2\alpha_b - 1)$$

因α_b可大于0.5或小于0.5，η_b可正可负。对单轴对称工字截面可统一写成：

$$B_y = 0.5\eta_b h$$
（7）

注意B_y有正负号。

（2）J的简化

由图2计算截面自由扭转常数J，可得

$$J = \frac{1.25}{3}(b_1 t_1^3 + b_2 t_2^3 + h_0 t_w^3)$$

$$\approx \frac{1}{3}(b_1 t_1 + b_2 t_2 + h_0 t_w)t_1^2$$

$$\approx \frac{1}{3}At_1^2$$
（8）

式中，　A——梁截面的毛面积；

t_1——受压翼缘板的厚度。

由于翘曲惯性矩$I_\omega = \frac{I_1 \cdot I_2}{I_y}h^2 = \alpha_b(1 - \alpha_b)I_y h^2$（近似取$h$为整个截面高度），$I_y = Ai_y^2$，$\lambda_y = l/i_y$，$E = 206 \times 10^3 \text{N/mm}^2$，$G = 79 \times 10^3 \text{N/mm}^2$，$f_y = 235 \text{N/mm}^2$（3号钢）。

将上述各式代入公式（6），即可得纯弯曲时焊接工字形截面简支梁的整体稳定系数φ_{b_0}为：

$$\varphi_{b_0} = \frac{4320}{\lambda_y^2}\cdot\frac{Ah}{W_x}\left[\sqrt{1 + \left(\frac{\lambda_y t_1}{4.4h}\right)^2} + \eta_b\right]\frac{235}{f_y}$$
（9）

规范将φ_{b_0}作为计算φ_b的基本公式，而把其它荷载条件下和跨中有侧向支承点情况下的φ_b，用如下公式表达：

$$\varphi_b = \beta_b \varphi_{b_0}$$
（10）

式中，β_b叫做整体稳定的等效弯矩系数。公式（10）就是新订规范中的公式(附1.1)的来源。

2. β_b的确定

新规范附表1.1中，β_b分三种情况列出：

（1）跨中无侧向支承、满跨均布荷载和跨中一个集中荷载作用于梁的上翼缘或下翼缘时

先按公式（3）和公式（2）计算出相应荷载作用下的φ_b，再由公式（10）得到$\beta_b = \varphi_b/\varphi_{b_0}$。

新规范根据文献〔4〕利用计算机对双轴对称和加强受压翼缘的单轴对称两种工字截面，按常用截面尺寸和跨度，由上述荷载和纯弯曲情况，进行了大量计算的结果发现：

不同荷载作用下，当$\xi = \frac{l_1 t_1}{b_1 h} \leq 2.0$时，$\beta_b$与$\xi$间有明显的线性关系；而在$\xi > 2.0$

时，β_b 值变化不大，可取作常量。经过大量计算和数理统计后认定：

当 $\xi \leq 2.0$ 时，　$\beta_b = k_1 \pm k_2 \xi$

当 $\xi > 2.0$ 时，　$\beta_b = k_1 \pm 2k_2$　　　(11)

式中，k_1 和 k_2 为适用于不同荷载情况下的不同常数。

这就是新订规范附表1.1中项次1～4列出的 β_b 值。

（2）跨中有侧向支承点时

按跨中有1、2、3个等间距侧向支承点，分别用能量法对不同 α_b 值（取 $\alpha_b = 1.0$、0.95、0.80、0.50、0.05和0时）和跨中一个集中荷载或满跨均布荷载分别作用在上、下翼缘的 φ_b 和相应条件下承受纯弯曲时的 φ_b 进行了计算[5]，新订规范附表1.1项次5～9列出了该 β_b 值，基本上取文献[5]表C 4.2.2—2中每种荷载情况下各个 α_b 值的相应最小 β_b 值。虽然计算中采用近似的能量法和假定了在侧向支承点处 $u = \theta = 0$，我们认为采用的 β_b 是可行的。

（3）梁端有弯矩，但跨中无侧向支撑和无荷载作用时

50年代 Salvadori[6] 即已提出了跨中无荷载、梁端有不同弯矩作用时的临界弯矩要比纯弯时的临界弯矩高的认识，他经过大量计算，得出了现已为各国规范广泛采用的提高系数公式：

$$\beta_b = 1.75 - 1.05\left(\frac{M_2}{M_1}\right) + 0.3\left(\frac{M_2}{M_1}\right)^2 \leq 2.3$$
$$(12)$$

式中，M_1 和 M_2 为作用在梁两端的弯矩，使梁产生同向曲率时取相同正负号，产生反向曲率时取异号，$|M_1| \geq |M_2|$。公式（12）即是我国新订规范附表1.1项次10的表达式。

对于跨中有侧向支承点的简支梁，其 φ_b 或 M_{cr} 的计算，许多国家的设计规范都没有明确规定，因而具体设计时，有的常把各侧向支承点间的梁段作为梁跨，而应用上述 Salvadori 的公式算出各段的 β_b[7]。这种

算法略去了各梁段间侧扭屈曲的相互约束作用，因而是偏于保守、偏于安全的。当简支跨有侧向不等间距支点时，在新订规范附表1.1中查不到相应的 β_b，此时就可近似地采用上述方法。

苏联钢结构设计规范[8] 从1972年起，对双轴对称工字截面简支梁在跨中有一个侧向支承点时，也规定了对纯弯曲时 φ_b 的提高系数 β_b。我国新订规范的 β_b 值与此基本接近。例如当中点有一个集中荷载作用在截面的任意高度时，两者都为 $\beta_b = 1.75$；均布荷载作用在上翼缘时，我国的规范为1.15，苏联的规范为1.14；均布荷载作用在下翼缘时，我国的规范为1.40，苏联的规范为1.30。

3. 跨间有侧向支承点的梁的 β_b 求法

为了说明跨间有侧向支承点的单跨梁的 β_b 求法，图3示出4个例子加以说明，假定集中荷载均作用在梁的上翼缘，自重为均布荷载，但在求 β_b 时，可不计其影响。

在图3(a)中，取 $l = L/3$，由新订规范附表1.1中的项次8及表下注④，应取 $\beta_b = 1.20$。在图3(b)中，取 $l = L/2$，由附表1.1中的项次7，应取 $\beta_b = 1.75$，若分段则取项次9，同样可得 $\beta_b = 1.75$，这是因为左右两段情况相同，侧扭屈曲时无相互约束作用。在图3(c)中，取 $l = L/2$，由附表1.1中的项次5及表下注③，应取 $\beta_b = 1.15$。在图3(d)中，由于侧向支承点间距不相等，附表1.1中没有可以直接查用的 β_b，此时只能近似而偏于保守地分段求取，即利用附表1.1中的项次10，对 AC 段和 BD 段，$l = l_1$，取 $\beta_b = 1.75$；对 CD 段，$l = l_2$，取 $\beta_b = 1.0$。

4. φ_b' 计算式

工程上应用的梁大多为中等长度，它在发生侧扭屈曲时，其最大纤维应力往往超过钢材的比例极限或达到屈服点，使截面形成了弹性区和塑性区两部分。由于塑性区截面的变形模量远小于弹性模量，从而降低了梁

的各种有效刚度，使非弹性工作阶段的侧扭屈曲临界弯矩，较弹性阶段有较大的降低。

过去由于没有计算机，非弹性侧扭屈曲的临界弯矩只能用近似方法求取，例如借用轴心受压构件的柱子曲线（即 σ_{cr}-λ 曲线），由柱子曲线中的弹性阶段与非弹性阶段的关系，找出弹性模量与切线模量的关系，然后用之于梁。原 TJ 17—74 规范就是采用了这种方法，求出非弹性整体稳定性系数 φ_b'（$=M_{cr}'/M_y$）与 φ_b 的关系的。但是，轴心受压柱与梁的受力情况并不相同，所得结果就必然存在一定的误差。因此，这次修订规范时，对这一方法已摒弃不用了。

要直接计算非弹性阶段侧扭屈曲临界弯矩 M_{cr}' 是有一定困难的，因为截面上弹性区与非弹性区的分布，将随截面上的应力情况而异，并随截面上残余应力的大小和分布及荷载引起的弯曲正应力的大小而变化。要确定各个跨度下相应的 M_{cr}，就先要确定残余应力的模式和非弹性区的变形模量等，而且要采用反复迭代来进行计算。

在此次修订的规范中，采用了双轴对称焊接和轧制工字形截面简支梁，承受纯弯曲作为典型情况。假设钢材为弹塑性材料，并考虑应变硬化的影响（应力-应变曲线如图 4 所示）。钢材屈服后取平均变形模量为 $E_p=0.03E$，$G_p=\dfrac{1}{4}G$（E 和 G 分别为应力在屈服点 f_y 以前的弹性模量和剪变模量）。取残余应力为抛物线变化模式，利用少数钢梁得出的弯扭屈曲试验资料，用计算机模拟和确定出包括残余应力，以及考虑试件中存在的初弯曲和初偏心等几何缺陷在内的等效残余应力的峰值范围，然后，较大量地计算出相应于各种跨度的 M_{cr}'，并画出钢梁的侧扭屈曲曲线的包络图。

上述曲线图，系采用无量纲表示法，以 M_{cr}'/M_p（或 M_{cr}'/M_y）为纵坐标，以 $\sqrt{M_p/M_E}$（或 $\sqrt{M_y/M_E}$）为横坐标示出。

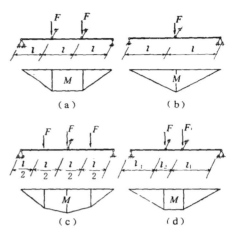

图 3　跨间有侧向支承的梁的 β_b

M_p 为全截面塑性弯矩，$M_P=W_P f_y$；M_y 为边缘纤维屈服弯矩，$M_y=W f_y$；M_E 为弹性侧扭屈曲临界弯矩。上述横坐标可用 $\overline{\lambda}$ 来表示，$\overline{\lambda}$ 称为修正长细比，这种无量纲坐标，包含了钢材屈服点和截面的抵抗矩，因而所示曲线可以消除或减小不同屈服点和不同截面尺寸的影响。

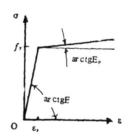

图 4　钢材为弹塑性材料的应力-应变曲线

根据电算所得的包络图和18根梁的侧扭屈曲试验结果，应用数理统计和回归分析得出了非弹性侧扭屈曲曲线。如采用 M_{cr}'/M_y -$\sqrt{M_y/M_E}$ 作为坐标系时，其曲线方程为：

$$M_{cr}'/M_y=1.1-0.4646\,\overline{\lambda}^2+0.1269\,\overline{\lambda}^3$$

(13)

式中，$\overline{\lambda}=\sqrt{M_y/M_E}$。

由于 $\varphi_b = \dfrac{M_E}{M_y}$，$\varphi_b' = \dfrac{M_{cr}'}{M_y}$，

因此公式（13）又可写成[9][10]：

$$\varphi_b' = 1.1 - 0.4646/\varphi_b + 0.1269/\varphi_b^{3/2}$$
$$(14)$$

这就是新订规范中所采用的 $\varphi_b - \varphi_b'$ 关系式，可用以考虑非弹性侧扭屈曲的整体稳定。

公式（14）虽是双轴对称工字截面简支梁在纯弯曲时得出的，但经分析和比较部分试验结果可知，它也可用于其它种情况。

此曲线与弹性阶段的侧扭屈曲曲线 $M_{cr}/M_y = 1/\overline{\lambda}^2$ 相交于 $\overline{\lambda} = 1.295$ 处（即 $\varphi_b = 0.6$），图5示出了此曲线。当 $\overline{\lambda} \leqslant 0.5$（或 $\geqslant 4.0$）时，$\varphi_b' = 1.0$；当 $0.5 \leqslant \overline{\lambda} \leqslant 1.295$（或 $4.0 \geqslant \varphi_b \geqslant 0.6$）时，以 BC 段曲线表示，此时 φ_b' 用公式（14）表示。当 $\overline{\lambda} \geqslant 1.295$（即 $\varphi_b \leqslant 0.6$）时，采用 CD 段的弹性曲线。

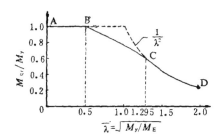

图5 $\overline{\lambda} - \varphi_b$ 曲线

此处应说明两点：

（1）我们所说的 $\varphi_b \leqslant 0.6$ 为弹性阶段，这只是习惯上的说法。因残余应力的存在，特别是焊接截面的翼缘与腹板交接处的残余应力高峰可达屈服点。因此一经加荷，该截面即已进入塑性。在 $\varphi_b \leqslant 0.6$ 或 $\overline{\lambda} \geqslant 1.295$ 时，研究表明，残余应力的影响不象在 $\overline{\lambda} < 1.295$ 时大，故此时可不考虑残余应力的影响，而采用弹性阶段的临界弯矩作为计算整

体稳定的根据。

（2）以 $\varphi_b = 0.6$ 作为弹性与非弹性的分界点，这是因为 BC 曲线与 CD 曲线刚好在此相交，不能简单地认为钢材的比例极限取作 $0.6 f_y$。

三、有关整体稳定性的其它问题

1．轧制普通工字钢简支梁的整体稳定系数 φ_b

新订规范对轧制普通工字钢简支梁稳定系数未作修改，其附表1.3即原TJ 17—74规范中的附表14。轧制工字钢的翼缘为变厚度，在与腹板交接处有圆角加厚，因此，其截面特性不能按三块矩形截面来计算，上节中简化的 φ_b 公式（10）不能用于轧制普通工字钢的简支梁，否则误差将过大。附表是按轧制工字钢的实际截面特性，利用未经简化的临界弯矩理论公式计算得来的，并按不同工字钢型号作了适当归并而成。

2．轧制槽钢简支梁的整体稳定系数 φ_b

轧制槽钢简支梁的 φ_b 公式，新订规范未作修改，仍引用原TJ 17—74规范中的简化公式。所不同的只是规定 $\varphi_b > 0.6$ 时，也应按本文公式（14）换成的 φ_b' 代替 φ_b。这一修改，实际上只在跨度为2~3m时才能用到，当 $l \geqslant 4m$ 时，算得的 φ_b 大都小于0.6。

3．双轴对称工字形等截面悬臂梁的整体稳定系数 φ_b

双轴对称工字形等截面悬臂梁的 φ_b 规定，亦按本文简支梁公式（10）计算，但式中的等效弯矩系数 β_b 有所不同，即按新订规范中的附表1.4采用，其来源与简支梁相同。应注意的是，不论公式（10）或规范中的附表1.4，其 l_1 均应为悬臂梁的悬伸长度。

4．箱形截面简支梁的整体稳定性

随着梁跨度的不断增大和荷载的不断加重，箱形截面梁的应用已逐渐广泛。因此，新订规范中增加了箱形截面简支梁应该满足的 h/b_0 和 l_1/b_0 的最大比值的规定[11]，满足

了这些比值，梁的整体稳定性就能得到保证，就无需验算梁的整体稳定性。其规定是：

$$h/b_0 \leq 6 \text{ 和 } \frac{l_1}{b_0} \leq \frac{95(235)}{f_y} = \frac{22325}{f_y}$$

式中，h 是梁的截面高度，b_0 是截面两块腹板的间距，l_1 为梁的跨度或受压翼缘侧向支承点的间距，f_y 为钢材的屈服点（单位为 N/mm^2）。由于箱形截面的抗扭转刚度 GJ 和侧向抗弯曲刚度 EI_y 都远远大于工字形截面的相应刚度，因而就不易整体失稳。而且，规定的 h/b_0 和 l_1/b_0 最大限值，在一般工程中都易得到满足，因而在箱形截面简支梁设计中，一般均不需验算整体稳定性。

箱形截面简支梁设计中，需要注意的是板件的局部稳定性、翼缘板中的剪切滞后现象（shear lag）和箱形截面的畸变（distortion）等问题，因不属本文范围，故未多述。

1985年颁布的英国标准BS 5950[12]，对均匀壁厚箱形截面梁也作了不需验算整体稳定的规定，其条件是：当 $h/b_0 = 1$ 时，$\lambda_y = \infty$；当 $h/b_0 = 2$ 时，$\lambda_y \leq 350 \times 275/f_y$；当 $h/b_0 = 3$ 时，$\lambda_y \leq 225 \times 275/f_y$；当 $h/b_0 = 4$ 时，$\lambda_y \leq 170 \times 275/f_y$。$\lambda_y$ 为侧向长细比，如近似地取回转半径 $i_y \approx 0.4 b_0$，当 $h/b_0 = 4$ 时，$l_1/b_0 = 170 \times 275 \times 0.4/f_y = 18700/f_y$，较我国规定的 $h/b_0 = 6$ 时，$l_1/b_0 = 22325/f_y$ 要严。

1978年美国钢结构学会规范规定[13]：当箱形截面的截面高度小于6倍截面宽度时，就无需验算箱形截面梁的整体稳定性。这个规定就比我国规定的条件为宽。这里对 l_1/b_0 不加限制，主要是考虑到当 l_1/b_0 较大时，截面设计将不是由应力控制，而是由挠度条件来控制的缘故。

5. 受弯构件整体系数的近似计算

钢梁整体稳定系数 φ_b 的计算公式，一般说来都较繁。修订后的规范规定的压弯构件弯矩作用平面外的稳定性计算公式，也要用到此系数 φ_b，为此，特增加受弯构件整体稳定系数的近似计算内容。这里有两个有利因素，一是由于压弯构件的长细比一般都较小，因而算得的 φ_b 大都大于0.6，需作 φ_b' 的换算，φ_b' 的近似式即使具有较大的误差，但经过换算成 φ_b' 后，其误差将大大减小。例如 $\varphi_b = 1.20$ 与 $\varphi_b = 1.80$，相差为50%而换算成 φ_b' 后，分别为0.809与0.894，相差就减为10.5%；二是压弯构件平面外稳定性计算公式中包含了两项，而出现 φ_b 的只是其中的一项，因而即使 φ_b 有一定误差，但对整个公式的计算结果，误差也就减小。因此，应注意本节内容中的近似公式，主要用于压弯构件的面外稳定计算。

参 考 文 献

[1] Clark, J. W. and Hill, H. N., Lateral Buckling of Beams, Trans. ASCE, Vol 127, Part II, 1962

[2] 夏志斌、潘有昌合编：《结构稳定理论》，高等教育出版社，1988年7月

[3] SSRC et al, Stability of Metal Structures—A World View (2nd Edition), Introductory Document, Vol. 1 p.122, March 1989

[4] 卢献荣、夏志斌：验算钢梁整体稳定的简化方法，《钢结构研究论文报告选集》第二册，全国钢结构标准技术委员会，1983年

[5] 《钢结构设计规范》（GBJ 17—88）条文说明，中国计划出版社，1989年

[6] Salvadori, M. G.: Lateral Buckling of Eccentrically Loaded I-Columns, Trans. ASCE, Vol. 121, 1956.

[7] Salmon, C. G. and Johnston, J. E.: Steel Structures—Design and Behavior (2nd Edition), Harper & Row Publishers, New York, 1980, p.465

[8] 《苏联钢结构设计规范》，(СНИП II-В 3—72) 1972年，北京钢铁设计院1976年译

[9] 张显杰、夏志斌：钢梁屈曲试验的计算机模拟，《钢结构研究论文报告选集》第二册，全国钢结构标准技术委员会，1983年

[10] 夏志斌、潘有昌、张显杰：焊接工字钢梁的非弹性侧扭屈曲，《浙江大学学报》，1985年增刊

[11] 潘有昌：单轴对称箱形简支梁的整体稳定性，《钢结构研究论文报告选集》第二册，全国钢结构标准技术委员会，1983年

[12] British Standards Institution: Structural Use of Steelwork in Buildings, BS 5950 Part 1 1985

[13] American Institute of Steel Construction: Specification for the Design, Fabrication and Erection of Structural Steel for Buildings, 1978

格构式轴心受压构件的计算

格构式轴心受压构件的计算

浙江大学　夏志斌（教授）

提要　本文讲述了以缀件连成的格构式轴心受压构件的计算,阐述了规范对绕虚轴弯曲失稳受到剪切变形影响进而采用换算长细比计算的规定,对新规范中分肢长细比λ_1限值修订 的 必要性作了说明。最后还对构件设计中关于双角钢肢背填板等一些零星问题进行了补充说明。

关键词　格构式　缀件　分肢　剪切变形　换算长细比

一、概述

格构式轴心受压构件（或轴心受压柱）主要是由两个或两个以上相同截面的分肢用缀件（缀条或缀板）连成，其构件常用截面如图 1 所示，截面中垂直于分肢腹板的形心轴（x 轴）称实轴，垂直于缀件平面的形心轴（y 轴）称虚轴。在轴心受压时，若构件绕截面的实轴弯曲失稳，其稳 定 性 能 和 计算，同实腹式轴心受压构件；若绕虚轴弯曲失稳，则由于格构式构件两分肢之间不是实体相连，构件在缀件平面内的抗 剪 刚 度较小，其稳定性将受到剪切变形的影响，这个影响对计算结果会产生较大的误差。为了考虑剪切变形的影响，原规范（TJ 17-74）和新订规范（GBJ 17-88）都对格构式 轴 心 受压构件，作了在虚轴取换算长细比计算的规定。对双肢组合构件，其换算长细比的规定是：

当缀件为缀板时

$$\lambda_{oy}=\sqrt{\lambda_y^2+\lambda_1^2} \qquad (1)$$

当缀件为缀条时，

$$\lambda_{oy}=\sqrt{\lambda_y^2+27\frac{A}{A_{1y}}} \qquad (2)$$

式中　λ_y——整个构件对虚轴（y 轴）的长细比；

　　　λ_1——分肢对最小刚度轴 1-1 的长细比；

　　　A——整个构件的毛截面面积；

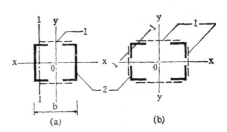

图 1　格构式轴压杆常见截面
1—缀件；2—分肢

　　　A_{1y}——构件横截面所截垂直于 y 轴的平面内各斜缀条的毛截面面积之和。

对于三肢和四肢组合构件的换算长细比公式，规范也作了规定。有关公式的由来在结构力学教科书[1]中都有推导，这里从略。换算长细比的物理意义是：格构式轴心受压构件对虚轴的稳定承载力，等于取换算长细比时的实腹式轴心受压构件的稳定承载力。因此，只要求出换算长细比，就可由此查得稳定系数φ和求出承载力。本文 将 对（GBJ 17-88）新规范公式中的有关 规定 作 一 些说明，供应用规范的人员进一步了解。

二、格构式轴心受压构件分肢的计算

1.“新规范”与“旧规范”对分肢的规定计算

在对格构式轴心受压构件整个截面进行强度和稳定性计算后，对分肢是否还需另行计算？这在TJ 17-74旧规范中是没有明确规

32　　　　　　　　　　　　　　　　　　　　　　　　　　　　1991年第2期（总12期）

定的，在有关钢结构教科书中也谈的不多。TJ 17-74规范第41条只称："缀条组合构件的单肢，当其长细比大于构件的换算长细比时，尚需计算其稳定性"，在注中则说明："缀板组合构件的单肢长细比λ_1不应大于40"。这条规定是不完善的，也不够充分。因为在实际构件中，存在着各种初始缺陷：如初弯曲、初偏心和残余应力等，而且是必然不可避免的，因而格构式轴心受压构件的两分肢，在外力作用下受力状态也就不会相同。当考虑这些因素后，分肢的长细比在小于构件的换算长细比时，分肢仍有可能先于整体构件而失去稳定。

对于缀板柱，由于常把它看成是空腹桁架或单跨多层刚架分析，因此，初始缺陷的存在，使得构件受力后，在分肢上除存在轴心压力外还将存在剪力和弯矩。因此，其分肢将是一个压弯构件，对换算长细比较小的缀板柱（例如，$\lambda_0 = 60$或70时），即使满足了分肢长细比$\lambda_1 \leqslant 40$的要求，却仍存在着能否满足分肢按压弯构件稳定性计算的要求。为此，新订规范对格构式轴心受压构件分肢的计算，作了进一步的分析和相应的修改。

修改后的(CBJ17-88)新规范第5.1.4条规定：对格构式轴心受压构件，当缀件为缀条时，分肢长细比应满足$\lambda_1 \leqslant 0.7\lambda_{max}$；当缀件为缀板时，应同时满足$\lambda_1 \leqslant 40$和$\lambda_1 \leqslant 0.5\lambda_{max}$（$\lambda_{max}$为构件对实轴长细比和对虚轴换算长细比的较大值，当$\lambda_{max} < 50$时，取$\lambda_{max} = 50$）。如果满足上述对分肢长细比$\lambda_1$的规定，这就不必对分肢进行计算，因此也就没有列出分肢的计算方法。

可见，对分肢长细比的要求，新规范较旧规范更为严格，即对缀条柱已由要求$\lambda_1 \leqslant \lambda_{0y}$，修改为$\lambda_1 \leqslant 0.7\lambda_{max}$；对缀板柱已由单纯要求$\lambda_1 \leqslant 40$，修改为必须同时满足$\lambda_1 \leqslant 40$和$\lambda_1 \leqslant 0.5\lambda_{max}$[2]。

对分肢长细比的规定和计算，各国设计规范并无一致的规定[2]，1978年欧洲钢结构协会（ECCS）出版的《欧洲钢结构建议》中，对分肢的计算方法规定得比较详尽和合理些，可资借鉴。"新规"主要是根据文献〔2〕的研究结果，其所用分析方法即基本来源于此。现简略介绍一下文献〔2〕中所用的方法于后。

2．分肢的计算方法

分肢的计算方法必须考虑初始缺陷的影响，图2示出两端铰支的格构式轴心受压构件，长度为l，平行于缀件平面方向的初弯曲为$y_0 = v_0 \sin \dfrac{\pi z}{l}$（$v_0$——构件中点的初挠度）。在受轴心压力$F$作用后，挠度增加了$y_1$，总挠度为$y = y_0 + y_1$。

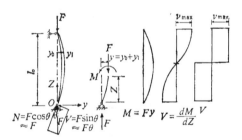

图 2　两端铰支带有初始缺陷的柱中算内力图解

建立力矩的平衡微分方程式，求解方程并引用边界条件，可求得y_1，即[3]：

$$y = y_0 \left/ \left(1 - \frac{F}{F_{cr}}\right)\right.$$

$$= v_0 \sin \frac{\pi z}{l} \left/ \left(1 - \frac{F}{F_{cr}}\right)\right. \qquad (3)$$

式中　F_{cr}——考虑剪切变形影响后的欧拉

荷载，$F_{cr} = F_L \left/ \left(1 + \dfrac{nF_L}{AG}\right)\right. =$

$$\frac{\pi^2 E A}{\lambda^2} \left/ \left(1 + \frac{Fn_L}{AG}\right)\right. = \frac{\pi^2 E A}{\lambda_0^2};$$

钢 结 构

F_E——欧拉荷载，$F_E = \dfrac{\pi^2 EI}{l^2} = \dfrac{\pi^2 EA}{\lambda^2}$；

λ_0——换算长细比，

$\lambda_0 = \lambda\sqrt{1 + nF_r/AG}$ 相当于本文公式（1）和公式（2）；

$\dfrac{n}{AG}$——单位剪力作用下构件弹性曲线斜率的变化，A 为构件的总截面面积，G 为剪切弹性模量，n 为随截面形状而不同的系数[4]。

从公式（3）可见，构件有了初弯曲后，轴心受压后的总弹性曲线，相当于初弯曲曲线增大了 $1/\left(1 - \dfrac{F}{F_{Cr}}\right)$ 倍。构件的最大挠度发生在构件的中点，其值为：

$$v = y_{max} = y|_{z=1/z} = v_0 \Big/ \left(1 - \frac{F}{F_{Cr}}\right) \quad (4)$$

构件的最大转角发生在构件的两端，其值为：

$$\theta_{max} = \frac{dy}{dz}\Big|_{z=0} = \frac{\pi v_0}{l} \Big/ \left(1 - \frac{F}{F_{Cr}}\right) \quad (5)$$

据此，构件中点截面上的内力为：

$$\left.\begin{array}{l} N = F \\ M = Fv = Fv_0 \Big/ \left(1 - \dfrac{F}{F_{Cr}}\right) \\ V = 0 \end{array}\right\} \quad (6)$$

构件端部截面上的内力为：

$$\left.\begin{array}{l} N = F \\ M = 0 \\ V = F\theta_{max} = \dfrac{F\pi v_0}{l} \Big/ \left(1 - \dfrac{F}{F_{Ct}}\right) \end{array}\right\} \quad (7)$$

由公式（6）和公式（7），可得出考虑初弯曲后在上述两截面上的分肢内力。

在构件中点截面上，不论是缀条柱或缀板柱，分肢的最大轴力为

$$N_1 = \frac{F}{2} + \frac{Fv_0}{b_0} \Big/ \left(1 - \frac{F}{F_{Cr}}\right) \quad (8)$$

式中，b_0 是两分肢轴线间的距离。公式（8）说明了由于存在初弯曲后，轴心受压柱的两个分肢内力不再是 $F/2$。

在柱端截面上，对于缀板柱分肢除受到轴力外，还承受着由剪力 V 所产生的弯矩，即分肢内力为

$$\left.\begin{array}{l} N_1 = \dfrac{F}{2} \\ M_1 = \dfrac{Va}{4} = \dfrac{F\pi v_0 a}{4l} \Big/ \left(1 - \dfrac{F}{F_{Cr}}\right) \end{array}\right\} \quad (9)$$

式中，a 是缀板与柱肢为焊接时缀板间的净间距；M_1 可由图 3 得到（柱肢的反弯点假设位于图中 a 的中点）。

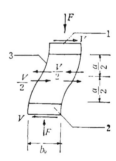

图 3 缀板柱端受力图
1—柱端缀板；2—中间缀板；3—分肢轴线

由公式（8）和公式（9）可知，当已知最大初弯曲挠度 v_0 后，就可求得分肢的内力，而后再进行分肢计算。

由于初始缺陷常包含多种因素，通常可采用等效初弯曲来包含多种缺陷的影响，以简化计算。文献[2]、[3]中采用：

$$v_0 = v_{01} + v_{02} = 0.002l$$

式中 $v_{01} = 0.001l$ 是初挠度，v_{02} 是考虑

荷载初偏心，残余应力等影响的等效初挠度，其值也取 $0.001l$。

缀条柱的分肢可按轴心受压计算，即

$$\frac{N_1}{\varphi_1 A_1} \leqslant f \qquad (10)$$

式中，N_1 按公式（8）计算，A_1 为分肢的截面积，φ_1 为由分肢长细比 λ_1 所确定的轴心受压构件稳定系数（对焊接结构，分肢的计算长度可取相邻两缀板的净间距），f 为钢材抗压强度的设计值。

缀板柱的分肢除按公式（10）计算其整体稳定性外，还应验算构件端部截面的分肢强度，计算公式可取：

$$\frac{N_1}{A_1} + \frac{M_1}{\gamma_1 W_1} \leqslant f \qquad (11)$$

式中 N_1 和 M_1 按公式（9）计算，W_1 为分肢的最小截面抵抗矩，γ_1 为截面塑性发展系数（分肢截面为槽钢和工字钢时，可取 $\gamma_1 = 1.5$）。

3. 例题

为了说明新规范对 λ_1 限值进行修订的必要性，现例举说明如下。

图4所示为一缀板连接的格构式轴心受压柱截面。钢材为3号沸腾钢，计算长度 $l_{ox} = l_{oy} = l = 6m$，承受轴心压力的设计值为 $F = 1600 \text{kN}$，截面特性 $A_1 = 45.62 \text{cm}^2$、$i_x = 10.59 \text{cm}$、$i_y = 12.22 \text{cm}$，$i_1 = 2.30 \text{cm}$，$a = 70 \text{cm}$。根据上述数据，计算如下：

$$\lambda_x = \frac{l_{ox}}{i_x} = \frac{600}{10.59} = 56.7$$

$$\lambda_y = \frac{l_{oy}}{i_y} = \frac{600}{12.22} = 49.1$$

$$\lambda_1 = \frac{a}{i_1} = \frac{70.0}{2.30} = 30.4$$

$$\lambda_{oy} = \sqrt{\lambda_y^2 + \lambda_1^2} = \sqrt{49.1^2 + 30.4^2} = 57.8$$

由新规范附表3.2按 $\lambda_y = 57.8$ 可查得 $\varphi = 0.819$。

$$\sigma = \frac{N}{\varphi A} = \frac{1600 \times 10^3}{0.819 \times 2 \times 4562}$$

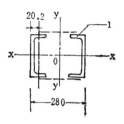

图4　例示截面
1—[28b

$= 214 \text{N/mm}^2$

3号钢的抗压强度设计值 $f = 215 \text{N/mm}^2$ 因此满足了整体稳定性要求。

而分肢长细比 $\lambda_1 = 30.4$，满足 $\lambda_1 < 40$，但不满足 $\lambda_1 < 0.5\lambda_{max} = 0.5 \times 57.8 = 28.9$。亦即分肢 λ_1 已满足原 TJ 17-74 规范的要求，却未能满足新订规范（GBJ 17-88）的要求。

现按前述分肢计算法求算：

取 $\quad v_0 = 0.002l = 12 \text{mm}$

$$F_{Cr} = \frac{\pi^2 EA}{\lambda_{oy}^2} = \frac{\pi^2 \times 206 \times 10^3 \times 9124}{57.8^2 \times 10^3}$$

$$= 5553 \text{kN}$$

柱中点截面上分肢的最大轴力为：

$$N_1 = \frac{1600}{2} + \frac{1600 \times 12}{280 - 2 \times 20.2} \bigg/ \left(1 - \frac{1600}{5553}\right)$$

$$= 800 + 112.6 = 912.6 \text{kN}$$

由 $\lambda_1 = 30.4$ 查表得 $\varphi_1 = 0.934$。

$$\frac{N_1}{\varphi_1 A_1} = \frac{912.6 \times 10^3}{0.934 \times 4562}$$

$$= 214.1 \text{N/mm}^2 < 215 \text{N/mm}^2$$

表明，中点处内力满足分肢稳定要求。

柱端截面上分肢内力为：

$$N_1 = \frac{F}{2} = \frac{1600}{2} = 800 \text{kN}$$

$$M_1 = \frac{F \pi v_0 a}{4l} \bigg/ \left(1 - \frac{F}{F_{Cr}}\right)$$

钢　结　构

$$= \frac{1600 \times \pi \times 12 \times 700}{4 \times 6000}$$

$$\bigg/ \left(l - \frac{1600}{5553} \right)$$

$$= 2471 \text{kN} \cdot \text{mm}$$

端截面处分肢强度为：

$$\frac{N_1}{A_1} + \frac{M_1}{\gamma_1 W_1} = \frac{800 \times 10^3}{4562}$$
$$+ \frac{2471 \times 10^3}{1.5 \times 37.4 \times 10^3}$$
$$= 175.4 + 44.0$$
$$\approx 219.4 \text{N/mm}^2 > 215 \text{N/mm}^2$$

式中的 $W_1 = 37.4 \text{cm}^3$ 是 $[28b$ 对其形心轴 1—1 的最小抵抗矩。上式计算结果表明，端截面处分肢强度未能满足要求。因而，应当进一步调整截面。

通过例示，可见新规范对格构式轴心受压构件单肢长细比限制的修改，就很有必要。

三、换算长细比公式的应用条件

新规范中规定的双肢组合构件换算长细比公式(见本文公式（1）、（2）)，是为了便于应用而经过简化了的，在大多数情况下均完全适用。

未经简化的换算长细比公式，对缀板柱来说是[5]：

$$\lambda_{oy} = \sqrt{\lambda_y^2 + \lambda_1^2 \left(\frac{\pi^2}{12} + \frac{\pi^2}{6} \cdot \frac{k_1}{k_b} \right)} \quad (12)$$

式中　k_1——柱分肢的线刚度，$k_1 = I_1/a_0$，a_0 为相邻缀板的中心间距；

k_b——柱身两侧缀板线刚度之和，$k_b = I_b/b_0$，b_0 为柱身两分肢轴线间距离。

公式(12)根号内括弧中的两项算列，是分别考虑了柱内剪力所引起的分肢和缀板在缀板平面内的弯曲变形影响。

可见从公式（12）简化成公式（1），必须使两缀板具有一定的线刚度，应使 $\frac{\pi^2}{12} + \frac{\pi^2}{8} \cdot \frac{k_1}{k_b} = 1$，即 $k_b/k_1 = 9.26$，然而，

这将导致缀板尺寸过大。为此文献〔5〕对此进行了研究，指出若能保证 $k_b/k_1 \geqslant 6$，规范规定的公式（1）所得列的轴心受压构件稳定系数 φ，只偏大在2%以内。因此，新规范在第八章构造要求内，规定了缀板柱中同一截面处的缀板（或型钢横杆），它们的线刚度之和，不得小于柱较大分肢线刚度的 6 倍。

原（TJ 17-74）规范第 98 条规定"缀板沿柱纵向的宽度，不应小于柱分肢轴线距离的2/3，厚度不应小于该距离的1/40，并不小于6mm"，它并不适用于用型钢作缀件的条件，因而它没有新订规范所规定的具有普遍适用性，不过它仍可用以作为初选缀板尺寸的参考，可对此初选的缀板再进行强度和线刚度验算。

未经简化的换算长细比公式，对缀条柱来说是[4]：

$$\lambda_{oy} = \sqrt{\lambda_y^2 + \frac{\pi}{\sin^2 \alpha \cdot \cos \alpha} \cdot \frac{A}{A_{1y}}}$$

$$(13)$$

式中，α 为斜缀条与构件纵向轴线间的夹角。当 $\alpha \approx 45°$ 时，式中根号内第二项系数约为27，此即本文公式（2）。新订规范规定采用公式（2）时，α 应在40°～70°之间，这主要是使公式（2）的误差不要过大。当由于可避免的原因，α 角不在上述范围内时，则仍应采用公式(13)进行计算。

还须指出，公式（13）仅考虑了剪力作用使斜缀条伸长所产生的影响，并未考虑使横缀条缩短所产生的影响[4]。因此，公式（13）和公式（2）只适用于无横缀条或有横缀条但横缀条不参加传递柱子剪力的缀条（图5(a)～(d)）；不适用于横缀条参加传递剪力的缀条（图5(c)、(f)）。

此外，从理论上分析，图5(e)、(f)的缀条布置，将由于横缀条的影响，使杆身一旦受力就会发生弯曲变形[10]因而不宜采用。

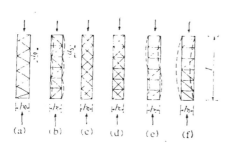

图5　各类格构式柱子的缀条布置及变形

四、其它问题

下面对格构式轴心受压构件中的一些零星问题，作点补充说明：

1. 在广泛采用的屋架双角钢组合截面中（见图6），因双角钢肢背间有一节点板厚度的空隙，而在两端节点板间则用填板相连，其 y 轴理论上也是虚轴。国外有些设计规范（例如日本规范[8]）在计算这种截面绕 y 轴的稳定时，也规定了采用换算长细比。但我国旧有和新订规范则鉴于其分肢背面间距较小、填板刚度大，根据多年使用经验，在规范中则都规定了：此类构件可按实腹式构件进行计算；同时，另对填板的间距提出了要求。

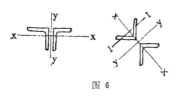

图6

2. 缀件与柱肢的连接，一般可采用焊接或摩擦型高强度螺栓、普通螺栓等方式连接。当用普通螺栓连接时，因易产生滑移，对格构式构件的工作有不利影响。ISO的钢结构设计规范草案[6]中，特对此作了考虑。

该规范提出的换算长细比在缀板柱中相当于本文公式（1）内增添了系数1.3，即：

$$\lambda_{oy} = \sqrt{\lambda_y^2 + 1.3\lambda_1^2} \qquad (14)$$

而对缀条柱，换算长细比采取较焊接连接时增大9%。我国规范则未考虑易滑移的因素。

3. 轴心受压构件弯曲后的最大剪力，发生在构件的两端。缀板柱端缀板宜较中间缀板略大和取较小间距，这对构件的受力性能将是有利的。虽然我国规范对此无明文规定，但外国有些规范（如美[7]、英[9]等国）规范就明确规定：端缀板的截面高度应较中间缀板截面高度加大1/3。可供我们借鉴。

4. 最后，须提及的是新规将旧规中第43条计算缀板的内力公式（$T = Q_b l/a$ 和 $M = Q_b l/2$）去掉了，这不是公式有什么不妥当，而是因为这两个公式完全可由结构力学知识导出，没有必要写进规范内。

参考文献

[1] 杨弗康、李家宝主编：《结构力学》下册（第三版），高等教育出版社，1983年

[2] 郭在田：缀板式轴心受压构件的单肢计算问题，《科学研究论文》第8401号，西安冶金建筑学院，1984

[3] European Convention for Constructional Steelwork: Second International Colloqium On Stability, Introductory Report, 2nd Edition, 1976. p. 121~122

[4] Timoshenko, S. P., Gere, J. M., Theory of Elastic Stability, 2nd Edition, McGraw-Hill, 1961

[5] 马志宇、魏明钟：格构式轴心受压构件剪力和缀板柱承载能力初探，《科技资料》83—067，重庆建筑工程学院科技情报科印，1983年4月

[6] International Standardization Organization TC167/SCl: Steel Structures-Materials and Design, NI53E (Working Draft), 1988

[7] American Institute of Steel Construction Specification for the Design, Fabrication and Erection of Structural Steel for Buildings, Nov. 1978

[8] 日本建筑学会：《钢构造设计规准》，1970

[9] British Standards Institution: Specification for the Use of Structural Steel in Building (BS 449, Part 2), London, 1969

[10] 李国豪：《钢结构设计》，龙门联合书局，1952

钢结构塑性设计中的若干问题

钢结构塑性设计中的若干问题

浙江大学   夏志斌（教授）

提 要 本文讲述了《钢结构设计规范》(GBJ 17-88)中新增一章——塑性设计的有关规定,对其适用条件、设计表达式和为保证塑性铰作用,对钢材、构件截面宽厚比、构件计算及侧向支撑间距等方面要求,进行了重点解说。

关键词 塑性铰 内力重分配 机构破坏 侧向支承点

建筑钢结构所用钢材具有较大的延性,因此,在设计以受弯为主的构件或结构时,有条件利用和考虑在构件截面上发展部分塑性变形,或在连续实腹结构如超静定梁（或刚架）的某些截面上考虑发展全截面塑性变形,以形成塑性铰促使超静定结构内力重分配,最后形成机构而破坏。这将充分发挥材性作用,有很好的技术经济价值。

通常所称的塑性设计就是指上述形成塑性铰和产生内力重分配且按机构破坏所进行的设计方法。

在原 TJ 17-74 规范中,对于塑性设计只作了三条规定,即第25条关于塑性设计的适用条件;第26条的简支梁设计中考虑塑性变形发展时截面强度计算方法和塑性抵抗矩的取值;和第27条的跨度相等的连续梁按考虑塑性变形引起内力重分配设计的条件与计算公式。然而,由于这三条规定过于简单,限制条件又过严,应用范围又只限于梁,因而,在实际工程设计中这些规定很少被引用。此外,这三条规定还存在一些不够妥当的内容,应作修改[1]。

在设计中应用塑性设计,以发挥构件截面的最大塑性强度,计算简单,概念清晰,既可作为计算依据,又能较准确地估定结构的承载能力,获得较经济的截面尺寸和达到节省钢材的目的。自1948年英国首次将塑性设计引进设计规范后,随着专题研究工作的进展和工程实践经验的积累,对钢结构进行

塑性设计现时可以说已趋成熟。美国、澳大利亚、比利时、加拿大和日本等许多国家都已先后把塑性设计编进了设计规范或单独制订了塑性设计的专门规程。由文献〔2〕、〔3〕、〔4〕所知,从50年代的中期以来,在钢梁和低层房屋钢刚架的建造中,许多国家都已大量采用了塑性设计。

60年代中期,我国原建筑工程部金属结构设计研究所、华南工学院、太原工学院等单位对钢结构的塑性设计也曾开展过专题科学研究。嗣后,各地也陆续建造过一些按塑性设计的房屋钢刚架,但为数毕竟不多,可以说塑性设计在我国还没有得到应有的发展。为了适应今后发展的需要,这次修订的新规范,已将塑性设计问题专列成一章,内容也较原 TJ 17-74 规范有了较多的修改和扩充。

一、塑性设计的适用条件

目前常用的塑性设计是根据简单塑性理论进行的,即假定结构构件以受弯为主,钢材为理想的弹-塑性体,不考虑应变硬化阶段,采用一阶理论分析,也不考虑因刚架侧移 u 引起竖向荷载 F 在刚架上产生的附加力矩 $F \cdot u$（即 $P-\Delta$ 效应）;此外还假定结构具有足够的平面外支撑,能够保证结构在形成机构前,不会发生侧扭屈曲破坏,构件的截面尺寸能够保证在形成机构前不发生板件局部屈曲;所有荷载为比例加载等等。

在进行塑性设计时,应尽量满足上述这

些基本假定。为此，新规范首先规定了塑性设计的一些适用条件。在第9.1.1条中明确规定，塑性设计适用于不直接承受动力荷载的固端梁、连续梁以及由实腹构件组成的单层和两层刚架结构。这条规定的内容和值得注意的事项如下：

1. 塑性设计只适用于形成破坏机构过程中能产生内力重分配的超静定梁和超静定实腹刚架

对于简支梁等静定结构，因在其最大弯矩截面上全截面发展塑性时，将立即形成破坏机构，并不产生内力重分配，因而塑性设计在此处就不适用。

现设简支梁截面边缘纤维屈服时的抵抗矩为W，进入全截面塑性时的塑性抵抗矩为W_p，则$\gamma_u = W_p/W$就称为全截面塑性发展系数，其值随截面形状和尺寸比例而变化。工字形截面绕其强轴弯曲时，其γ_u为1.09～1.20（通常取$\gamma_u = 1.12$作为代表值）。当梁在相同荷载作用下，分别采用弹性设计和塑性设计时，两者所需截面，抵抗矩的值为$1:1/\gamma_u$。亦即塑性设计时所需截面将较弹性设计时小；但按弹性设计的梁在边缘纤维屈服后，继续加大其荷载作用，并不会使梁破坏，因而两者的安全度表现不等。简支梁按截面全部发展塑性变形而得到的较小截面，可以说是由减小安全度得来的。因此，原TJ 17—74规范第26条，对简支梁容许采用这样的设计是不当的，新规范特对此作了修改，即规定对简支梁不再采用形成塑性铰的截面设计。

超静定梁则与静定梁不同，以图1中所示的承受满跨均布荷载作用的等截面固端静定梁为例，按弹性分析时，最大弯矩发生在梁两端的截面上，其值为$ql^2/12$；而按塑性分析时，当梁两端截面上全部发展塑性变形形成塑性铰后，截面上的内力发生重分配，随后所加荷载只是增大跨度中点截面处的弯矩，直到跨中截面上也形成塑性铰，使梁成为机构为止。此时梁端和跨中三个截面上的

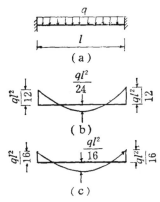

图 1　满跨均布荷载作用下的固端梁
(a)—固端梁承受均布荷载，(b)—弹性分析的弯矩图，(c)—塑性分析的弯矩图

弯矩，数值上都等于$ql^2/16$。由此可见，按塑性设计时，在相同荷载作用下所产生的弯矩较之弹性设计时降低了$\dfrac{16-12}{16} = 1/4$，从而就可减小所需的截面，节省材料。由此可知，新规范规定的塑性设计也就只限于这种能产生内力重分配而形成机构的实腹构件一类的超静定结构中采用。

2. 塑性设计只适用于以受弯为主的实腹构件及由其所组成的一、二层刚架结构

对于压弯构件，因为截面上除弯矩作用外，还存有一定轴压力，将降低截面所能承受的全塑性弯矩，因此，新规范规定塑性设计只用于受弯为主的实腹构件及由其组成的一或二层刚架结构。刚架基本是压弯（拉弯）构件，但在单层或双层时，刚架中的轴心压力不大，仍可认为是以受弯为主的构件所组成，其轴力在塑性分析时可以略去，只在截面强度验算中考虑其作用。由于只限于一二层，可按简单塑性理论设计和一阶分析，不考虑$P\text{-}\Delta$效应。而两层以上刚架，采用一阶理论分析则将产生不利影响，因此，对两层以上的刚架，由于目前国内在理论和实践方面均缺乏塑性设计经验，新规范中未予包括。

如果设计者已经掌握二阶理论分析，又有足够依据，也不是不可对两层以上的刚架采用塑性设计的。

美国和加拿大等国在50年代后期，在有些有支撑的多层刚架中就已采用了塑性设计[2]，并在支撑设计中考虑了二阶（轴力）效应的作用。

3．塑性设计不适用于直接承受动力荷载的结构

由于动力荷载对塑性铰的形成和内力重分配究竟有多大影响，目前研究得还不深，因此，新规范规定塑性设计只适用于不直接承受动力荷载的结构。国外的一般设计规范，也都未在承受动力荷载结构中推荐采用这种塑性设计。如美国钢结构学会（AISC）1959年关于钢结构的塑性设计规定和1978年的设计规范[5][6]中就明确规定，对于工厂中的连续吊车梁不推荐采用塑性设计；但对支承吊车梁的房屋刚架，则规定可考虑采用塑性设计。

我国对有吊车荷载作用的房屋刚架采用塑性设计还缺少经验，文献[7]曾对山形门式刚架在模拟的吊车动力荷载作用下的塑性内力重分配和变形情况进行过试验研究*。从破坏试验中发现，材料有些硬化，塑性铰处的截面转动有些减小，但对刚架中塑性铰的形成和内力重分配过程并没有明显的影响。

二、塑性设计计算表达式和分项系数

新规范中钢结构的计算方法，现已改用了以概率理论为基础的极限状态法，除疲劳计算外，都已采用分项系数的设计表达式进行计算。但为了照顾习惯，对非塑性设计仍沿用了应力表达式。如单向受弯构件的抗弯强度应力表达式新规范规定为：

$$\frac{M_x}{\gamma_x W_{nx}} \leq f \qquad (1)$$

式中　M_x——弯矩设计值，为由恒载与活载分别乘以各自的荷载分项系数后计算得出的对 x 轴的最大弯矩；

W_{nx}——对 x 轴净截面弹性抵抗矩；

f——钢材的抗弯强度设计值，由钢材屈服点 f_y 除以抗力分项系数 γ_R 得出；

γ_x——截面塑性发展系数，当不考虑截面发展塑性变形时，取 $\gamma_x = 1$。

上述分项系数中的荷载分项系数是由《建筑结构荷载规范》（GBJ 9-88）所规定，而钢材的抗力分项系数则由钢结构设计规范规定。为便于应用，新规范直接给出了强度设计值 f。在本文公式（1）中表面上是看不到分项系数的，实际上它已分别包含在 M_x 和 f 中。

但对塑性设计来说，上述应力表达式就不再适用。因为塑性设计是以发挥构件截面的最大塑性强度为计算依据，因此设计时只要比较由荷载产生的构件内力设计值是否小于或等于构件的最大塑性强度即可，此时宜采用内力表达式进行。仍以单向受弯构件为例，塑性设计抗弯强度的内力表达式为：

$$M_x \leq W_{pnx} f_p \qquad (2)$$

式中　M_x——构件形成机构时由考虑分项系数后的荷载作用所产生的弯矩设计值；

W_{pnx}——对 x 轴的净截面塑性抵抗矩；

f_p——塑性设计时的抗弯强度设计值，$f_p = f_y/\gamma_p，\gamma_p = f/\gamma_p$；

γ_p——塑性设计时的附加抗力分项系数。

* 按塑性设计的试验刚架为焊接工字形截面，钢材为3号钢，由自动焊焊接而成。其中一榀刚架的试验程序是：在使用荷载下进行200万次动力荷载试验后，加静荷载至一个截面上出现塑性铰后卸载，再在使用荷载下进行200万次的动力荷载试验，最后再作静荷载试验直至刚架破坏。

$W_{pnx}f_p$显然表示为截面所能发挥的最大塑性抗弯强度。

由于新规范不论是采用塑性设计或非塑性设计，两者都采用了以概率理论为基础的极限状态设计方法，不论按何种设计表达式进行计算，所用荷载分项系数应是相同的。

塑性设计与非塑性设计相比，有一些不利影响必须考虑。例如，结构在弹塑性工作阶段的变形较弹性工作时为大，而按简单塑性理论计算时并不考虑P-Δ效应；又如塑性设计假定按比例加载，而实际并非如此，在产生塑性变形后，如重复卸载和加载，就必须考虑变形会不会不断增大等。因此，新规范在确定塑性设计的强度设计值时，除已有的抗力分项系数外，还引进了一个附加的抗力分项系数γ_p，作为适当降低塑性设计时的强度设计值。经分析，取$\gamma_p=1.111$，因此得$f_p=0.9f$。规范的第9.1.3条规定，塑性设计时钢材和连接的设计强度值应按新规范第3.2.1条和3.2.2条规定值再乘以折减系数0.9，即源于此。注意在新规范文本中则未直接引用f_p这个符号。

对最常用的工字形截面受弯构件，其截面形状系数γ_u约等于1/0.9，则

$$f_p W_{pnx} = \left(\frac{1}{1.111}f\right)\left(\frac{1}{0.9}W_{nx}\right)$$

$$\approx fW_{nx} \qquad\qquad (3)$$

从表面看公式（3），截面的塑性抗弯强度与弹性抗弯强度在设计中取了等值。

比较上述公式（1）和公式（2）可知，公式（2）中的弯矩设计值M_x是按形成机构后得来的，其值低于公式（1）的M_x，这就说明塑性设计所以能得到比弹性设计为轻的截面，主要是利用了内力重分配使弯矩的设计值有所减小之故，并未利用W_{px}大于W_{nx}这一因素。

华南理工大学梁启智教授曾对新规范中有关塑性设计的上述分项系数取法（即荷载分项系数与钢材抗力分项系数取与非塑性设

计时相同，但引进一个附加抗力分项系数$\gamma_p=1.111$），与国外规范作了分析比较[4]，认为新规范的取法适中而略偏于安全。考虑到我国塑性设计实践经验还不多，这样取值是适当的。

三、塑性设计对钢材的要求

由于塑性设计主要利用结构形成塑性铰后在该处截面发生转动进行内力重分配，因而要求塑性设计时的钢材具有良好的延性。

欧洲钢结构协会（ECCS）的有关文献[8]曾规定，按塑性设计的钢材必须满足三个条件：（1）单向拉伸试验的钢试件，应力-应变图必须具有明显的屈服台阶，台阶末端的应变ε_{st}还应大于开始屈服时的应变ε_y 6倍（即延性系数$\varepsilon_{st}/\varepsilon_y \geqslant 6$）；（2）抗拉强度$f_t$与屈服点$f_y$的比值不应小于1.2（即$f_t/f_y \geqslant 1.2$）；（3）短试件延伸率$\delta_5 \geqslant 15\%$。

上述三个条件不但要求钢材具有良好的延性，而且还要求具有足够的强化阶段，这是形成塑性铰后产生截面转动和保证板件进入塑性后仍能保持局部稳定所需。国外因没有明显屈服台阶的材料（如铝合金和高强度钢）也有采用塑性设计的，但使用并不多。

新规范考虑了国外上述规定，对所推荐采用的三种钢材（3号钢、16Mn钢和15MnV钢）已都能满足所述三个条件，因此就没有把塑性设计对钢材的要求列进新规范中。但当采用其它种类钢材时，则应注意应满足上面所述的条件。

四、截面板件的最大宽厚比

塑性设计因要求结构或构件上产生足够数量的塑性铰而形成破坏机构，因此，在形成破坏机构前的构件受弯能力，应保持在塑性弯矩的水平，不应发生构件的侧扭屈曲和板件的局部屈曲。构件的侧扭屈曲和组成板件的局部屈曲是互相关联的，为了简化问题，常把它们分开单独考虑。为了不使板件过早

地局部屈曲，国内外规范都对板件的最大宽厚比作了规定。新规范第9.1.4条也对当前塑性设计中最主要的截面形成（工字形和箱形截面）中的板件，规定了最大宽厚比。

板件在塑性受力时的屈曲问题，国外曾进行过很多的理论和试验研究。文献〔2〕中已对此作了综合介绍，新规范也引用了这些成果〔4〕。下面就以工字形截面的受压翼缘为例作一简要介绍。

工字形截面的翼缘板沿纵向均匀受压并在其与腹板的交接线上受到约束，其抵抗局部屈曲的能力与板件的宽厚比和腹板对其约束的大小密切相关。其屈曲问题有两种可能的处理方法：按正交异性板的屈曲问题求解和按约束矩形板的扭转屈曲求解。两个解中都假定翼缘承受均匀压缩应变，其值取硬化时的应变 ε_{st}，并假定此时应变硬化模量为 E_{st}。当把翼缘板看作一个矩形长板不考虑腹板对其约束时，上述两种解得到相同的结果。塑性屈曲时的临界应力为：

$$\sigma_{cr}=\left(\frac{t}{b}\right)^2 G_{st} \qquad (4)$$

如令刚开始硬化时的临界应力等于钢材的屈服点 f_y，则由公式（4）可求得板件开始屈曲时的宽厚比为：

$$\frac{b}{t}=\sqrt{\frac{G_{st}}{f_y}} \qquad (5)$$

式中，t 为翼缘板厚度；b 为翼缘板自由外伸宽度，可取整板宽度的一半；G_{st} 为钢材剪切应变硬化模量，取法在各种文献中常有不同，如按非连续屈服理论，可取：

$$G_{st}=\frac{2G}{1+\frac{E}{4(1+\mu)E_{st}}} \qquad (6)$$

式中，μ 为泊松比，可取 $\mu=0.3$；E 和 G 分别为钢材的弹性模量和剪变模量，$G=\frac{E}{2(1+\mu)}$。

如把公式（6）代入公式（5），则得：

$$\frac{b}{t}=\sqrt{\frac{E}{f_y}}\sqrt{\frac{0.769}{1+\frac{E}{5.2E_{st}}}} \qquad (7)$$

以3号钢为例，取 $E=206\times10^3\text{N/mm}^2$，$E_{st}=5.6\times10^3\text{N/mm}^2$，$f_y=235\text{N/mm}^2$，则由公式（7）可求得 $b/t=9.137$。新规范对工字形截面翼缘板最大宽厚比的规定为 $b/t\leqslant9\sqrt{235/f_y}$，即来源如上。

若考虑腹板对翼缘板的约束作用，则上述两种解将给出不同的宽厚比表达式，但数值上结果则相差无几。考虑腹板约束作用后的宽厚比限值将较按公式（7）算得的大1.5%左右。对3号钢，此时的 $b/t=9.273$。

从公式（7）中，还可看出，E_{st} 的大小对局部稳定的宽厚比限值有明显的影响，这也是上一节中对塑性设计的钢材，要求具有一定的 f_u/f_y 比值的另一因素。

新规范中对其它板件的宽厚比限值，是参考了国外有关规范规定和资料确定的。文献〔4〕对此已作了分析和比较，这里不多叙述。值得指出的是，遵守这些板件宽厚比的限值，既能保证截面全部进入塑性，也能保证进入塑性的截面转动而产生内力重分配，这正是塑性设计所要求。因此，塑性设计中板件宽厚比的限值比非塑性设计要求严些。

五、构件计算

新规范根据塑性设计应用范围，在构件的计算这一节中，只给出了截面限于工字形和箱形的在一个主平面内的受弯构件和压弯构件计算式，兹将其规定解说如下：

1. 在一个主平面内受弯的受弯构件

（1）当只承受弯矩作用时

截面的极限状态可表达为 $M_x=M_p=W_{pnx}f_y$。在考虑抗力分项系数后，其强度验算公式为：

$$M_x\leqslant W_{pnx}f_p \qquad (8)$$

亦即新规范中公式（9.2.1）。要注意的是 W_{pnx} 是对 x 轴的净截面塑性抵抗矩，应根据截面全部进入塑性来求得，即：

$$W_{pnx} = S_1 + S_2 \qquad (9)$$

式中 S_1、S_2 分别为截面中和轴以上和以下的净截面对中和轴的面积矩，均取正号。在塑性设计中，对称截面的中和轴与形心轴重合，但在单轴对称截面中，中和轴为平分截面的轴，与形心轴不在同一位置。

（2）当受弯构件截面上还存在剪力时

此时假定钢材系理想弹塑性体，根据钢材在复杂受力条件下的屈服准则，剪应力存在将使截面极限弯矩比塑性弯矩 M_p 有所降低。但由于钢材具有硬化阶段，据国外许多试验研究资料[2]证实，当剪力 V 小于腹板受剪的极限剪力 V_p 时，即 $V \leqslant V_p = f_y h_w t_w / \sqrt{3}$，梁截面的抗弯强度将随硬化作用的影响超过塑性弯矩 M_p 值；当剪力和弯矩同时作用在局部区域时，多数情况下将促使该处钢材迅速硬化而使截面的抗弯强度达到 M_p。因此，当满足 $V \leqslant V_p$ 时，剪力的存在不会降低截面的塑性弯矩。新规范就是据此定出受弯构件的弯曲强度公式的，同时也规定了剪力强度公式（假定剪力全部由腹板承受）：

$$V \leqslant h_w t_w f_{vp} \qquad (10)$$

式中，h_w、t_w 分别为腹板的高度和厚度；f_{vp} 为塑性设计时所采用的钢材抗剪强度设计值，$f_{vp} = 0.9 f_v$。该公式即是新规范中公式（9.2.2）。

2. 弯矩作用在一个主平面内的压弯构件

（1）强度计算式

由理论推导[3]得出的双轴对称工字形截面和箱形截面的轴心压力 N 和弯矩 M_x 的相关公式为：

当轴力较小时（中和轴在腹板范围内）

$$\frac{M_x}{W_{px}f_y} + \frac{A^2}{(4A_f + A_w)A_w}\left(\frac{N}{Af_y}\right)^2 = 1 \qquad (11)$$

当轴力较大时（中和轴在翼缘范围内）

$$\frac{M_x}{W_{px}f_y} = \frac{2A}{4A_f + A_w}\left(1 - \frac{N}{Af_y}\right) \qquad (12)$$

公式（11）和公式（12）是假定翼缘板厚与截面高度相比为很小，因而认为翼缘面积 A_f 集中在翼缘板厚的中心处。式中，A_f 为一只翼缘板的截面积，A_w 为腹板截面积，A 为整个截面面积，$A = 2A_f + A_w$。从公式（11）和公式（12）可知，轴力和弯矩的相关曲线，将随截面的 A_f/A_w 的比值而变。常用柱截面的 $A_f/A_w \approx 1.4 \sim 1.5$ 左右。新规范取 $A_f/A_w = 1.42$，则可将公式调整为：

$$\frac{M_x}{W_{px}f_y} = 1 - 2.207\left(\frac{N}{Af_y}\right)^2 \qquad (13)$$

$$\frac{M_x}{W_{px}f_y} = 1.15\left(1 - \frac{N}{Af_y}\right) \qquad (14)$$

和公式（14）两式的交点发生在公式（13）$N/Af_y = 0.13$ 处，相应的 $M_x/W_x f_y = 0.963 \approx 1.0$。为了简化，可将公式（13）近似改为：

$$M_x / W_p f_y = 1 \qquad (15)$$

此时公式（14）与公式（15）的交点为 $N/Af_y = 0.13$，即得：

当 $N/Af_y \leqslant 0.13$ 时

$$M_x = W_{px}f_y \qquad (16)$$

当 $/NAf_y > 0.13$ 时

$$M_x = 1.15\left(1 - \frac{N}{Af_y}\right)W_{px}f_y \qquad (17)$$

如改为不等式，截面改为净截面并引进抗力分项系数，即得新规范中所推荐的公式（9.2.3-1,2）。可用以计算双轴对称工字形截面和箱形截面压弯构件的强度。

由于压弯构件中轴力 N 愈大，产生二阶效应也愈大。因此新规范第9.2.3条中规定压弯构件中的轴压力 $N \leqslant 0.6A_n f_p$。

（2）稳定性计算式

计算整体稳定性时可直接引用新规范第5章的非塑性计算的相应公式，亦须分别计算弯矩作用平面内和弯矩作用平面外两种情况的稳定性。所不同的是在验算弯矩作用平面内外的稳定性时，分别用 W_{px} 代替 $r_x W_{1x}$ 和 W_{1x}，式中的抗弯强度设计值 f 应为 $f_p = $

0.9 f。

六、构件侧向支承点的间距

按塑性设计要求，当构件上某截面出现塑性铰而整个结构尚未形成破坏机构时，该塑性铰所在截面应当在保持全塑性弯矩 $M_p = W_{px} f_y$ 状态下具有足够的转动能力，使结构体系能产生内力重分配。因此，除板件宽厚比应受到限制，使塑性铰在有足够的转动能力下板件不产生局部屈曲外，还必须在塑性铰所处截面和其左、右适当距离 l_1 的相邻截面处，各设置侧向支撑，以保证塑性铰有足够的转动能力下不使构件整体失稳。

根据实验资料，塑性铰与相邻侧向支撑间的梁段，在弯矩作用平面外的侧向长细比 λ_y 愈小时，塑性铰截面的转动能力就愈强。因此，可以用限制侧向长细比 λ_y 这一措施，作为保证梁段在塑性铰处的转动能力。

塑性铰处的转动能力可用 θ_{max}/θ_e 来衡量，θ_e 是实验中量得的最大弹性转动值，θ_{max} 是发生整体失稳或板件局部屈曲前所能保持的最大转动。新规范第9.3.2条规定，塑性铰截面处必须设置侧向支撑，该支撑点与其相邻支撑点间构件的长细比 λ_y 应满足：

当 $-1 \leqslant M_1/W_{px}f \leqslant 0.5$ 时

$$\lambda_y \leqslant \left(60 - 40\frac{M_1}{W_{px}f}\right)\sqrt{\frac{235}{f_y}} \quad (18)$$

当 $0.5 < M_1/W_{1x}f \leqslant 1.0$ 时

$$\lambda_y \leqslant \left(45 - 10\frac{M_1}{W_{px}f}\right)\sqrt{\frac{235}{f_y}} \quad (19)$$

式中 M_1—— 与塑性铰相距为 l_1 的侧向支撑点处的弯矩，当长度 l_1 内为同向曲率时，M_1 为正；当为反向曲率时，M_1 为负。

上列公式是以 $\theta_{max}/\theta_e = 10$ 为标准按试验资料加以简化后得出的经验公式[1]。

必须指出的是，上述侧向长细比的规定对破坏机构中最后形成的塑性铰可以不遵守，其理由是容易理解的，这里不另多述。

对不出现塑性铰的构件区段，其侧向支撑点间距，则应按新规范第4章和第5章受弯和压弯构件在弯矩作用平面外非塑性设计的整体稳定计算确定。

侧向支撑通常以楼面系中的次梁或屋面系中的檩条充当。作为侧向支撑的构件还必须具有必要的轴压强度和刚度。新规范规定侧向支撑构件按承受轴心压力 $N = Af \times \sqrt{f_y/235}/85$ 计算。被支撑物为受弯构件时，式中 A 为其受压翼缘的截面面积；为轴心受压构件时，A 为整个受压构件的截面面积。侧向支撑构件的刚度要求是限制其长细比不超过200。侧向支撑构件应与被支撑构件的受压翼缘焊接或用螺栓连接，同时该处的被支撑构件上还应设置腹板加劲肋。

钢筋混凝土板亦可以用作侧向支撑，但必须与按塑性设计的构件受压翼缘牢固相连。砌筑于墙砌体内的钢构件，当其腹板与墙面垂直放置时，是可以认为该墙砌体是钢构件的侧向支撑[8]。

参 考 资 料

【1】梁启智，关于钢梁设计中考虑塑性的问题——有关规范规定的比较和讨论，《华南工学院学报》第6卷第4期，1978年12月

【2】American Society of Civil Engineers and Welding Research Council, Plastic Design in Steel, A Guide and Commentary (2nd Edition), ASCE, New York, 1971

【3】日本建筑学会编，李和华等译，《钢结构塑性设计指南》(1976)，中国建筑工业出版社，1981

【4】梁启智，修订钢结构设计规范塑性设计条文有关几个问题的探讨，1983年；钢结构塑性设计中的若干问题，1986

【5】American Institute of Steel Construction, Plastic Design in Steel, 1959

【6】American Institute of Steel Construction, Specification for the Design, Fabrication and Erection of Structural Steel for Buildings, 1978

【7】潘有昌等，吊车动荷载对山形门式钢刚梁塑性内力重分布和变形的影响，《浙江大学学报》第22卷第1期，1988年1月

【8】European Convention for Constructional Steelwork, European Recommendations for Steel Construction, 1978

粉煤灰加气混凝土砌体轴心
受压构件极限承载力的研究

| 第27卷第2期 | 浙 江 大 学 学 报 | （自然科学版） | №2, Vol. 27 |
| 1993年3月 | Journal of Zhejiang University | (Natural Science) | March , 1993 |

粉煤灰加气混凝土砌体轴心受压
构件极限承载力的研究*

姚　谏　夏志斌　严家熺

（土木工程系）

提　要

　　本文采用适量试验结合计算机模拟的方法，对具有初始缺陷（包括砌体初弯曲和荷载初偏心）的粉煤灰加气混凝土砌体轴心受压构件的极限承载力 P_u，进行了研究。

　　通过大小72个试件的试验，分析了轴心压力下粉煤灰加气混凝土砌体构件的工作性能、破坏特征及砂浆强度的影响，确定了砌体组成材料（砌块和砂浆）的本构关系。

　　利用自己编制的关于 P_u 的非线性全过程电算程序，首先，较全面地分析了砌体组成材料本构关系对 P_u 的影响；结合试验结果，确定了模拟系数；然后，运用模拟系数进行了大量的计算机模拟计算，探求构件高厚比、初始缺陷、砂浆强度等对 P_u 的影响。最后提出了计算 P_u 的纵向弯曲系数 φ 建议公式。

关键词：粉煤灰加气混凝土；砌体构件；计算机模拟；极限承载力

0　前　言

　　加气混凝土具有重量轻、保温性能好、在砌体中的强度利用率高、经济指标优越、可加工性好和有利于抗震等特点，有广阔的发展前途。粉煤灰加气混凝土是近十年发展起来的一个加气混凝土新品种。由于它利用工业废料——粉煤灰作为主要原料之一，不仅可解决城市工业废料的处理问题，且可减少水泥用量、降低成本，同时可解决某些地区因烧砖而占用农田的问题，因此在我国已建成的大小六十多个加气混凝土厂中，约有 60％ 的厂家是生产粉煤灰加气混凝土制品的。但以粉煤灰加气混凝土砌块为块材的砌体，目前只是大量地用作框架结构的填充墙和内隔墙，其作为承重结构的应用远远比不上砖砌体。这除了制品质量问题和建筑管理上

---

　　* 本文为浙江省《粉煤灰加气混凝土砌块构性试验研究》课题重点论文（已鉴定）。

　　本文于 1992 年 5 月收到

的一些环节外,对其构性缺乏研究和了解是重要原因之一。

又,我国现行《蒸压加气混凝土应用技术规程》JGJ17 − 84(以下简称《规程》)中关于轴心受压砌体构件的极限于载力(用纵向弯曲系数 φ 表示),是根据干容重为 5kN/m³ 的矿渣砂加气混凝土砌体构件轴心受压试验结果而偏安全取用了我国原《砖石结构设计规范》GBJ3 − 73 中25 号砂浆砖砌体构件的纵向弯曲系数 φ 值。粉煤灰加气混凝土与矿渣砂加气混凝土、砖的材性不尽相同,因此,本文的研究可提供确定粉煤灰加气混凝土砌体轴心受压构件纵向弯曲系数 φ 的试验和理论依据,使我国现行《规程》更为完善。这对促进粉煤灰加气混凝土的广泛应用具有实际意义。粉煤灰加气混凝土砌体轴心受压构件极限承载力问题,至今尚未收集到任何有关的研究文献。

试验是一种有力的科研手段,但采用纯粹试验研究需投入大量的人力和物力,耗时、费钱又费工;试验结果能够达到的深度和广度也明显存在很大的局限性。因此,本文鉴于砌体材料的特点,采用适量试验结合计算机模拟的方法,对粉煤灰加气混凝土砌体轴心受压构件的受力性能进行了非线性全过程分析。主要研究构件的破坏特征和组成材料的本构关系、高厚比、初始缺陷、砂浆强度等因素对 P_u 的影响,提出纵向弯曲系数 φ 的计算公式。

1　试验分析

1.1 试验简介

（1）试件设计

轴心受压砌体试件(以下简称砌体试件)的截面尺寸为 $b \times d = 600 \times 180 mm^2$,与砌块规格 $b \times d \times h = 600 \times 180 \times 240 mm^3$ 相适应。在砌体试件类型设计时考虑了两个主要影响参数:

（a）高厚比 β:取 β = 4.2、11.1、13.9、16.7 和 19.4 五种高厚比;

（b）砂浆抗压强度 f_2:采用 M2.5、M5 和 M7.5 三种强度等级的混合水泥砂浆。

砌块性能不作变化,均采用干容重为 $5kN/m^3$、强度等级为 $MU3$ 的粉煤灰加气混凝土砌块。

为了确定砌体中砂浆与砌块的粘结弯曲抗拉强度 f_{2tm}(以下简称粘拉强度),设计了"砌块条 − 砂浆 − 砌块条"粘结弯曲抗拉试件(以下简称弯拉试件 A),同时制作了纯砂浆弯曲抗拉试件(以下简称弯拉试件 B)供比较。砂浆强度等级采用 M2.5、M5 和 M7.5 三种。

试件汇总及其组成材料的立方抗压强度见表 1 和表 2。

（2）试件制作

全部试件分两批在浙大结构实验室制作。高厚比 β ≥ 11.1 的试件全部直接砌筑在静力试验台座上,试验时移动试验装置而不移动试件。

（3）试验方案

（a）试验内容:主要实测试件的极限承载力,同时要求观测砌体试件及其组成材料截面上的应力 − 应变关系、砌体试件的侧移(即纵向弯曲)、裂缝的出现、发展的全过程特征等受力性能,逐级记录测量数据。

表1　砌体试件及其组成材料的立方抗压强度(MPa)

试件批号	试件高度			砌块抗压强度 f_1		砂浆抗压强度 f_2		试件数量
	H(mm)	NB	$\beta = \dfrac{H}{d}$	砌筑前	试验前后	强度等级	实测值	
I (第一批)	750	三	4.2	3.0	3.1	M2.5	2.7	3* + 3
	2000	八	11.1				3.0	3
	2500	十	13.9				2.9	3
	3000	十二	16.7				3.5	3
	3500	十四	19.4				4.0	3
I (第二批)	750	三	4.2	2.8	3.1	M2.5	2.5	3*
	3000	十二	16.7				2.3	3
	750	三	4.2			M5	4.0	3*
	3000	十二	16.7				4.2	3
	750	三	4.2			M7.5	6.6	3*
	3000	十二	16.7				8.0	3

注:(1)打"*"者兼作受压本构关系试件。

　　(2)表中 H 为砌体试件设计高度,试件实际高度的误差在 ±10mm 范围内;NB 是砌体试件的皮数。

表2　弯拉试件及其砂浆的立方抗压强度(MPa)

试件类别	试件尺寸 $b \times d \times L$(mm³)	试件图形	砂浆抗压强度 f_2		试件数量
			强度等级	实测值	
弯拉试件 B (第一批)	80 × 80 × 400		M2.5	1.1	6
			M5	2.4	6
弯拉试件 A (第一批)	120 × 120 × 490		M2.5	4.3	6
			M5	4.9	6
弯拉试件 A (第二批)			M2.5	2.5	4
			M5	4.4	4
			M7.5	6.6	4

注:(1)弯拉试件 B 及其砂浆试件的底模均为钢模,其中 M2.5 砂浆与表1中第一批十二皮砌体试件的砂浆完全相同,但砂浆试块底模不同。

　　(2)弯拉试件 A 中的砌块条 120 × 120 × 240mm³,取自规格尺寸为 600 × 180 × 240mm³ 的砌块。

　　(b)加载方法:三皮砌体试件的试验在 200t 长柱试验机上进行。试验时采用等速分级加载,荷载级差约为预计破坏荷载的 10%;当荷载超过预计破坏荷载时,荷载级差减半。

　　三皮以上砌体试件的试验在静力试验台座上用 50t 油压千斤顶加载进行。试件下端直接置于静力试验台座,与实际工程应用情况一致。加载方法同三皮砌体试件。

　　弯拉试件的试验在静力试验台座上用 10～40N 的铸铁块重力加载进行,如图1示。加载方法同砌体试件。

　　(c)测点、仪表布置:主要根据试验内容要求布置,如图2和图3示。

1.2 试验结果与分析

　　(1)砌体试件的受力性能与破坏特征

　　两批共36个砌体试件的试验结果表明:

　　(a)全截面受压:高厚比β=4.2的砌体试件,在荷载作

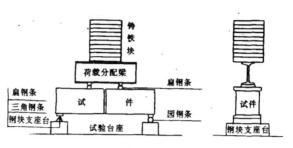

图1　弯拉试件加载装置

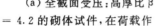

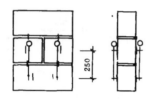

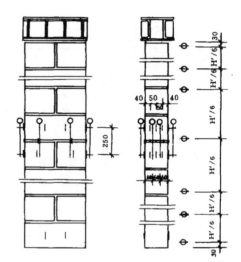

图2　三皮砌体试件测点、仪表布置　　　图3　三皮以上砌体试件测点、仪表布置

用下全截面均匀受压;β≥1.1的较长砌体试件,不可避免的初弯曲和初偏心等缺陷使截面应变分布不均匀,但在整个加载过程中全截面始终受压,无拉应变出现,压应变基本呈线性分布－非均匀受压。

　　(b)侧移:砌体试件的侧移很小,一般在破坏前一级荷载下的最大侧移为2～6mm,个别达8.2mm。侧移的大小主要取决于试件的初弯曲和荷载初偏心的大小。实测砌体试件的荷载与侧移的关系曲线如图4示。

　　(c)破坏特征:砌体试件破坏都是

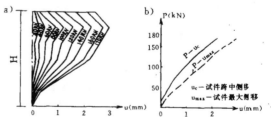

图4　砌体试件的荷载与侧移关系曲线

由于在某一截面(最大侧移附近或上下支座附近的截面)上的薄弱处,多数是在砌块发气方向上部出现新裂缝、扩展、压碎劈裂所致,与初裂位置、初裂荷载的大小及裂缝分布的形式(如有无中央竖向裂缝、中央竖向裂缝是否贯通等)关系不明显。破坏过程极为短促。

(2)砌体试件的 P_u 和 φ

36个砌体试件的极限承载力 P_u 和纵向弯曲系数 $\varphi(=P_u/P_{u3}$, P_{u3} 为三皮砌体试件的轴心受压极限承载力平均值)的试验结果汇总见表3。

表3　轴心受压砌体的 P_u 和 φ 的试验结果汇总

组别	试件编号	试件高 H (mm)	高厚比 β	砂浆实测强度 f_2(MPa)	极限承载力(kN)		轴心受压稳定系数	
					P_u	$P_{u平均}$	φ	$\varphi_{平均}$
1	I－4.2－2.5－1～6	750	4.2	2.7		199		1.0
2	I－11.1－2.5－1	2000	11.1	3.0	160	170	0.804	0.854
	－2				180		0.905	
	－3				130*			
3	I－13.9－2.5－1	2500	13.9	2.9	150	167	0.754	0.838
	－2				180		0.905	
	－3				170		0.854	
4	I－16.7－2.5－1	3000	16.7	3.5	140	150	0.704	0.754
	－2				140		0.704	
	－3				170		0.854	
5	I－19.4－2.5－1	3500	19.4	4.0	180*	145		0.729
	－2				140		0.704	
	－3				150		0.754	
6	Ⅱ－4.2－2.5－1～3	750	4.2	2.5		227		1.0
7	Ⅱ－16.7－2.5－1	3000	16.7	2.3	190	180	0.837	0.793
	－2				180		0.793	
	－3				170		0.749	
8	Ⅱ－4.2－5－1～3	750	4.2	4.0		250		1.0
9	Ⅱ－16.7－5－1	3000	16.7	4.2	210	211	0.840	0.845
	－2				200		0.800	
	－3				224		0.896	
10	Ⅱ－4.2－7.5－1～3	750	4.2	6.6		240		1.0
11	Ⅱ－16.7－7.5－1	3000	16.7	8.0	210	218	0.875	0.907
	－2				210		0.875	
	－3				23.3		0.971	

注:(1)* 此值未被采用(异常数据)。

(2)试件编号:由四项内容组成,第一项为试件分批序号(用罗马数字 I、Ⅱ表示),第二项为砌体试件高厚比(当为阿拉伯数字时)或弯拉试件类型(当为英文字母A、B时),第三项为砂浆强度等级,第四项为同一组试件序号。下文同。

实测 P_u 与其所属试件组的平均值 $P_{u平均}$ 比较的统计分布如图5示。可见,本文实测 P_u 的离散性不大。

实测 φ 与 β 的关系如图6示,图中光滑曲线是现行《规程》中提供的 $\varphi\sim\beta$ 关系。可见,试验结果均高于《规程》曲线。因此，粉煤灰加气混凝土砌体轴心受压构件的计算中采用《规程》提供的 φ 值是偏安全的，但似过于保守。

砂浆抗压强度 f_2 对 φ 的影响如图 7 示。可见，f_2 对 φ 的影响较小，f_2 提高一倍，φ 平均提高仅 7% 左右。

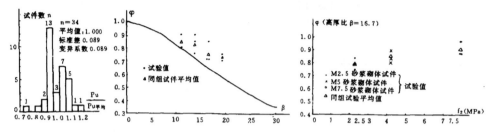

图 5 P_u 与 $P_{u平均}$ 比较的统计分布　图 6 纵向弯曲系数 φ 与高厚比 β 的关系　图 7 纵向弯曲系数 φ 与砂浆强度 f_2 的关系

(3) 砌体及其组成材料的受压本构关系

根据本文 4 组 12 个三皮砌体试件的试验结果，选用受压本构关系曲线上升段模式为

(a) 砌体、砌块
$$\sigma = \begin{cases} E_1\varepsilon & , \ \varepsilon \leqslant \varepsilon_e \\ \dfrac{\varepsilon \times 10^6}{C_1\varepsilon + C_2} & , \varepsilon_e < \varepsilon \leqslant \varepsilon_0 \end{cases} \tag{1}$$

(b) 砂浆
$$\sigma = E_2\varepsilon \qquad \varepsilon \leqslant \varepsilon_0 \tag{2}$$

式中待定系数由各组试件的实测应变平均值 $\varepsilon_{平均}$ 利用最小二乘法分别确定，结果如表 4 示。

表 4　式(1)和式(2)中各参数值

组别	试件编号	项目	E_1(MPa)	E_2(MPa)	$\varepsilon_e(\times 10^{-6})$	$\varepsilon_0(\times 10^{-6})$	C_1(MP^{-1})	C_1(MP^{-1})
1	Ⅰ－4.2－2.5－1～3	砌体	1130		650	2090	169500	760
		砌块	1380		650	1700	176500	610
		砂浆		2720		680		
6	Ⅰ－4.2－2.5－1～3	砌体	1270		600	2860	244900	660
		砌块	1430		650	2015	188000	580
		砂浆		725		2900		
8	Ⅱ－4.2－5－1～3	砌体	1290		700	2430	156350	670
		砌块	1490		750	2030	156150	560
		砂浆		630		3670		
10	Ⅱ－4.2－7.5－1～3	砌体	1470		630	2500	238100	530
		砌块	1715		550	1920	194260	490
		砂浆		1225		1810		

注：ε_0 是三皮砌体试件达 P_u 时的峰值应变。

190　　　　　　　　　浙　江　大　学　学　报(自然科学版)　　　　　　1993

　　试验实测应变值 ε 与按式(1)、式(2)计算的应变值 ε_H 的比较结果表明:对砌体及砌体中砌块,试验值与计算值较吻合($\varepsilon/\varepsilon_H$ 的平均值、标准差和变异系数分别在 $0.957\sim1.009$、$0.067\sim0.115$ 和 $0.068\sim0.131$ 之间);对砌体中砂浆,由于试验结果本身离散性较大,因此试验值与计算值的符合程度不够满意。实测砌体试件的受压本构关系(上升段)示意如图 $8a$、b、c。

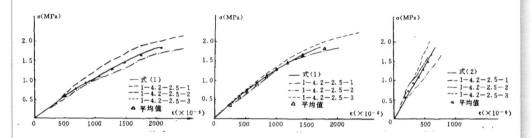

图 $8a$　砌体的受压 σ-ε 关系　　图 $8b$　砌体中砌块的受压 σ-ε 关系　　图 $8c$ 砌体中砂浆的受压 σ-ε 关系

　　限于试验的仪器和设备,没有做受压本构关系曲线下降段的试验。

　　(4)砌体中砂浆与砌块的粘拉强度 f_{2tm}

　　24 个弯拉试件 A(其中 20 个有效,4 个试验前损坏)和 12 个弯拉试件 B 的试验结果表明:

　　(a)弯拉试件的破坏截面都在跨中纯弯段范围内;弯拉试件 A 的破坏截面除一个试件在砂浆缝中间外,其余都在砂浆与砌块的粘结面上。

　　(b)砂浆与砌块的粘拉强度 f_{2tm} 很低,只有纯砂浆弯拉试件 B 弯拉强度的 6% 左右;本文试验结果为 $f_{2tm}=0.025f_2$。

　　(c)砂浆与砌块间粘拉强度的离散性较纯砂浆试件弯拉强度的离散性为大。

2　计算分析方法

2.1 概述

　　本文按最大荷载理论计算分析轴心受压砌体构件的极限承载力 P_u。采用能考虑各种因素因而精度较高的数值积分法,编制计算机程序进行弹塑性全过程分析。砌体构件的工作机理因其组成材料离散性大及组成材料相互作用等诸多因素而模糊不清,因此运用以试验实测结果为基础的模拟方法进行分析。分析时假定:

　　(1)构件由砌块和砂浆两种不同的匀质材料组成,按图 $9b$ 示构件模型计算。

　　(2)构件截面为矩形,取 $b\times d=600\times180\text{mm}^2$。

　　(3)砌块和砂浆的本构关系如图 10 示,其中:

　　(a)受压本构关系:曲线上升段取本文试验结果,下降段则是参照文献[2]和[3]假定的。

　　(b)受拉本构关系:砌块按文献[4]取 $\sigma=1170\varepsilon(0\leqslant\varepsilon\leqslant180\times10^{-6})$,砂浆由本文弯拉试

件 A 的试验结果确定。当构件截面上某一点的拉应变超过材料的峰值拉应变 ε_l 时，该点退出工作。

（4）构件为单向偏压构件，变形微小，变形时符合平截面假定。

上述基本假定与实际砌体构件之间的差异、试验及其过程中造成的差异等对 P_u 的影响，引入一个系数 — 等效荷载偏心距 $\tilde{e}_{OA}$ 来综合模拟。

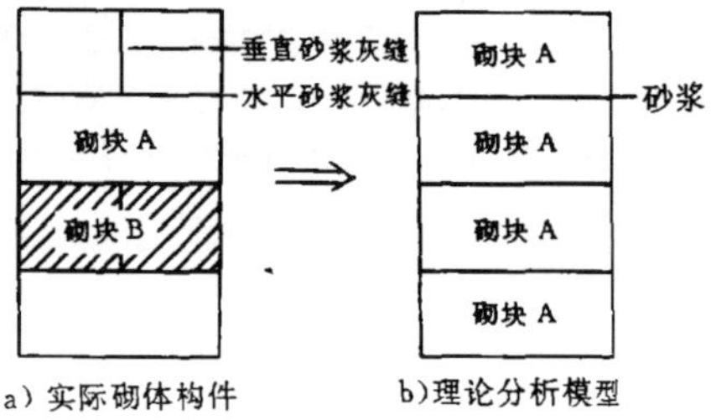

2.2 计算机程序的编制

为了考虑构件的实际初弯曲形状、荷载初偏心和试验中构件受荷后上支座 A 产生侧移 u_{PA} 等情况，取如图 11 示 B 端为固定铰接、A 端为弹性铰接的偏心受压构件为计算模型。图中 $u_0(z)$ 与 $u_P(z)$ 和 e_{OA} 与 e_{OB} 分别是构件初弯曲与荷载 P 产生的侧移和 A 支座与 B 支座的荷载初偏心。用数值积分法编制偏心受压构件极限承载力 P_u 的弹塑性全过程分析程序[10]。

在计算中，构件按组成材料自然分段，截面沿短边划分成 36 个狭长矩形单元，精度控制取 $EPE = EPR = EPU = 10^{-3}$ 和 $EPP = 0.5kN$（EPE、EPR、EPU 和 EPP 分别是应变、曲率、侧移和荷载的精度控制）。经 19 种不同情况的计算比较表明，这样分段、划分单元和选取精度控制，既可满足计算要求，又可大大节约机时。

2.3 构件组成材料本构关系对 P_u 的影响

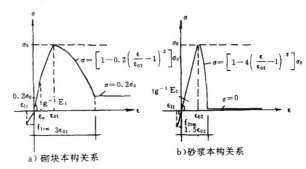

a) 实际砌体构件　　　b) 理论分析模型

图 9　实际砌体构件及其理论模型

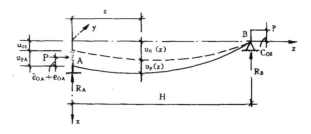

a) 砌块本构关系　　　b) 砂浆本构关系

图 10　构件组成材料的本构关系

图 11　受压构件的计算模型

计算受压本构关系对 P_u 的影响时，取 $\beta = 16.7(H = 3m)$ 的常用砌体构件，构件初弯曲 $u_0(z)$ 取图 12a 示曲线模式，荷载初偏心取 $e_{OA} = H/300 = 10mm$ 和 $e_{OB} = 0$；计算受拉本构关系对 P_u 的影响时，取 $\beta = 30.6(H = 5.5m)$、图 12 示三种初弯曲 $u_0(z)$ 和三种荷载初偏心（$e_{OA} = 0$、$H/300$、$-H/300$，$e_{OB} = 0$）。共计算了 84 根构件，结果表明：

（1）砌块受压本构关系曲线上升段模式不同对 P_u 的影响较大，下降段模式对 P_u 的影响较

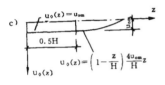

图 12　构件的初弯压曲形状

小,一般小于 3%。

(2)砂浆受压本构关系对 P_u 的影响较小,一般小于 5%。

(3)材料的受拉本构关系对 P_u 的影响较小,最大误差不超过 5%,一般小于 3%。因此,由试验方法、手段、过程和整理等因素造成受拉本构关系的误差,对计算 P_u 的影响可忽略不计。

3　计算机模拟计算的结果与分析

3.1 模拟系数 — 等效荷载偏心距 $\bar{e}_{OA}$

对第一批试件中 $\beta > 4.2$ 的长砌体试件,逐个运用本文所编程序进行计算分析,计算时采用实测的试件初弯曲、荷载初偏心和 A 支座侧移 u_{PA}。通过使构件极限承载力 P_u 的计算值与试验值(见表 3)相吻合,定出模拟系数 — 等效荷载偏心距 $\bar{e}_{OA}$ 的表达式为(单位:mm)

$$\left. \begin{array}{l} \dot{u_{OA}} \cdot \dot{u_{OC}} \geqslant 0 \text{ 时} \qquad \bar{e}_{OA} = -0.80u_{OA} + 3.9 \\ \dot{u_{OA}} \cdot \dot{u_{OC}} < 0 \text{ 时} \qquad \bar{e}_{OA} = 0.04u_{OA}^2 + 0.94u_{OA} \end{array} \right\} \tag{3}$$

$$\text{式中} \left. \begin{array}{l} u_{OA}\text{——}A \text{ 支座的初始侧移,} u_{OA} = u_0(z)|_{z=0}; \\ \dot{u_{OC}}\text{——}A \text{ 支座的初始曲率,} \dot{u_{OC}} = \dot{u_0}(z)|_{z=0}; \end{array} \right\}$$

$\dot{u_{OA}}$— 构件跨中的初始曲率,$\dot{u_{OA}} = \dot{u_0}(z)|_{z=H/2}$;

引入式(3)确定的 $\bar{e}_{OA}$ 进行计算机模拟计算,结果表明:对第一批长砌体试件,P_u 的计算值与试验值的误差一般小于 1%,最大不超过 1.8%;对第二批长砌体试件,P_u 的计算值与试验值的误差一般小于 5%,个别最大不超过 8%。可见,式(3)能满足工程精度要求。

下面运用式(3)确定的模拟系数 $\bar{e}_{OA}$,对受压砌体构件的极限承载力 P_u 进行大量的计算机模拟计算。计算时,组成材料的本构关系、三皮砌体试件的极限承载力 P_{u3} 等除计算分析砂浆强度 f_2 对 P_u 的影响时取用第二批试件的试验结果外,均取第一批试件的试验结果;构件高厚比取 $\beta = 5.6$、8.3、11.1、13.9、16.7、19.4、22.2、25、27.8、30.6 和 33.3 共 11 种。

3.2 构件初始缺陷对 P_u 的影响

(1)初弯曲 $u_0(z)$ 对 P_u 的影响

模拟计算时初弯曲取 $u_0(z) = 0$ 和图 12a、b 示两种模式(u_{om} 按《规程》规定拟取 $H/560$)。33 根构件的模拟计算结果表明,初弯曲 $u_0(z)$ 对 P_u 的影响因初弯曲的模式和构件高厚比 β 而异,如图 13 示(图中 P_{u0} 为 $u_0(z) = 0$ 时的极限承载力)。

(2)荷载初偏心对 P_u 的影响

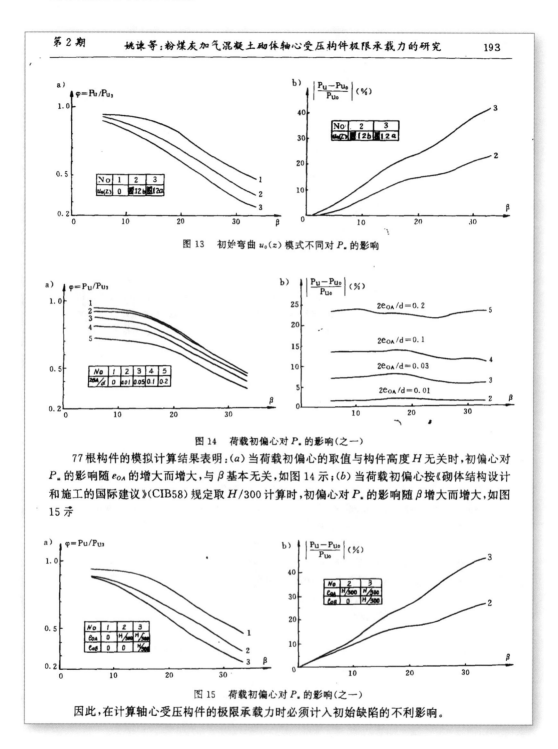

图13　初始弯曲 $u_0(z)$ 模式不同对 P_u 的影响

图14　荷载初偏心对 P_u 的影响(之一)

77根构件的模拟计算结果表明:(a)当荷载初偏心的取值与构件高度 H 无关时,初偏心对 P_u 的影响随 e_{0A} 的增大而增大,与 β 基本无关,如图14示;(b)当荷载初偏心按《砌体结构设计和施工的国际建议》(CIB58)规定取 $H/300$ 计算时,初偏心对 P_u 的影响随 β 增大而增大,如图15示

图15　荷载初偏心对 P_u 的影响(之一)

因此,在计算轴心受压构件的极限承载力时必须计入初始缺陷的不利影响。

3.3 砂浆强度 f_2 对 P_u 的影响

　　模拟计算时,构件初始缺陷取 $u_0(z)=0$、$e_{OA}=H/300$ 和 $e_{OB}=0$。计算结果表明:砂浆强度 f_2 对 P_u 的影响不明显,如图 16 示,当 $\beta \leqslant 18$ 时三条曲线几乎重合,曲线间最大误差小于 1%;当 $\beta > 18$ 时,虽三条曲线开始分离,但曲线间误差小于 5%。这一模拟计算结果与本文试验结果和文献[2]中提供的试验结果分析基本相符。因此,本文在确定计算粉煤灰加气混凝土砌体轴心受压构件极限承载力 P_u 的纵向弯曲系数 φ 时不考虑砂浆强度 f_2 的影响,与现行《规程》一致。

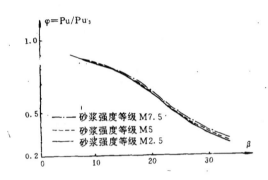

图 16　砂浆强度 f_2 对 P_u 的影响

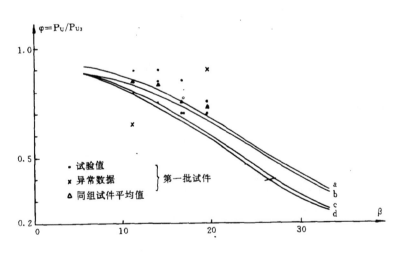

图 17　纵向弯曲系数 φ 与高厚比 β 的关系曲线

表 5　纵向弯曲系数 φ 与高厚比 β 的关系

构件高厚比 β	模拟计算结果						试验结果 $\varphi_{a\pi}$(第一批)			
	φ		误差 (%)	φ		误差 (%)	试件 1	试件 2	试件 3	平均值
	曲线 a	曲线 b		曲线 c	曲线 b					
5.6	0.924	0.891	3.7	0.893	0.883	1.1				
8.3	0.894	0.861	3.8	0.850	0.847	0.4				
11.1	0.858	0.831	3.2	0.800	0.796	0.5	0.804	0.905	0.653*	0.855
13.9	0.808	0.788	2.5	0.742	0.736	0.8	0.854	0.905	0.854	0.838
16.7	0.750	0.733	2.3	0.679	0.671	1.2	0.704	0.704	0.854	0.754
19.4	0.685	0.671	2.1	0.613	0.602	1.8	0.905*	0.704	0.754	0.729
22.2	0.618	0.606	2.0	0.538	0.517	4.1				
25.0	0.550	0.536	2.6	0.459	0.439	4.6				
27.8	0.476	0.461	3.3	0.381	0.362	5.2				
30.6	0.408	0.394	3.6	0.315	0.300	5.0				
33.3	0.353	0.339	4.1	0.268	0.254	5.5				

注:同表 3 注(1)。

3.4 纵向弯曲系数 φ

模拟计算和第一批试件试验所得的纵向弯曲系数 φ 与高厚比 β 的关系如图 17 和表 5 示,图、表中曲线 a 与 c 即图 13 中的曲线 2 与 3,曲线 b 与 d 即图 15 中的曲线 2 与 3。可见,曲线 a 与 b 的曲线 c 与 d 两两曲线十分接近(最大误差分别为 4.1% 和 5.5%),表明模拟计算受压砌体构件的极限承载力 P_u 时,按我国现行《规程》规定采用初弯曲 $u_0(z)$($u_{om} = H/560$,$u_0(z)$ 取图 12a 或 b 示模式)或按《砌体结构设计与施工的国际建议》(CIB58)采用偶然偏心距(取 $e_{OA} = e_{OB} = H/300$ 或 $e_{OA} = H/300$ 和 $e_{OB} = 0$)来综合考虑构件初始缺陷对 P_u 的影响,两者的结果是一致的。本文结合第一批长砌体试件的实测结果,以图 17 中的曲线 b 作为粉煤灰加气混凝土砌体轴心受压构件的 φ~β 关系的基础,并偏安全取 β = 0 时 φ = 1,应用数理统计方法求得纵弯曲系数 φ 的建议计算公式为:

$$\varphi = \frac{1}{1 + 0.001589\beta^2} \tag{4}$$

表 6　φ_{it} 与 φ_b 和 $\varphi_{a\pi}$ 比较

项目	范围	平均值	标准差	变异系数
$\dfrac{\varphi_b}{\varphi_{it}}$	0.935~1.081	1.012	0.053	0.052
$\dfrac{\varphi_{a\pi}}{\varphi_{it}}$	0.961~1.232	1.092	0.286	0.262

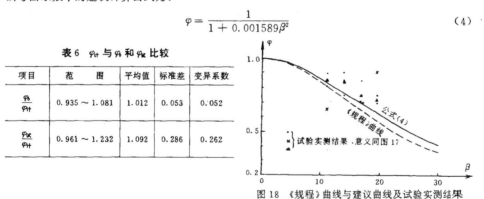

图 18　《规程》曲线与建议曲线及试验实测结果

按建议公式(4)计算的计算 φ_{it} 与图中曲线 b 的 φ_b 和第一长砌体试件实测结果 $\varphi_{a\pi}$ 的比较如表 6 示。可见,公式(4)与曲线 b 的拟合精度较好,且偏安全。

建议公式(4)与《规程》提供的 $\varphi\sim\beta$ 曲线比较如图18和表7示。本文建议曲线(式(4))高于《规程》曲线。

表7　《规程》提供与本文建议的 $\varphi\sim\beta$ 关系

高厚比 β	纵向弯曲系数		$\dfrac{\varphi_{建议}}{\varphi_{规程}}$	高厚比 β	纵向弯曲系数		$\dfrac{\varphi_{建议}}{\varphi_{规程}}$
	$\varphi_{规程}$	$\varphi_{建议}$			$\varphi_{规程}$	$\varphi_{建议}$	
6	0.93	0.946	1.017	20	0.56	0.611	1.091
8	0.89	0.908	1.020	22	0.51	0.565	1.108
10	0.83	0.863	1.040	24	0.46	0.522	1.135
12	0.78	0.814	1.044	26	0.43	0.482	1.121
14	0.72	0.763	1.060	28	0.39	0.445	1.141
16	0.66	0.711	1.077	30	0.36	0.412	1.144
18	0.61	0.660	1.082				

4　结　　论

(1)按本文建议公式(4)计算粉煤灰加气混凝土砌体轴心受压构件的极限承载力 P_u,是合理又安全的(公式(4)中已计入构件初始缺陷的影响)。

(2)构件初始缺陷对 P_u 的影响较大,必须考虑。采用图12b示初弯曲 $u_0(z)$ 模式并取 $u_{om}=H/560$,或采用偶然偏心距取 $e_{oA}=H/300$、$e_{oB}=0$ 来综合考虑构件初始缺陷对 P_u 的影响,是合理的。

(3)构件组成材料的本构关系,除了砌块的受压本构关系曲线上升段外,对 P_u 的影响较小,一般不超过5%。

(4)砌体中砂浆立方抗压强度 f_2 对轴压构件极限承载力的影响较小,可不计其影响。

(5)砌体中砂浆的粘结弯曲抗拉强度 f_{2tm} 很低,只有纯砂浆弯曲抗拉强度的6%左右。本文试验结果为 $f_{2tm}\approx0.025f_2$。

(6)轴压砌体构件的破坏都是由于在某一截面上的薄弱处出现新裂缝、经扩展、压碎劈裂所致,与构件初裂位置、初裂荷载的大小和裂缝分布关系不明显。构件破坏属脆性破坏。

(7)高厚比 $\beta<20$ 的轴压砌体构件,在整个加载过程中始终全截面受压;构件侧移较小,破坏前一级荷载下的最大侧移不超过9mm。

参　考　文　献

1　蒸压加气混凝土应用技术规程(JGJ17—84),中国建筑工业出版社,1984

2　清华大学抗震抗暴工程研究室。加气混凝土构件的计算及其试验基础(科学研究报告第二集),1982

3　宋启根等。钢筋混凝土力学,南京工学院出版社,1986

4　浙江大学土木系建筑材料教研室、实验室。粉煤灰加气混凝土基本力学性能的试验研究,1987.10

5　中国加气混凝土工业协会。加气混凝土应用技术文集(一)～(三),1984

6　施楚贤译。砌体结构译文集,湖南大学科研处,1983

7　夏志斌等。结构稳定理论,高等教育出版社,1988.7

8　吕烈武。钢结构构件稳定理论,中国建筑工业出版社,1983

9　全国砖石结构标准技术委员会、硅酸盐建筑制品编辑部。国际砖石结构设计规范汇编(一),1985

10　姚谏。粉煤灰加气混凝土轴心受压砌体构件极限承载力的试验研究,浙江大学土木系硕士研究生毕业论文,1988

11　Chen,W.F.,Atsuta,T.,Theory of Beam—Columns,Mc Graw—Hill Book Company,1977

12　Suwalski,P.D.,Drysdale,R.G.,Influence of Slenderness on the Capacity of Concrete Block Walls,Proceedings of the Fourth Canadian Masonry Symposium,June 1986;1(8);15

13　Arnold,W.Hendry,Structural Brickwork,Macmillan Press,1983

14　Dr.Ekasit Limsuwan,Strength of Concrete Block Bearing Walls Subjected to Eccentric Loadings,Proceedings of the Fourth Canadian Masonry Symposium,June 1986;1(65);11

15　Kendall E.Atkinson,An Introduction to Numerical Analysis,New York,1978

Study of the ultimate bearing capacity of the coal—ash air—entertaining concrete block walls subjected to axial compression with initial imperfections

Yao Jian　Xia Zhibin Yan Jiaxi

(Dept. of Civil Engineering)

Abstract

In this paper, the ultimate bearing capacity of the coal—ash air—entertaining concrete

198　　　浙　江　大　学　学　报(自然科学版)　　　1993

block walls subjected to axial compression with initial imperfections(including initial crook and initial eccentricity of load)is investigated by means of the method in which results of a certain number of tests combined with electronic computer simulation are used.

72 test specimens are tested. The behaviour and the failure characteristics are thus analyzed. The influence of the compression strength of mortar on the ultimate bearing capacity of the block walls and the stress—strain relationships of the ingredients(block and mortar) made up the block walls are determined also.

Based on theoretical analyses, a non—linear general computer program is composed by use of the numerical integral method to calulate the ultimate bearing capacity(Pu) of the block walls. Then, the influence of stress—strain relationships of the ingredients made up the block walls on the ultimate bearing capacity (Pu) are studied. Combined with the test results, a simulation coefficient is proposed. A lot of caculations by computer with the simulation coefficient mentioned above are then worked out and the effects of slenderness, initial imperfections and the strength of mortar on the Pu are analyzed. Finally, a formula of the reduction factor of the bearing capacity, φ, of the coal—ash air—entertaining concrete block walls subjected to axial compression is recommended for design.

Key words:coal—ash air—entertaining concrete; block walls; computer simulation; ultimate bearing capacity

夏志斌先生

一生热爱教育事业，

　　精心培育人才，为师生所赞誉；

一生奉献给我国钢结构事业，

　　为浙江大学土木系的发展和我国钢结构学科的发展做出了巨大贡献；

一生心系民盟，为中国共产党领导的多党合作事业，

　　为浙江省和浙江大学民盟组织的发展做出了突出贡献。

他，孜孜不倦、严谨求实、励学利民的治学精神，

他，一身正气、勤勉谦逊、志趣高远的做人风范，

他，对工作一丝不苟的敬业精神，

赢得了莘莘学子和同行专家的敬佩与尊重。

纪 念 夏 志 斌 先 生 百 年 诞 辰

APPENDIX
附　录

夏志斌先生生平大事记

1921 年 5 月	出生于浙江嘉兴
1935 年 7 月	浙江省立绍兴初级中学初中毕业
1935 年 8 月至 1938 年 7 月	浙江省立杭州高级中学学习（后因日寇侵浙，杭州高级中学解散，转入浙江省立台州中学完成学业）
1939 年 8 月	考入国立浙江大学土木工程学系
1943—1957 年	毕业并留校任助教、讲师、副教授
1952 年 11 月	加入中国民主同盟
1955 年	民盟浙江大学支部秘书
1958—1979 年	浙江大学土木工程学系副主任（1961 年后主持工作，1976—1979 年 7 月为系负责人）
1977—1988 年	浙江省第五、第六届人大代表
1978 年 7 月	浙江大学土木工程学系教授
1980 年 5 月	民盟浙江大学支部委员
1983—1988 年	民盟浙江大学支部主任委员
1984 年	《钢梁整体稳定试验研究》获 1983 年浙江省优秀科技成果奖三等奖
1984 年 6 月	中国钢结构协会第一届理事
1984—1992 年	民盟浙江省第五、第六届委员会副主任委员。民盟浙江省委会第五届文教委员会副主任委员，第六届文教委员会主任委员
1985—1993 年	兼任《浙江大学学报》（自然科学版）编委会副主任、主任
1985 年 9 月	获浙江大学从事教育工作四十二年荣誉证书
1985 年 12 月	获浙江省从事科技工作四十年表彰状

1986 年 5 月	获浙江大学研究生教育二等奖
1987 年 1 月	获国家计划委员会工程建设优秀国家标准规范奖二等奖
1988—1993 年	政协浙江省第六届委员会常委、民盟浙江大学委员会主任委员
1992—2007 年	民盟浙江省第七、第八、第九届委员会名誉副主任委员
1992 年 10 月	获国务院政府特殊津贴
1992 年 12 月	获中国冶金工业部科学技术进步奖一等奖
1993 年 1 月	光荣退休
1995 年 10 月	获中国核工业总公司部级科学技术进步奖三等奖
1995 年 12 月	获国家科学技术进步奖三等奖
1996 年 5 月	《钢结构》由浙江大学出版社出版
2002 年 12 月	获首次浙江大学土木建筑规划教育基金会伯乐奖
2003 年 11 月	中国钢结构协会第二届专家委员会顾问专家
2004 年 7 月	《钢结构——原理与设计》由中国建筑工业出版社出版
2005 年 9 月	《钢结构设计——方法与例题》由中国建筑工业出版社出版
2005 年 10 月	中国钢结构协会专家委员会授予钢结构终身成就奖
2009 年 11 月	中国建筑工业出版社颁发优秀作译者奖
2010 年 12 月	中国钢结构协会资深专家
2011 年 6 月	浙江省钢结构行业协会授予浙江省钢结构终身成就奖
2014 年 10 月	中国钢结构协会授予"中国钢结构三十年杰出贡献人物"称号

陈绍蕃先生写给夏志斌先生的部分信件

2002年

<u>西安建筑科技大学</u>　备课用纸

夏老师:

来信收到。绕曲后强度第一次进入规范。条文的写法难免有不够周到之处。像提出的问题,我的看法如下。

1. 公式(4.4.1-1)属于梁强度而不是稳定问题。因此,M,V应是同时出现在某一截面上的弯矩和剪力,并不涉及振幅的平均剪力。为清楚起见,可以对M,V的解释文字加以修改,即改为:

"式中 M,V——梁同一截面的弯矩和剪力设计值;……"

至于应该计算哪个截面,设计者自行考虑。不清楚哪个截面最不利时,可以多算几个截面。当梁承受均布荷载时,若验算四分之一截面,V=½ql,而M尚有$\frac{3}{32}ql^2$。丁阳用后者,不知是如何得出的?

2. 第4.4.2条横向加劲肋计算,我以为应和4.3.7条一致。因此,4.4.2条文字最后一句加几个字即可。

"……尚应参照第4.3.7条按轴心受压构件……稳定性……"

3. 中间加劲肋的焊缝应满足传力要求。4.3.7条承受固定集中荷载时的中间加劲肋也同样有此问题。如果要增加焊缝计算,建议加在4.3.7条中。4.4.2条则说明参照该条处理。

规范的其他部分不知还存在什么问题?我想,船到桥头不会不直,不属于重大修改,你和黄二位组长决定就行了。

西安现是秋老虎的虐,好在从昨天起早晚比较凉爽。祝

健康

绍蕃 9.7.

第　页

西安建筑科技大学 备课用纸

夏老师：数日前寄上规范公式（4.4.2-2）的推证，想已早达。

　　近日写规范背景材料，发现一个问题，即4.4.2条中"间距一般为（1~2）h_0"这一短句是否应该删去。利用腹板屈曲后强度时既然允许不设中间横向加劲肋，那么需要设置时就不该限制其间距。因此，删去这一短句，比留在那里要好，不知您以为如何？请定夺。祝

国庆节日愉快！

陈绍蕃 02.9.24.

259

西安建筑科技大学 备课用纸

夏老师：9.23来信收到。我前几天寄上一信，建议删去4.4.2条"间距一般为(1~2)h_0"，想必您也见到了。来信提出的问题，我的看法如下，请指正。

1）第4.4.1条符号解释。固然对M、V明确指出属于同一截面上同一荷载作用之下，但"验算截面"一词是否和4.1.1条的M_x，M_y即指同一截面？对M_{eu}和V_u，虽然用了"u"标出，但计算都从屈服考虑，没有用到抗拉或抗剪的极限强度，是否不加"极限"二字为好？

2）式(4.4.1-1)是强度计算式，我一定在《背景材料》中说明。

3）式(4.4.1-6c)是按 $\tau_u = \tau_{cr} + 0.8(\tau_{ba}-\tau_{bb})$ 计算不同尺寸的板。把计算结果偏于安全地改为 $f_{yv}/\lambda_s^{1.2}$。

式中 τ_{cr} 按我们的(4.3.3-3)计算，$\lambda_s = \dfrac{h_0/t_w}{41\sqrt{K_\tau}}\sqrt{\dfrac{f_y}{235}}$。

τ_{ba} 和 τ_{bb} 是 EC3 的 抗剪 "简单屈曲后强度"和临界应力。($\tau_{ba}-\tau_{bb}$) 即为 EC3 简化的 拉力场剪力。我们乘了 0.8 的折减系数，一是因为 EC3 用 $\lambda_w = \dfrac{d/t_w}{37.4\varepsilon\sqrt{K_\tau}}$，$\tau_{bb}$ 大于我们的 τ_{cr}；二是 美国ASCE的 J. Struct. Engrg. 98年2期一篇文章说，拉力场临近极限时还有弯曲变形，使极限拉力下降。

EC3 的 τ_{ba}、τ_{bb} 等，我理解是对拉力场理论计算结果的简化，相当于各种情况的下限。

4）σ_{cr} 和 τ_{cr} 的弹性公式都乘以γ，即未考虑抗力分项系数，确实⋯⋯然后乘以屈曲后强度潜力。早在74规范中，一般安全系数1.41，焊接板局部稳定则降低为1.25，二者比值为1.13。我们最初的方案没有γ，后来发现临界应力比74和88规范偏低，才加上去的。

5）有纵肋时上区格局部受拉力 σ_c 的临界值。

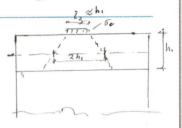

近似地取 $b_3 = h_1$，按宽度为 $2b_3$ $= 2h_1$ 的板柱计算，临界力为

$$P_{cr} = \frac{\pi^2 E (2h_1) t_c^3}{12(1-\nu^2) h_1^2}$$

由于我们要计算的是分布在上边缘 的 σ_c 的临界值，因此 P_{cr} 应除以 $h_1 t_w$，

而不是板柱的宽度 $2h_1 t_w$

6) 2001年10月送审稿的式 (4.3.4-2 $\frac{a}{b}$) 确定是印错了，应为

$$\lambda_{b1} = \frac{h_0/t_w}{335}\sqrt{\frac{f_y}{235}} \quad \text{和} \quad \frac{h_0/t_w}{283}\sqrt{\frac{f_y}{235}} \quad (h_0,\ \text{不是}\ h_c)$$

考虑到上面格的公式宜用 h_1，两个都是 h_0 表达，改为

$$\lambda_{b1} = \frac{h_1/t_w}{75}\sqrt{\frac{f_y}{235}} \quad \text{和} \quad \frac{h_1/t_w}{64}\sqrt{\frac{f_y}{235}}$$

式 (4.3.4-5) 的 250 改为 194. 是把 h_0 改为 h_1 的结果。

对上面的 3) 再补充一点：由于我们计算 τ_{cr} 时有放围系数1.23 而 EC3 没有，虽把拉力场已用 $0.8(\tau_{ba} - \tau_{bb})$，结结 τ_w 还是比 EC3 的 τ_{ba} 稍大一些。如果把 0.8 再减小，恐怕也不合适，因为 τ_{ba} 已经气下跌，再减则拉力场就太小了。　祝

国庆节日愉快!

陈绍蕃 9.28.

夏老师：您好！

规范柱列支撑的支撑力计算公式(5.1.7-3)，当总有一根柱有荷载N时，算得的力F_{bn}比单柱的$F_{b1}=N/60$要小，体现了无荷载柱对受载柱的支持。如当 $n=5$ 时

$$F_{bn} = \frac{N}{60}(0.6 + 0.4/5) = 0.68 N_{b1}$$

因此，厂房柱列支撑用此式计算并不会出现支撑力过大的问题。

根据上述情况，5.1.7条的编写说明增加的文字，我以为保持我原来建议的字句为好，即"……有吊车作用的柱列，支撑力也可按合理地折减之"。如果删去"也"字，似乎有公式(5.1.7-3)不能用于厂房柱的味道。我从北京回来后给规范组寄去的《条文说明》修改内容也是这样写的，不知您认为是否妥当？专此敬贺

（即有"也"字）

新年愉快，阖府康吉！

陈绍蕃 02.12.23.

2002.12.27收

西安建筑科技大学　备课用纸　2003.6.3 收

夏老师：你好！ 您5.23来信提出的问题，我的看法如下：

1. AISC规范的 B_1 和 B_2 系数分别用来考虑 P-δ（轴力-弯曲变形）效应 和 P-Δ（轴力-侧移变形）效应。柱侧移变形时柱也不弯曲，所以我们对 M_{1s} 同时用两个系数。加拿大的设计规范也是这样做的。

2. 您信上提到 B_1 和 B_2 系数中的 N_{Ex} 用两个不同的计算长度：无侧移框架和有侧移框架柱。二者不会等同。二阶效应的大小要看框架的侧移刚度。此外，P-δ 效应也是一种二阶效应。

3. 如果框架内力分析全面考虑了 P-Δ 效应，计算长度系数 $\mu=1$ 是没有问题的。关键是有没有把初始倾斜考虑在内。AISC规范没有反映初始倾斜（和其他缺陷的假想扣平力，所以采用有侧移框架柱的 μ 系数。我们计入假想扣平力，因而取 $\mu=1$。这一做法也和加拿大规范相同。EC3 也无允许用无侧移框架的 μ 系数。

目前从西北设计院传来消息，说规范稿都里已批送出版社，不知是否确实。顺祝

康吉！

陈绍蕃 5.30.

2003.7.9收

钢结构设计规范修订组
夏、黄 两 位 组 长：

　　有一个小问题提出请您们考虑。
　　规范公式（B-1）的系数β_b被定义为"等效弯矩系数"，但它实际上相当于第五章等效弯矩系数β_{mx}和β_{tx}的倒数。不同含义的符号用同一名称，在概念上容易混淆。为此，建议把β_b改为"等效临界弯矩系数"以资区别。如果更改，2.2节中也需照改。顺祝暑安！

陈绍蕃，　2003.7.3

陈绍蕃

西安建筑科技大学 备课用纸

夏老师：您好！

规范式（4.4.2-2）推证如下：

拉力带竖向高度　　$h_t = h_0 - a\, tg\varphi = h_0(1 - \alpha\, tg\varphi)$　　　$\alpha = a/h_0$

∴ 拉力场竖向分力

$$V_t = (\tau_u - \tau_{cr}) t_w h_0 (1 - \alpha\, tg\varphi)$$

φ 角由下式确立　$tg\, 2\varphi = h_0/a = \frac{1}{\alpha}$

∴　$tg\, 2\varphi = \frac{2tg\varphi}{1 - tg^2\varphi}$

可知　$tg\varphi = -\alpha + \sqrt{1 + \alpha^2}$

拉力场水平分力　$H = \frac{V_t}{tg\varphi} = (\tau_u - \tau_{cr}) A_w \frac{1 - \alpha\, tg\varphi}{tg\varphi}$

∵　$\frac{1 - \alpha\, tg\varphi}{tg\varphi} = \frac{1}{-\alpha + \sqrt{1 + \alpha^2}} - \alpha$

$$= \frac{1 + \alpha^2 - \alpha\sqrt{1 + \alpha^2}}{\sqrt{1 + \alpha^2} - \alpha} = \sqrt{1 + \alpha^2}$$

因此　　　　$H = (\tau_u - \tau_{cr}) A_w \sqrt{1 + \alpha^2}$

黄工来电话，讲规范的时间比别（拟到）11月中。您可能已经知道了。祝好！

　　　　　　　　　　　　　　　陈绍蕃　9.16.

$$1 - tg^2\varphi = 2\alpha\, tg\varphi$$

$$tg^2\varphi + 2\alpha\, tg\varphi - 1 = 0$$

$$tg\varphi = \frac{-2\alpha \pm \sqrt{4\alpha^2 + 4}}{2}$$

$$= -\alpha \pm \sqrt{1 + \alpha^2}$$

西安建筑科技大学　备课用纸

夏老师：来信收到。

有短加劲肋时的 λ_{c1}，当 $a_1/h_1 > 1.2$ 时不会因为以 $1/(0.4+0.6\frac{a_1}{h_1})^{1/2}$ 而增大，因为它的分子是 a_1/t_w 而不是 h_1/t_w。

按照今年2月份的来文，设短加劲后 $\sigma_{c,cr}$ 和不设者相同，赵工认为不合理。后来我又做了一点分析，提出现在的公式。现在把我5.14给赵工信复印一份给您，请审阅和指正。祝

大安！

陈绍蕃
11.5.

后 记
POSTSCRIPT

2021 年是浙江大学钢结构学科的创始人、一代名师夏志斌先生诞辰 100 周年，浙江大学建筑工程学院举行了隆重的系列纪念活动，包括举办夏志斌先生百年诞辰纪念大会暨学术报告会、设立夏志斌先生陈列展、设立夏志斌专项基金。经过各方人士的共同努力，《习坎示教土木情——夏志斌先生百年诞辰纪念集》终于按计划付梓。

夏志斌先生把毕生精力都奉献给了浙江大学钢结构教学、研究事业和我国钢结构事业，他的杰出贡献、优秀品德和崇高精神，赢得了莘莘学子和同行专家的敬佩与敬重，也成了浙江大学建筑工程学院的宝贵精神财富。我们出版这部纪念集，共同追思缅怀夏志斌先生的奋斗历程和历史贡献，就是希望人们永远铭记夏志斌先生为我国科教事业、钢结构事业所做出的开创性贡献；就是希望人们能以夏志斌先生为楷模，继承和发扬夏志斌先生崇高的精神和品格，追求真理、严谨求实的科学精神，孜孜不倦、刻苦钻研的治学精神，勤勉谦逊、志趣高远的为人之德，爱才育才、为人师表的名师风范！

这部纪念集的出版，是所有怀念、爱戴夏志斌先生的人们的共同心愿，也是夏志斌先生众多弟子的期盼，尤其是包括滕锦光院士在内的土木系 1979 级同学，他们为成功举办夏志斌先生百年诞辰纪念活动、设立夏志斌专项基金和出版纪念集等做了大量工作并提供了许多帮助。滕锦光院士不仅十分关心和支持夏志斌先生百年诞辰纪念活动并多次给予指导，还拨冗为这部纪念集作序。

浙江大学建筑工程学院领导对编辑出版这部纪念集高度重视，学院专门成立编写组负责这部纪念集的资料搜集和编纂，学院院长罗尧治、院党委书记刘峥嵘和副书记成光林多次与编写组人员讨论共商纪念集编纂思路和装帧要求等，以确保高质量出版这部纪念集。

编辑出版这部纪念集，还得到了夏志斌先生在海内外的同事、弟子及夏先生家属的积极响应和大力支持。他们寄来的纪念文章，提供的珍贵影像、照片和资料，令我们深受鼓舞。这些文章深情地回忆了他们与夏志斌先生相识、相交、相处的点点滴滴，尤其是 95 岁高龄的退休老教授胡鸿海和年近 90 岁高龄的浙江省建设厅原厅长魏廉老先生亲手写下的回忆文章，情意深长，字里行间流露出对夏先生的深切缅怀和无限追思，令人感动。同时，还提供了许多鲜为人知的珍贵照片。夏志斌先生弟子的回忆文章，从不同事件、不同角度、不同侧面，深切回忆和描述了夏志斌先生在平凡的教学科研岗位上，所体现出的高尚师德、人格魅力和工作作风。夏志斌先生家属积极配合编写组，提供了多年来珍藏的影像资料和历史照片，还细心整理了夏志斌先生一直保留的与我国钢结构泰斗陈绍蕃互通书信的部分信件原稿，这些都是十分珍贵的历史资料。在此，衷心感谢所有为这部纪念集赐稿的先生的同事、弟子和家属！

我们还要感谢为筹办纪念夏志斌先生百年诞辰系列活动做了大量事务性工作、付出辛勤汗水的师生校友，如为设立夏志斌专项基金四处筹资的浙江大学童根树教授、安徽省建筑设计研究总院股份有限公司徐正安总经理、上海欧本钢结构有限公司陈明董事长和退休教师许均陶以及土木系 1979 级、1990 级、1985 级等校友；还有为筹备纪念活动及学术报告会和策划陈列展、拍摄制作纪念视频、编辑出版这部纪念集的学院办公室人员丁元新、赵华、吴盈颖、刘妍希等同志。在这里，我们一并表示衷心的感谢！

由于这部纪念集编辑出版时间甚为紧张，故难免有不尽如人意之处，尚祈有关同志和广大读者见谅并予以批评指正。

夏志斌先生百年诞辰纪念集编写组
2022 年 1 月 5 日

编辑说明
EDITING SPECIFICATION

　　本书是夏志斌先生百年诞辰纪念集。关于夏志斌先生代表性论文部分，由于这些论文在不同刊物上发表，因此文章的风格和格式有所不同。为了保持文章的原貌，我们将采用影印的方式，以图片的形式展示这些文章。

图书在版编目（CIP）数据

习坎示教土木情：夏志斌先生百年诞辰纪念集 / 夏
志斌先生百年诞辰纪念集编写组编. —杭州：浙江大学
出版社, 2022.4
    ISBN 978-7-308-22419-2

    Ⅰ.①习… Ⅱ.①夏… Ⅲ.①夏志斌—纪念文集
Ⅳ.①K826.16-53

    中国版本图书馆CIP数据核字(2022)第044869号

习坎示教土木情：夏志斌先生百年诞辰纪念集
夏志斌先生百年诞辰纪念集编写组　编

责任编辑	金　蕾（jinlei1215@zju.edu.cn）
责任校对	沈炜玲
封面设计	沈玉莲
出版发行	浙江大学出版社
	（杭州市天目山路148号　　邮政编码　310007）
	（网址：http://www.zjupress.com）
排　　版	杭州林智广告有限公司
印　　刷	浙江海虹彩色印务有限公司
开　　本	787mm×1092mm　1/16
印　　张	18.75
字　　数	400千
版 印 次	2022年4月第1版　2022年4月第1次印刷
书　　号	ISBN 978-7-308-22419-2
定　　价	198.00元